# 기독교회사의
# 이해

# 기독교회사의 이해

양창삼 지음

한국학술정보㈜

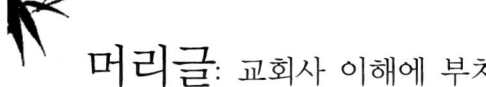

# 머리글: 교회사 이해에 부쳐

이 책은 세계 교회사, 곧 기독교의 역사를 복음주의 입장에서 종합적으로, 그러나 새롭고 바르게 이해하기 위해 만든 것이다. 우리는 성경을 열심히 연구하지만 인간 창조부터 시작해서 구약의 교회나 신약의 교회가 어떻게 형성되고, 로마교회가 어떻게 발전해 왔으며, 종교개혁과 더불어 근세교회가 어떤 과정을 거쳐 왔는지에 대한 역사인식이 약하다. 역사인식은 기독교인으로서의 정체성을 확립하는 데 매우 중요하다. 이 책을 쓴 목적도 바로 여기에 있다.

기득교는 절대적 종교로서 서양문명의 최대 원천이다. 교회사는 역사적 종교인 기독교의 기원, 발달과정, 세계와의 관계, 구원, 그리고 교회와의 관계를 밝히는 데 중요하다. 교회는 역사적 존재양식을 지니고 있다. 하나님의 불변 진리를 이 세상에서 담고 있는 것이 교회이고 교회사다.

루터는 교회를 내적이며 영적인 교회와 외적인 교회로 구분했다. 칼뱅은 가시적 교회와 불가시적 교회로 구분했다. 계몽사조 이후 외적, 가시적 교회만 쓰려는 추세였다. 그러나 외적인 교회만 말하는 것은 하나님과 그리스도께서 역사하시는 교회의 중요한 면을 간과하게 된다. 불가시적 교회는 이상적 교회이다. 선택받은 백성들의 모임이자 참 믿는 자는 하나님만이 아신다. 그러나 숨은 교회 역사는 아무도 기록하지 못한다는 문제가 있다. 따라서 양면을 적절히 조화시킬 필요가 있다.

에블링(G. Ebling)에 따르면 교회사는 성경해석사이다. 성경 이해가 올바른지는 교회사를 통해 알 수 있다. 성령의 역사는 말씀을 통해 이루어진다. 그러나 말씀이 성령 역사 수단의 전부는 아니다.

쉬미트(Kurt Schmidt)는, 교회사는 세상에서 계속 역사하시는 그리스도의 역사라 전제하고 교회사는 신학의 불가결한 부분이며 신약에서도 이를 볼 수 있으니 사도행전이 바로 그것이라 주장했다. 그는 교회사를 신약부터 따진다. 구약은 구원받은 백성이라는 의미에서 교회이지 그리스도의 몸 된 교회는 아니라는 말이다. 그러면 교회사에서 구약은 제외되어야 할까? 그렇지 않다.

교회는 언제 시작되었을까? 교회의 시작에 대해서는 크게 두 가지 견해가 있다. 하나는, 교회는 구약시대부터 시작되었다는 것이다. 개혁교회가 이 입장을 취하고 있다. 다른 하나는, 오순절 성령 강림 이후부터 교회가 시작되었다는 주장이다. 세대주의가 이 입장을 취하고 있다. 세대주의에 따르면 구약시대에는 교회가 없었고, 신약시대에 와서 그리스도의 죽음, 부활, 성령 강림이 있은 후 시작되었다는 것이다.

여기에서는 개혁교회 입장에서 교회를 보고자 한다. 이에 따르면 구약시대, 곧 세계의 시초부터 교회가 시작되었으며, 종말까지 계속된다. 교회는 단지 건물만이 아니다. 하나님이 이 땅에 사는 자기 백성들에게 언약을 주시고, 그 언약의 말씀을 믿고 따르는 자들로부터 교회가 시작되었다. 이른바 언약중심의 교회관이다. 구원의 방주, 광야의 법궤 모두 언약과 연관되어 있다. 법궤 속에는 아론의 싹 난 지팡이, 돌비, 만나를 담은 항아리가 있었다. 이 모두 하나님의 능력과 말씀과 우리와 함께하심이 담겨 있다. 교회는 지금도 이 세대의 구원의 방주이며 법궤이다.

기록으로 남겨진 역사에 따르면 인류의 시작은 약 6천 년 내지 6천5백 년으로 간주된다. 그중 2천 년은 아브라함 이전 시대, 아브라함에서 마카비까지 약 2천 년의 구약시대, 중간기 몇백 년을 거쳐 예수에서 현재까지 약 2천 년이다. 물론 그 사이 약간의 차이는 있다. 족장 때 가족교회가 성립되었다. 이때도 하나님의 약속, 곧 언약이 주어졌다. 그들을 부르시고, 택하시며, 믿음을 갖게 하셨다. 그 약속의 믿음에 따라 예수 그리스도가 오시게 하셨다. 광야에서도 이동하는 회막을 중심으로 광야교회가 세워졌다. 다윗과 솔로몬 때 나라가 확고해짐에 따라 국가교회로 발전했다. 그리고 성전이 세워졌다.

신약교회는 본질적으로 구약시대 교회와 동일하다. 그러나 성령강림 이후 오순절교회로서 면모가 바뀌었다. 그 속에는 언약적 고백이 있다. "주는 그리스도시요, 살아계신 하나님의 아들이시니이다"라는 신앙고백, 이것은 성령이 아니고는 할 수 없다. 이 고백은 우리의 신앙을 든든히 세워주며 구원의 확신을 갖게 한다. 이 신앙과 고백 위에 교회가 든든히 세워진다. "이 반석 위에 내 교회를 세우리라." 교회를 향한 주님의 확실한 언약이다.

이 언약적 고백에는 크게 세 가지가 담겨 있다. 첫째, 말씀 고백이다. 교회는 살아 있는 하나님의 말씀을 선포하는 곳이다. 우리의 거듭남은 하나님의 살아 있는 말씀으로 되었다. 이 말씀이 우리를 살린다. 그래서 교회는 진리의 기둥이요, 터다. 둘째, 신앙적 고백이다. 이 고백 위에 성례가 베풀어진다. 끝으로, 생활의 고백이다. 말씀으로 훈련하며 삶에서 그 말씀을 드러낸다. 교회를 통해 권징이 실시된다.

속사도시대에는 이 언약적 고백에 근거해 성도의 교제(koinonia, cummunio sanctorum, communication of saints)가 활발하게 일어났다. 성도의 교제는 성령의 교제가 전제된다. 코이노니아에서 koin은 공동으로 갖는 것(common, together)을 말한다. 동사 koinonein은 단순한 교제가 아니다. 참예하는(metechein) 것, 함께하는 것이다. 즉, 그리스도와 함께 참예하는 것이다. 축복에만 참예하는 것이 아니라 고난에도 참예한다. 하나님의 자녀로서 그 삶을 함께 나누는 것이다. 그리스도와의 연합은 코이노니아 안에서 교회의 생명을 결정한다. 이 역사에 성령이 있다. 성령의 교제는 성령 안에서의 신앙고백적 교제, 성령의 감동에 의한 말씀의 고백적 교제, 성령을 좇아 삶에서 열매를 맺는 인격적 고백이 있다. 성도의 교제는 바로 그리스도 안에 있는 공통된 삶에 대한 것이다. 이 안에 말씀의 고백에 따른 교제, 신앙적 고백에 따른 교제, 그리고 인격적 고백에 따른 교제가 있다.

그러나 교부시대부터 제도주의적 교회관으로 바뀌기 시작했다. 교회가 조직화되면서 성령의 내적인 역사보다 조직에 더 관심을 두게 된 것이다. 중세기에는 인간의 이성이 중심을 차지했다. 하나님보다 인간이 더 앞세워진 것이다. 종교개혁으로 교회의 본질을 회복하는 운동이 전개되었다. 하나님의 말씀, 믿음을 통한 구원이 교회에 다시 자리를 잡게 된 것이다. 교회에서 말씀이 선포되고, 성례가 시행되며, 권징이 실시되었다. 칼뱅은 『기독교강요』를 통해 교리를 개혁하고, 성례와 말씀 중심으로 예배를 개혁했으며, 정치와 종교를 분리해 정치를 개혁하고, 믿음대로 말씀에 순종함으로써 생활에서의 개혁을 촉구했다. 당시 교회지도들은 "개혁교회는 항상 개혁되어야 한다(ecclesia reformata semper est reformanda)"는 말을 명제로 삼았다. 우리가 구원함을 받은 것은 전적으로 하나님의 은혜다. 그러므로 우리를 향하신 이 하나님의 언약을 마음에 늘 새롭게 가다듬을 필요가 있다.

종교개혁 이후 교회는 이성주의로 돌아갔다. 계몽주의 사상의 영향을 받은 것이다. 이에 맞서 슐라이어마허는 감성주의 신학을 폈다. 경건주의 운동도 일어났다. 근세에 와서는 교회의 조직화와 제도화를 부정하는 움직임이 강했다. 퀘이커, 플리머스 형제단, 우치무라 간조 등의 무교회파가 등장한 것이다. 그들에 따르면, 외적 교회조직은 필연적으로 타락하고 그리스도 정신에 반대되는 결과를 초래한다. 또한 제도적 교회는 하나님의 지배를 경시하고 인간적인 것을 높이며 영적인 것을 경시한다는 것이다. 이러한 주장이 다 맞는 것은 아니라 할지라도 교회가 주목할 점들이 있다.

교회사는 섭리사관에 입각해 있다. 하나님이 모든 것을 섭리하신다는 것이다. 이것은 예정론과도 맞닿는다. 인류사는 구속사이다. 교회사는 바른 교회관을 세우게 한다. 교회사는 역사, 문화, 그리고 성경 등 여러 렌즈를 통해 봐야 한다. 이것은 인생관, 세계관, 자연관에 영향을 준다. 이 점에서 이 책이 독자들에게 선한 영향력을 줄 수 있기를 기대한다.

2012년 양창삼

# 목차

제1부

# 인간 창조에서
# 로마제국까지

# 제1부 인간 창조에서 로마제국까지

## 1. 인간 창조와 문화

지구의 생성과 인간 창조에 대한 여러 주장이 있다. 창세기는 하나님이 우주뿐 아니라 인간을 창조하셨다 하였다. 하지만 정확한 연대는 나와 있지 않다. 토마스 헉슬리(T. Huxley)나 찰스 다윈(C. Darwin)은 인간의 기원에 대해 신학적 설명보다 생물학적 설명을 가했다.[1]

아일랜드 대주교 우셔(Ussher, 1581~1666)는, 인간은 B.C. 4000년경에 창조되었다고 주장한다. 물론 그 이전에 창조되었을 것으로 보는 학자도 있다. 아담 창조 이후 1600년이 지난 B.C. 2400년경 노아 홍수가 있었을 것으로 본다.

### 하루의 탄생

창세기는 빛의 창조로부터 시작한다. "빛이 있으라." 얼마나 장엄한 명령인가. 그다음 빛과 어둠을 나누셨다. 빛으로 낮을 주관하게 하시고, 어둠으로 밤을 주관하게 하셨다. 그리고 "저녁이 되고 아침이 되니" 그것이 첫째 날이 되었다. 하루는 이렇듯 장엄하게 탄생했다.

그 뒤부터 하나님은 하루도 빠짐없이 우리에게 하루를 주셨다. 하나님의 신실하심이 크고, 그 은혜 또한 높다. 그런데 이 장엄하게 창조된 하루를 우리는 어떻게 맞고 있는가? 어떤 이는 자전과 공전으로 늘 오는 것 아니냐며 당연한 것으로 받아들인다. 그러나 어떤 이는 새르운 시작을 주신 하나님께 감사와 찬양으로 하루를 연다.

피에르 쌍소는 『느리게 산다는 것의 의미』에서 그 어떤 사건들보다 가장 자신을 흥분케 하는 것은 하루의 탄생이라 고백한다. 하루의 탄생을 지켜볼 때마다 그는 충만감을 느

---

1) Thomas Huxley, Place of Man in Nature(1863)와 Charles Darwin, Descent of Man(1871) 참고할 것.

낀다. 왜냐하면 하루는 24시간 매 순간 깨어나서 자신의 모습을 드러내기 때문이다. 그의 눈에는 하루의 탄생이 어린 아기의 탄생보다 더 감동적으로 다가온다. 내일은 또 다른 하루가 태어날 것이다. 내일 그는 다시 한 번 미래를 내다보는 사람이 될 것이라 고백한다. 쌍소에게 있어서 하루는 늘 감동이요, 설렘이다.

우리가 모두 늘 쌍소와 같은 감격과 감동으로 하루를 연다면 세상은 달라지지 않았을까 싶다. 그러나 하루 지나기가 힘든 때도 있다. 오늘 하루 어떻게 지날까 고민하다 허송한 다음 후회할 때도 있다. 그때 하나님의 장엄한 하루 창조와 쌍소의 설렘을 만나면 어떨까.

오늘이라는 하루는 어제 죽은 자가 그토록 갖고 싶어 한 하루였다 하지 않는가. 우리에게 내일이 주어진다는 보장도 없다. 그렇다면 하루 24시간 모두를 금쪽같이 사용하는 일은 하루를 살아가는 자의 의무일 수 있다.

오늘도 신실하신 하나님은 우리에게 하루를 선사해 주셨다. 이 하루를 감격으로 시작하라. 이 하루에 최고의 의미를 부여하고 생애에서 가장 아름다운 날을 창조하라. 아니 당신의 하루를 새롭게 탄생시켜라. 당신이 부는 피리 소리에 하루가 춤출 때 주님은 당신의 모습을 설렘으로 지켜보실 것이다.

19세기에 고대문명에 관한 연구가 활발했다. 특히 이집트, 바벨론, 앗시리아, 페르시아, 그리스 등지에 대한 연구가 집중되었다. 당시 언어학자들은 출토된 토기와 고대 건축물에 나타난 언어적 기록물을 통해 고대연구를 수행해나갔다.

지난 100여 년간 여러 고고학자들의 연구도 있었다. 대표적인 학자로 플린더스 페트리 경(Sir Flinders Petrie), 올브라이트(W. F. Albright), 롤랑 드 보(Roland de Vaux), 어네스트 라이트(G. Ernest Wright), 캐서린 캐년(Kathleen Kenyon), 넬슨 글루익(Nelson Glueck), 이갈 야딘(Yigal Yadin) 등이 있다. 그들은 주로 두 방법을 사용했다. 하나는 조심스럽게 지층(strata)을 발굴하고 검사해 그 시대의 문화와 역사를 연구하는 층서학(stratigraphy, 層序學)적 방법이며, 다른 하나는 물체를 분류하는 유형학(typology, 類型學)적 방법이었다. 다른 전문가들로서는 유적지에서 발굴된 식물, 씨앗, 음식물들을 통해 연구를 한 고식물학자(paleo-botanists)들이 있었고, 고대건축물을 통해 연구를 하는 공학자들도 있었다. 그들의 궁극적인 목적은 입증을 위한 것이 아니라 사실을 추구하는 것으로, 신앙보다는 학문적인 관심이 컸다.

여러 연구를 보면 문명은 근동의 메소포타미아와 이집트에서 일어났다.[2] 그들은 마을을 이루고 곡식을 재배하며 가축을 길렀다. 글을 쓰고, 집을 짓고, 무역을 하고, 종교적 행위도 했다. 나일 강을 중심으로 이집트인들이 관개사업을 일으켰고, 메소포타미아 아래쪽

---

2) 인류는 아프리카에서 시작해 동진한 것으로 주장하는 학자도 있다.

에선 수메르(Sumer) 족들이 습지를 이용해 농토를 이뤘다.

### 에덴이 어디에 있다고?

영국의 고고학자 데이비드 롤(D. Rohl)은 자신이 쓴 책 『문명의 창세(The Genesis of Civilization)』에서 에덴은 오늘날 이란 북서부 아드지 차이(옛 이름은 메이단) 골짜기와 동일시할 수 있다며 이 지역의 중심에는 타브리즈라는 대도시가 자리 잡고 있다고 주장했다. 그럼 에덴이 이란에 있었단 말인가?

전설적으로는 이라크의 에리두가 에덴일 것으로 추정해 왔다. 이곳은 우르 남쪽 20km 지점에 있다. 이외에도 유프라테스와 티그리스 상류 아르메니안 고원, 유프라테스 강 어구 바벨톤 평야일 가능성을 들고 있다. 모두 다 설이다.

성경에서는 에덴이 힛데겔(티그리스), 유프라테스, 비손, 그리고 기혼 네 강의 근원이 된다 했다. 티그리스와 유프라테스는 잘 알려져 있지만 비손과 기혼의 정확한 위치는 알 수 없다. 그래서 여러 추측이 일고, 나라마다 에덴은 자기 땅에 있다고들 한다.

에티오피아는 청나일을 기혼으로 간주하고 에덴은 바로 자기 땅에 있었다고 주장한다. 예멘에서는 '와디 다하르', 곧 돌들의 계곡을 에덴동산이라 한다. 키르기스스탄은 오쉬에 있는 술레이만 산을 에덴이라 한다.

에덴동산은 과연 어디에 있을까? 이라크, 이란, 아르메니아, 에티오피아, 예멘, 키르기스스탄일까? 사람들은 장소에 관심이 많다. 그러나 우리의 관심은 장소보다 '하나님의 동산', 곧 하나님이 우리에게 허락하신 동산이라는 데 두어야 하지 않을까. 하나님은 우리 안에 영혼의 에덴동산을 주셨다. 그의 나라도 주셨다. 오늘도 그 안에서 기뻐하고 찬양하라. 단, 선악과는 멀리하라. 에덴에는 늘 지켜야 할 하늘의 법도가 있다.


## 2. 노아의 후손과 도시국가

노아 홍수 이후 노아의 후손들이 여러 지역으로 흩어져 살았을 것으로 보고 있다.

셈(Shem)의 자손은 유프라테스 북쪽 유역, 유대, 앗수르, 시리아 등 중앙지역에 거주했다. 야벳(Japheth)은 북쪽으로 가, 그 자손은 흑해 및 카스피 해에 정착해 유럽과 아시아 거주 코카서스 인의 조상이 되었을 것으로 추정한다.

함(Ham)은 남쪽으로 가, 그 자손은 아라비아, 이집트, 지중해 동해안, 아프리카 동해안에 거주했을 것으로 본다. 함은 가나안에 이주해, 이집트에 살았을 것으로 본다. 이집트를 '함의 땅'이라 부르기 때문이다. 이집트 신 '켄(Khen)'은 히브리말로 '함'과 같다. 이집트를 '미즈라임(Mizraim)'이라 불렀는데 그것은 함의 아들 이름이다.

니므롯도 함 족속이다. 그는 함의 손자로 홍수와 아브라함 사이 400년 동안 통치한 것으로 보인다. 그는 '특이한 사냥꾼'(창 10:9)으로 소개된다. NIV에는 '특이한'을 '강한 힘을 가진(mighty)' 자로 소개하고 있다. 강력한 통치자였음을 나타낸다. 그는 에렉, 아카드, 갈레, 느니웨, 르호봇, 갈라, 레센 등 여러 성읍을 세워 통치했다. 제국주의의 시작이라 할 수 있다. 그는 바벨탑을 세워 하나님과 대항하려 한 야심가였다. 바벨탑은 자신의 위대함을 드러내고, 역사의 주인이 바로 자기였음을 후손들에게 드러내고자 한 것이다. "우리 이름을 내고"(창 11:4)는 이것을 단적으로 드러낸다. 하나님보다 자신을 드러내고자 하는 욕망이 얼마나 강했는가를 보여준다. 언어가 혼란된 후 그는 바벨론에서 일한 것으로 보인다. 그곳이 '니므롯의 땅'으로 알려져 있기 때문이다. 후에 그는 신격화되어 메로다크 (Merodach, 마르두크, 니므롯, 벨)가 되었다. 자신에 대한 신격화 작업은 이미 바벨탑을 쌓을 때부터 시작되었다. 바벨론과 니느웨는 세계 주요 성읍이 되었다.

당시 주요 도시 국가(city-state)와 왕조들은 다음과 같다. 당시 왕은 제사장을 겸했다.

기스는 바벨탑 유적 근처에 위치해 있으며 바벨론의 수도이자 첫 셈 왕국의 수도였다. 기스 왕조는 홍수 이후 최초 큰 성읍을 이뤘다.

에렉은 우르크(Uruk) 또는 와르카(Warka)라고도 한다. 에렉은 니므롯의 성읍이었다. 에렉왕조의 루갈찌기시(Lugalziggissi) 왕은 자신을 가리켜 '세계의 군주'라 했다.

아카드는 십팔이라고도 하며 니므롯의 성읍이었다. B.C. 24세기경 셈족인 아카디안들 (Akkadians)이 수메르를 정복해 2백 년간 공존했다. 아카드 왕조는 위대한 정복자 사르곤 (Sargon) 1세를 배출했다. 그는 메소포타미아와 시리아 지역을 통치해 세계 최초의 대제국을 이룩했다. 엘람에서 시내산까지 그의 통치권 아래 있었다. 그는 군인이자 건설자였고, 도서관을 건립하는 등 학문을 장려했다. 그는 이집트 피라미드 건설자인 케오프스(Cheops) 와 동시대인이다.

우르(Ur)는 수메르에서 가장 주요한 도시다. 이 도시의 신에게 바치는 피라미드, 곧 지구라트(Ziggurat)를 우르에 세웠다. 지구라트는 신전과 같다. 이집트의 파라오 쿠푸(Khufu) 가 자기 묘로 피라미드를 세운 때와 같은 시기다. 수메르 문명은 약 2천 년간 지속되었다.

우르는 홍수 이후 인근 성읍의 압제를 받아왔으나 아브라함 시대에 세계 주요성읍으로 등장했다. 우르-엔구르(Ur-engur) 왕, 둔기(Dungi) 왕 때 전성기를 누렸다. 당시 우르 왕조는 페르시아만에서 지중해까지 정복했다.

무그헤이르(Mugheir), 무가야르(Mugayyar)라고도 불리는 우르는 페르시아만과 유프라테스 강 하류의 항구로 화려한 성읍이었다. 농공어업 중심지이자 대상과 항해무역이 성행했다. 유프라테스 강이 진로를 바꿈에 따라 방치되었고, 현재는 사막의 모래에 묻혀 크고 작은 언덕으로만 남아 있다.

바벨탑 이후 고대 신전인 지구라트가 지금의 가장 높은 언덕이 되었으며 아브라함 시대 가장 뚜렷이 볼 수 있는 건물로 달신 난나르(Nannar 또는 Sin)를 모셨다. 난나르의 아내이자 여신의 어머니 격인 닌갈(Ningal)이 있다. 니느웨에서는 니나(Nina)라 하고, 바벨론에선 이쉬타르(Ishtar)라 부른다. 신전엔 여러 개의 방이 있어 제사장, 여사제, 시종들이 살았다. 성욕의 화신으로 방종을 요구했다. 신전음행이 자행되었다. 여사제들이 남성 참배자들을 접대했다. 음행하는 여사제 외에도 처녀, 과부, 부인은 적어도 한번 이 의식에 참석하는 것이 일반화되었다.

당시에는 성, 자연의 힘, 왕권이 신격화되었다. 성의 경우 남신과 여신이 있고, 기도문 대부분이 성행위를 기록하고 있다. 이것은 출산과 풍요, 그리고 재생산의 의미를 담고 있다. 자연의 힘의 경우 불, 해, 달, 별 등이 있다. 태양신(Shamash), 달신이 그것이다. 생명이 그것에 달려있다고 보기 때문이다. 왕권의 경우 그들의 창시자가 주신이다. 앗수르는 앗수리아 민족의 주신이며, 바벨론 창시자 마르두크(메로다크, 니므롯, 벨)는 바벨론의 주신이다.

아브라함이 가나안으로 이주할 당시인 B.C. 2000년은 바빌로니아 왕조였다. 함무라비(Hammurabi) 때가 전성기였다. 성경에 아므라벨(창 14:1, Amraphel)이 그가 아닌가 추정하고 있다.

함무라비는 법전을 편찬했다. 1902년 모르간(M. J. Morgan) 지휘 아래 프랑스 발굴대가 수사 폐허에서 비석을 발견했다. 이것은 현재 루브르 박물관에 소장되어 있다. 이것은 셈족 바벨론어 설형문자 석판으로 4천 줄의 글이 있다. 윗부분에 함무라비가 태양신 샤마쉬로부터 법을 받는 그림이 있고 제사, 재판, 세금, 품삯, 이자, 금전대체, 재산논쟁, 결혼, 농업, 공공사업, 운하건설 및 관리, 운하와 대상을 이용한 여객화물 운송업, 국제무역 등에 관련된 내용이 담겨 있다. 이것은 당시 발달한 법체제와 진보한 학문기술을 입증한다. 함무라비 시대 것으로 추정되는, 셋으로 나뉜 비석(1898년 대영박물관 소장)에는 "여호와는 하나님"이라는 말이 있다. 아브라함은 함무라비와 동시대 인물로 보고 있다.

## 3. 인구이동과 유랑하는 아람 사람들

B.C. 2000년경 메소포타미아 서북쪽에 사는 셈족으로, 반(半) 유목민인[3] 아모리 족속 (Amorites)이 침입해 2백 년 동안 북 메소포타미아 주요 도시를 통치했다. 당시 많은 사람 들이 가나안으로 이동했다. 여리고, 메기도(Megiddo, 므깃도), 아이 성이 무장한 침입자들 에 의해 파괴되었다. 그 후 유목민들이 시리아 지역 도시국가에 평화롭게 이주해 정착했 다. 그때 이 지역 유명 도시국가들로 우가리트(Ugarit), 카르케미시(Carchemish), 알레포 (Aleppo), 콰트나(Qatna) 등이 있었다. 일부는 더 남쪽으로 트랜스요르단, 팔레스타인, 이집 트까지 이동했다.

그 당시 족장들(patriarchs)도 유랑하는 사람들(wanderers)이었다. 후세 이스라엘에서는 학 교에서 "유랑하는 아람 사람들(Aramean)이 나의 조상이었다"는 말로 역사를 가르쳤다. 성 경도 아브라함이 메소포타미아 서북쪽 하란에서 가나안으로 왔다고 기록하였다. 그들은 아람족속으로, 아람족속은 아모리인의 일부에 속한다. 창세기 11장 31절에 따르면 아브라 함의 아버지 데라가 메소포타미아 남쪽에 있는 수메르 수도 우르에서 하란으로 이주했다 고 했다.[4] 아브라함의 식구들 중 그 형제 하란, 나홀 등 몇 이름이 당시 아람지역 도시 이름과 흡사한 것이 많고 아브라함이나 야곱도 아모리인 이름의 단순한 변형이다. 아브라 함 때부터 우리가 아는 역사적 시간과 연관 지어 알 수 있다.

창세기 11장과 12장에 니므롯과 아브라함이 소개된다. 니므롯은 함의 자손으로 하나님 을 섬겨야 할 백성이었음에도 불구하고 세속도시를 세우고, 자신을 신격화하며, 인간 중 심의 문화를 만들어갔다. 그런 땅에서 하나님은 아브라함을 부르시고 지시할 땅으로 가서 하나님 중심으로 살아가도록 하셨다.

## 4. 족장시대

초창기 히브리인들을 가리켜 족장(patriarchs)이라 한다. 당시 히브리인들은 많은 방랑 인 구와 더불어 그들의 주변에서 살았다. 그들은 강인했고, 천막생활을 했다. 그들은 도시생

---

3) 유목민은 주로 약대를 이용해 이동했다면 반 유목민은 양과 가축을 기르며 이동했다.
4) 일부 성경학자들은 B.C. 3세기경 원전에 우르라는 말이 없어, 이스라엘의 뿌리가 남 메소포타미아가 아니라 북 메소포타미아라고 주장한다.

활에 익숙지 않았으며, 문맹일 가능성이 높다. 한 도시나 민족보다 직계 가족 또는 족속으로 이뤄졌으며, 전적으로 하나님을 숭배했다. 특히 언약(covenant)을 통해 하나님과 특별한 관계를 가지고 있었다. 당시 열강으로 이집트와 메소포타미아, 아모리 족속, 히타이트(헷) 족속, 가나안 족속이 있었다. 여러 열강에 휩싸인 그들은 하나님의 보호와 인도가 중요했다. 이것은 하나님의 언약으로 보장되었고, 대신 그들은 하나님을 향한 전적인 순종과 충성을 보였다. 하나님은 그들에게 약속의 땅, 곧 그들의 땅을 약속하셨다.

족장은 아브라함, 이삭, 야곱을 말한다. 야곱은 12 아들을 두었고, 이들이 12지파의 족장이 되었다. B.C. 2000년에서 1800년까지 약 200년을 족장시대라 한다. B.C. 2000년부터 나타나는 히브리 족속은 반 유목민들, 곧 양을 치는 카라반으로 가나안으로 이주했다. 아브라함 때 다수의 셈족이 메소포타미아에서 가나안으로 이주했으며, 당시 히브리인은 소수에 불과했다.

B.C. 16~15세기 북 메소포타미아를 점령해 살던 누지인의 성 누지(Nuzi)의 잔해에서 토판을 발견했다. 그것에는 당시 오래된 아모리인의 법과 관습들이 기록되어 있었다. 이 기록에 따르면 부인이 아기를 낳지 못할 경우 하녀를 통해 아기를 가질 수 있었다. 아브라함과 야곱이 하녀를 통해 자손을 본 것은 그들의 전통에서 나온 것임을 알 수 있다.[5] 또한 임종 시 축복이 일반화되었다. 한 번 한 축복은 뒤집을 수 없었다. 야곱이 거짓을 가장해서라도 왜 에서의 복을 훔치려 했는가를 알 수 있다.

아브라함은 가나안에 정착했다. 그가 정착한 곳은 구릉이 많은 도단과 네게브 가장자리에 있는 브엘세바 사이였다. 가나안 남쪽으로 나무가 있는 지역이었다. 이곳은 목축하기에 적합했을 뿐 아니라 토착주민과의 마찰이 적은 곳이었다. 이방족속들은 자기 부족에 속하지 않으면 적대적이었다. B.C. 19세기 가나안은 상업이 성행했고, 도시가 많은 곳이었다. 게제르(Gezer, 게셀)는 남해안 평야도시였고, 메기도는 북쪽 도시였으며, 소돔과 고모라는 사해 남쪽에 있는 들판 도시였다.

반 유목민인 히브리인들은 양들이 꼴이 많은 목초지와 물을 잘 얻을 수 있는 길을 따라 도단, 세겜, 벧엘 등 여러 곳으로 이전하며 살았다. 그러나 막벨라(Machpelah, 헤브론)가 주요기지가 되었다. 이곳은 그들의 매장지가 있는 곳이며 봄이 오면 씨앗을 심었던 곳이다. 조카 롯이 벧엘을 떠나자 아브라함은 헤브론에 있는 마므레(Mamre) 상수리나무 근처에 막

---

5) 족장시대의 결혼 관습이 훗날 유대인의 관습과 다름을 알 수 있다.

을 쳤다(창 13:18). 막벨라 동굴 근처의 땅을 사 가족의 장지로 삼았다. 유목민인 아브라함이 땅을 산 것은 땅의 소유자가 되었다는 의미를 갖는 것이며, 이것은 이로부터 600년 후 이집트의 이스라엘 자손이 가나안으로 돌아오는 전통의 뿌리를 심었다.

이삭은 가나안 남쪽 브엘세바 근처에서 자리를 옮기며 살았고, 야곱은 좀 더 북쪽인 세겜과 베델 근처에서 살았다. 요셉이 하나님의 섭리에 따라 이집트의 총리가 되었고, 야곱의 식구들은 이집트로 이주했다. 그들이 이집트에 거주한 기간은 B.C. 1800~1400년으로 이집트 제국의 융성과 연관이 있다. 70명에 불과했던 그들은 400년간 이집트에 거하면서 약 300만 명으로 증가했다.

아브라함과 야곱의 특징은 돌단(stone alters)을 쌓았고, 돌기둥(stone pillars)을 세웠다는 것이다. 이것은 두 사람 사이 또는 한 사람이 하나님과의 사이에서 언약이나 거룩한 서약을 할 때 사용했다. 언약은 원래 개인적인 합의나 계약으로 오늘날 정치적 조약과 유사하다. 하나님은 히브리 초기 신앙의 근간으로, 하나님을 자신의 하나님으로 경배하면 하나님은 그를 돕고 보호해주신다는 내용을 담고 있다.


## 5. 이집트에서의 속박

이집트는 여러 왕조로 이어져 왔다. 고대왕조와 중기왕조를 보면 다음과 같다. 먼저 고대왕조를 살펴본다.

1대 왕조에는 9 왕이 있었다. 메네스(메나)는 여러 부족을 통일시켰고, 채굴을 많이 했다. 그는 함의 아들 미스라임이 아닌가 추정되고 있으며, 니므롯과 동시대 인물이다. 2대 왕조에도 9 왕이 있었다. 바벨론과 거래한 것으로 보고 있다. 3대 왕조에는 5 왕이 있었다. 조제르(Zozer)는 바벨론 고탑신전을 모방해 삭카라에 6단 피라미드를 건설했다.

4대 왕조에는 4 왕이 있었고, 피라미드 시대의 절정을 이뤘다. 케오프스(Cheops) 피라미드는 위대한 통치자 케오프스를 기린 것으로, 사르곤과 동시대 인물이다. 기제(Gizeh)에 위치해 있으며, 제일 크다. 카프레(Khafre) 피라미드는 자기 얼굴과 같은 스핑크스도 같이 세웠다. 멘쿠레(Menkure) 피라미드 안에서는 미라가 발견된다.

5대 왕조에는 9 왕이 있었다. 광산채굴을 많이 했고, 페니키아, 시리아 등과 무역을 했다. 켄트-카웨스(Khent-Kawas) 여왕 피라미드에서 배가 발견되었다. 내세에 태워 보내기 위한 것이다. 무덤엔 각종 보석으로 가득했는데, 이것을 내세에 가지고 갈 수 있다고 생각했다.

6대 왕조에는 6 왕이 있었다. 페피(Pepi) 2세는 90년 통치했다. 역사상 최장 통치기록이다. 그 후 7~10왕조에는 20 왕이 있었다. 분쟁으로 왕국이 여러 번 분열되어 분열시대라 한다.

중기왕국은 운하를 판 시대다. 이 운하는 수에즈 운하를 말하는 것이 아니다. 나일 강과 홍해 사이의 운하를 말한다. 11대 왕조에는 7왕이 있었다. 12대 왕조에는 8왕이 있었다. 이 가운데 ͏아-메넴헤트(Amenemhet) 3세는 시내에 세라빗 신전을 건축하고, 시리아와 무역을 했다. 나일 강과 홍해 사이에 운하를 개통했다. 세누세르트(Senusert) 1세는 방첨탑을 건설했다. 아브라함이 이집트에 갔을 때 바로 왕이 세누세르트 2세인 것으로 보인다. 아브라함 이후 이͏집트는 13대 왕조에서 15대 왕조 때까지 셈족인 힉소스(Hyksos)가 북 이집트와 수리아를 통일했으며, 이때 이스라엘은 좋은 대접을 받은 것으로 보인다. 16대 왕조 때인 B.C. 1800년경 아페피(Apepi) 2세가 요셉을 등용한 것으로 보인다. 13대에서 17대 왕조까지 모두 25명의 왕이 있었다.

18대 왕조와 19대 왕조는 B.C. 1600~1200년으로 에티오피아에서 유프라테스 강까지 통치하는 제국시대를 열었다. 이때 이스라엘이 이집트로 이주했다. 18대 왕조는 13명의 왕이 있었고, 19대는 8명의 왕이 있었다. 지금까지 이어온 힉소스 권력이 18대 왕조 아모시스 1세에게 이양되면서 이스라엘은 노예 대우를 받았다. 셈족 왕조가 끝나면서 대우가 달라진 것이다. 21대 왕조 때가 다윗의 시대와 같고, 27대에서 31대 왕조까지는 페르시아 통치를 받았다.[6] B.C. 332년 이집트는 알렉산더 대왕의 지배를 받았다.

B.C. 13세기경 하나님은 선지자 모세를 택해 이집트에서 노예로 살고 있었던 이스라엘 민족을 구원했다. 속박으로부터 자유롭게 한 것이다. 하나님은 시내산에서 그들이 지켜야 할 율법과 계명을 주셨다. 하나님은 열두 족속을 하나로 연합하게 하고, 하나님께 헌신하는 민족으로 삼으셨다.

---

6) 이상의 계보는 B.C. 250년경 이집트인 마네토(Manetho)에 의해 기록된 초대 왕 메네스(Menes)에서 B.C. 332년 알렉산더 대왕에 의해 정복되기까지의 31왕즈를 배경으로 한 것이다.

### 모세의 영혼

홍해에는 '모세의 영혼(Moses Soul)'이라는 물고기가 살고 있다. 가자미와 같이 생긴 이것은 특이하게도 샘 선에서 독성물질을 분비하는 특성을 가지고 있다. 홍해의 상어들은 이 같은 작은 고기들을 즐겨 잡아먹지만 모세의 영혼만큼은 예외다. 모세의 영혼을 삼키는 순간 독이 나와 상어의 입언저리를 얼얼하게 만들기 때문이다. 상어는 결국 모세의 영혼을 토해낼 수밖에 없다. 하나님은 모세의 영혼에게 독을 주어 자신을 방어하도록 하셨다.

가끔 모세는 왜 '이집트로 가라'는 하나님의 말씀에 그토록 주저했을까 생각해 본다. 그는 살인자이므로 들어가면 법적으로 처벌을 받을 수 있다. 나아가 바뀐 바로 왕을 설득할 자신도 없었다. 이집트로 가라는 것은 모세에게 있어서 상어의 입으로 들어가라는 것과 같았을 것이다. 물릴 것은 뻔하다.

하지만 하나님은 아무 대책 없이 그를 이집트로 몰아넣는 분이 아니시다. 가라는 분도 하나님이시고, 그곳에서 역사하실 분도 하나님이시다. 모세가 이집트에서 몇 번이나 상어에 물렸을 때 하나님은 그에게 기적을 베푸시고 그 입에서 벗어나게 하셨다.

모세의 기적은 하나님의 기적이다. 보통 10개의 기적으로 알려져 있지만 모세의 지팡이가 뱀(코브라)이 되어 애굽 신(코브라)을 잡아먹는 지팡이 기적과 그 지팡이로 홍해를 가르는 기적까지 합하면 12기적이다. 대부분의 기적들은 하나님께서 이집트의 신들을 치시는 모습을 드러내고 있다. 결국 하나님은 모세를 통해 상어의 입을 얼얼하게 만든 다음 모세와 함께 이스라엘을 이집트 밖으로 토해내게 하셨다.

'모세의 영혼' 사람들은 그 역사를 잊지 못해 이 물고기를 그렇게 불렀을 것이다. 오늘도 모세의 영혼은 상어를 얼얼하게 만든다. 그리스도인이여, 세상을 두려워하지 말라. 모세를 지키신 그 하나님이 우리와 함께하신다.


## 6. 가나안 정복

가나안 정복 시대는 B.C. 1200년에서 B.C. 1020년에 해당하는 시기로, 여호수아와 사사들의 지도 아래 약속의 땅 가나안을 정복하고 정착하게 된 것을 말한다. 이 시기에 하나님은 지도자들을 택하시어 이스라엘을 여러 적들로부터 구원했다.

반 유목민은 이스라엘은 가나안 여러 지역에 정착해 곡식을 재배하는 법을 배웠다. 그러나 그들은 이방신들의 도전과 유혹에 직면했다. 이스라엘은 하나님의 이름으로 전쟁을 하고 많은 사람을 학살했다. 이 피 흘림은 거룩한 목적과 의를 이루는 것으로 정당화되었다. 열두 지파의 연합이 느슨해지면서 강력한 블레셋에 맞서 자신들을 방어하기 어려워지자 사람들은 곧 왕을 구하게 되었다.

가나안 족속들(Canaanites)은 이 땅에 살고 있는 사람들 전부를 가리키는 말이다. 좁게는 에스드라엘론(Esdraelon) 평야와 그 부근 사람들을 일컫는다. 그곳에는 아모리족, 브리스족, 여부스족, 히위족, 헷족, 길가스(길갈)족 등 여러 족속들이 살았다. 아모리인들은 사해 서쪽에 거주했으며, 요단강 동쪽을 정복해 암몬사람을 몰아냈다. 브리스족과 여부스족은 남쪽 산악지대를 점령했다. 히위족과 헷족은 갈그미스에 수도를 세우고 레바논을 점령했으며, 북왕국을 세웠다. 길가스족은 갈릴리 동쪽에 살았다. 가나안 족속은 여호수아에게 정복되었으나 사사시대에 철전차로 이스라엘을 위협할 만큼 강해졌다. 그러나 사사 드보라에게 패했다.

가나안족속은 바알(Baal)과 아스도렛(Ashtoreth)을 섬겼다. 바알은 남성 주신으로, 그 복수형으로 바알림(Baalim)이라 한다. 이것은 바알의 상을 의미한다. 아스도렛은 여성 주신으로 바알의 아내다. 그 복수형은 아스도롯(Ashtoroth)이다. 아스도렛은 자연의 생식력을 의인화한 것으로, 바벨론 이름으로는 이쉬달(Ishtar), 헬라와 로마이름으로 아스타르테(Astarte)가 있다. 신비스런 기둥, 원주형의 돌, 나무줄기는 이 여신을 상징하며 아세라(Ashera)라 불렀다.

바알 신전과 아스도렛 신전은 보통 같이 있었다. 여사제는 신전의 창녀 역할을 했다. 소돔사람들은 남자 신전의 매음자였다. 사치스러운 술잔치로, 신전은 그야말로 악의 중심지였다.

1904년에서 1909년 팔레스타인 발굴재단의 맥칼리스터(Macalister)는 게제르에서 이 신전의 폐허를 발굴했다. 노천광장이 벽으로 둘러싸였다. 벽 안에는 돌기둥 10개가 있고, 그 앞에서 제물을 드린 듯 바알에게 제물이 된 아이의 뼈가 든 항아리들이 발견되었다. 게제르, 메기도, 여리고 등에서는 집 지을 때 아이를 희생시켜 그 시체를 벽에 바르고, 다른 가족의 행운을 빌었다. 아이가 기초희생이 된 것이다. 또한 성욕을 일으키기 위해 과장된 성기를 붙인 아스도렛 상과 장식품을 발견했다. 뿐만 아니라 신에게 드리는 제물로 장자를 죽였고, 기타 부도덕한 행위를 했다.

하나님은 이스라엘 민족에게 가나안 족속들을 멸망시키든지 그 땅에서 쫓아낼 것을 명령하셨다(신 7:2-3). 이것은 이스라엘 민족으로 하여금 우상숭배와 부끄러운 관습에서 피하게 하려는 뜻도 있지만 가나안 족속 행위에 대한 하나님의 심판이기도 하다.

# 7. 사사시대

사사시대는 신정정치 시대이자 무정부상태 300년을 가리킨다. 이 기간의 끝에 산 입다는 이 기간을 300년으로 말한다(삿 11:26). B.C. 1400~1100년으로 추정하고 있다. 열왕기상 6장 1절은 출애굽에서 솔로몬까지의 기간을 480년이라 했다. 사사시대는 그리스 문명이 싹트던 시대였다.

**압박자와 사사**

| 압박자 | | 사사와 평온한 기간 | |
|---|---|---|---|
| 메소포타미아 사람 | 8년 | 유다 기럇세벨의 옷니엘 | 40년 |
| 모압, 암몬, 아말렉 사람 | 18년 | 베냐민의 에훗 | 80년 |
| 블레셋 사람 | | 삼갈 | |
| 가나안 사람 | 20년 | 에브라임의 드보라 | |
| | | 납달리의 바락 | 40년 |
| 미디안 사람, 아말렉 사람 | 7년 | 므낫세의 기드온 | 40년 |
| | | 므낫세의 아비멜렉 | 3년 |
| | | 잇사갈의 돌라 | 23년 |
| | | 동 므낫세 길르앗의 야일 | 22년 |
| 암몬 사람 | 18년 | 동 므낫세 길르앗의 입다 | 6년 |
| | | 유다 베들레헴(?)의 입산 | 7년 |
| | | 스불론의 엘론 | 10년 |
| | | 에브라임의 압돈 | 8년 |
| 블레셋 사람 | 40년 | 단의 삼손 | 20년 |
| 압박받은 햇수 | 111년 | 총 사사시대 | 299년 |

이스라엘 족속을 압박한 민족으로 모압 족속, 암몬 족속, 아말렉 족속, 블레셋 족속, 미디안 족속 등이 있다. 이들의 특성은 다음과 같다.

모압 족속은 롯의 자손들로 사람을 제물로 받는 그노스 신을 섬기며 사해 동쪽 고원지대에 살았다. 모압 땅 에글론은 사사시대에 18년간 이스라엘 통치를 받았다. 사사 에훗에 의해 물러갔다. 암몬 족속은 롯의 자손으로, 요단 동쪽 50km에서 시작 모압과 인접해 살았다. 그들의 신 몰록은 어린아이의 번제를 받았다. 아말렉 족속은 에서의 자손으로, 시내 반도 북쪽을 본거지로 유랑했다. 출애굽 때 처음 이스라엘을 공격했다. 모세는 아말렉 족속을 멸망시키라고 명령했다(출 17:8-16). 이 족속은 역사에서 사라졌다.

블레셋 족속은 함의 자손으로, 가나안 서남쪽 해안지대에 살았다. 팔레스타인은 바로 블레셋에서 나온 명칭으로, 이스라엘 사람보다 먼저 철기를 사용하며 압박했다. 미디안 족속은 아브라함과 그두라의 자손으로, 본거지는 시내산 동쪽이었으나 먼 곳까지 유랑하며 살았다. 모세는 40년간 그들과 함께 살았고 미디안 사람 십보라와 결혼했다. 미디안 사람은 점차 아라비아 사람과 합세했다. 아라비아 족은 이스마엘 자손으로, 아라비아 반도에 거주하며 유목민으로 살았다. 이외에도 시돈 사람, 마온 사람의 압박도 있었다.

### 페트라

요르단엔 세계 7대 불가사의라는 고대도시 페트라(Petra)가 있다. 시크(Siq)라 불리는 좁은 협곡을 따라가다 보면 그 유명한 알 카즈네(Al Kazne) 사원을 만난다. 그때 사람들은 경이로움이 과연 무엇인가를 느낀다. 영화 '인디아나 존스 마지막 성배' 촬영지였던 알 카즈네는 '보물 창고'라는 뜻을 가지고 있다. 사실 페트라는 우리가 아는 이상으로 역사가 보물처럼 감춰져 있다. 성경과 깊이 연관된 지역이기 때문이다.

페트라는 헬라어로 '바위'라는 뜻이다. 이 계곡에서 모세가 바위를 칠 때 물이 용솟음쳤다는 전설이 있다. 성경에 나오는 셀라가 페트라로 바뀌었을 것이라는 주장도 있다. 셀라는 바위, 절벽이라는 뜻이다. 동서방향으로 와디 무사(Wadi Mūsā)가 관통하고 있다. 와디 무사는 모세 계곡이라는 말이다. 계곡에 모세라는 단어가 붙은 것은 모세 일행이 이곳을 지나갔기 때문이다. 훗날 이 계곡을 관통하며 도시가 서게 된다.

모세 계곡은 연노란색으로 변해가는 빨간색과 보라색의 암맥을 가진 사암절벽으로 둘러싸여 있다. 이곳의 절벽을 보면 붉다. 영국의 시인 존 버곤 신부는 이곳을 가리켜 '영원한 시간의 절반만큼 오래된, 장밋빛 같은 붉은 도시'라 했다. 모세 이전 그곳엔 에서의 후손인 에돔 사람들이 살고 있었다. 에돔은 '붉다'는 뜻을 가지고 있다. 페트라에서는 구석기시대와 신석기시대 이후의 유적이 발굴되었다. 이스라엘 자손들이 애굽에서 노예 생활을 하며 지낼 때 에서의 후손들은 이 협곡을 누비며 한 문화를 이루며 살았을 것이다.

B.C. 312년경 아랍계 유목민 나바테아인(Nabataean)이 이 도시를 점령하고 자신들의 수도로 삼았다. 이후 이곳은 향료교역의 중심지가 되었다. 기원전 1세기경에 지어진 알 카즈네 사원이 그리스 건축양식인 것을 볼 때 이곳도 헬레니즘의 영향을 받은 것으로 보인다. 106년 이 왕국도 트라야누스 황제 때 로마제국 치하로 들어갔다. 무역로가 바뀌면서 페트라의 상업도 쇠퇴했다. 하지만 바위를 깎아 만든 여러 신전과 무덤들이 있고, 로마식 원형극장, 공중욕장도 있음을 볼 때 로마인들의 영향이 컸음을 알 수 있다. 4세기 콘스탄티누스 황제 땐 기독교의 영향을 받았다. 수도원으로 추정되는 구조물들이 있는 것으로 보아 기독교인들이 은둔하며 살았던 것으로 보인다. 6세기에 큰 지진으로 인해 폐허가 된 데다 7세기엔 이 지역이 이슬람 제국의 영향 아래 들어가면서 페트라는 역사의 무대에서 사라지게 되었다.

1812년 스위스의 작가 요한 루트비히 부르크하르트가 여행 중에 페트라를 발견했다. 아랍상인으로 가장했다는 설도 있다. 1958년부터 영국과 미국의 조사단이 발굴 작업을 벌였고, 1985년 유네스코 세계문화유산으로 지정되었다.

에서의 후손 에돔인들의 거주지, 출애굽 당시 이스라엘이 지나며 물을 얻었던 곳, 나바테아왕국, 로마제국, 그리고 이슬람제국을 거치며 통치가 이뤄졌던 페트라. 지금은 거대한 야외 박물관이 되었다. 모세는 어떤 마음을 가지고 바위를 쳤을까? 다메섹 도상에서 회심한 바울이 유대인의 박해를 피해 잠시 이곳에 머물렀다고 전해진다. 이곳에서 그는 무엇을 느꼈을까?

## 8. 통일왕국시대

　이스라엘에 왕이 세워졌다. 사울 왕에서 솔로몬 때까지는 통일왕국으로, 그 이후로는 남북으로 분리되었다. 통일왕국시대는 사울 왕에서 솔로몬까지로 B.C. 1020년에서 922년까지이다. 그 후부터 B.C. 587년까지 두 나라로 분리되었다.

　사울 왕은 베냐민 족속 기브아 사람으로, 40세에 즉위하여 40년간 통치했다. 그는 블레셋과 다른 적대 국가에 대항해 나라를 효과적으로 방어하는 데 기여했다.

　사울 왕에 이어 다윗이 왕이 되었다. 그는 유다족속 베들레헴 사람으로, 이스라엘을 진정한 왕국으로 만든 인물이다. 그는 이집트와 메소포타미아 세력이 약화되는 것에 힘입어 정복과 조약을 통해 이스라엘 영토를 확장시켜 북으로는 시리아, 남으로는 이집트까지 경계를 삼았다. 그가 통치하는 동안 독점적으로 철을 녹여 무기를 만들어 주변을 놀라게 했던 블레셋을 깨뜨렸으며, 가나안 사람들로부터 예루살렘을 빼앗아 이스라엘의 수도로 삼았다. 그는 전사이기도 했지만 개성과 리더십에서도 인정을 받았다.

　솔로몬은 이스라엘에서 처음으로 부친으로부터 왕위를 이어받은 최초의 인물이다. 그의 통치기간 이스라엘은 근동에서 가장 부강한 국가가 되었다. 그는 사업에서나 외교에서도 뛰어난 수완을 발휘했다. 정략적 결혼관계와 조약을 통해 다윗의 유산을 더 확대시켰다. 그는 예루살렘에 최초로 성전을 건립했으며 성전은 이스라엘의 영적 중심이 되었다. 그러나 그의 낭비적 지출과 호화로운 궁전 생활을 지탱하기 위해 많은 세금을 징수함으로써 백성들로부터 원성을 샀다. 또한 왕비들이 이방신을 들여오고, 그것을 용인함으로써 보수적 종교지도자들로부터 분노를 자아냈다. 그가 죽자 그의 왕국은 남 이스라엘과 북 이스라엘 사이의 지파 간 갈등에 휩싸이게 되었다. 다윗과 솔로몬 시대는 그리스에서 트로이 전쟁을 하던 시대였다.


## 9. 분단왕국시대

　300년 동안 남 유다와 북 이스라엘은 이집트, 앗시리아, 그리고 바벨로니아 세력에 맞서 독립을 지키기 위해 싸웠다. 엘리야, 엘리사, 이사야, 그리고 예레미야와 같은 위대한 선지자들이 이스라엘 백성들을 향해 "하나님께서 그들의 믿음 없음과 우상숭배 행위를 벌하시기 위해 대적을 보내실 것이다" 경고했다. 백성들은 이 경고를 무시했고, 먼저 이스라엘이, 그다음 유다가 외적의 침입에 무릎을 꿇어야 했다.

**분열왕국과 선지자**

| 북 왕국 이스라엘 | 남 왕국 유다 |
| --- | --- |
| 북쪽 10지파 | 남쪽 2지파: 유다, 베냐민 |
| B.C. 850 엘리야, 엘리사 | B.C. 715 미가 |
| B.C. 760 아모스 | B.C. 621 요시아 개혁 |
| B.C. 735 호세아 | B.C. 612 예레미야, 나훔 |
| B.C. 722 사마리아 멸망 | B.C. 605 하박국 |
| B.C. 721 북이스라엘 왕국 앗시리아에 멸망 | B.C. 586 예루살렘 멸망, 예레미야 애가 |

## 10. 포로시대

이스라엘 백성들이 바벨론에서 포로생활(Babylonian exile)을 하게 된 것은 B.C. 6세기 (606~536)였다. 약 70년 동안이었다. 바벨론 제국은 예루살렘을 파괴하고 유대민족을 포로로 잡아갔다. 유대인들은 포로지에서 성경을 연구하고, 지역 모임이나 회당에서 성경을 토론함으로써 그들의 신앙을 유지할 수 있었다. 선지자 에스겔은 글과 행동을 통해 그들의 종교적 전통을 회상하게 하고 미래에 고국에 돌아갈 희망이 있음을 심어주었다.

페르시아 제국(B.C. 536~330)이 앗시리아와 바빌로니아를 이어 포로 된 이스라엘을 지배하게 되었다. 이 나라는 종교적 자유를 허락함은 물론 백성을 자주적으로 통치할 수 있는 권한을 부여했다. 재건을 허락한 것이다. 에스라와 느헤미야가 예후드(Yehud), 곧 유대 지역에 돌아가 주관자로서 활동할 수 있게 되었다. 그들은 아주 중요한 시기에 특출한 리더십을 발휘허 성전을 재건하고 옛 터전 위에 새로운 유대 국가를 일으킬 수 있는 터전을 마련했다(B.C. 536~432). 그동안 타지, 곧 포로 지역에서 하나님을 섬겼던 그들은 계속해서 예루살렘을 그들 신앙의 센터로 바라보게 되었다. 당시 제국 곳곳에 흩어져 있던 유대인들은 성전을 위해 여러 가지로 기여를 했다. 그러나 이내 종교적 박해의 물결이 일어나 포로 지역뿐 아니라 이스라엘에서도 일어났다. 페르시아를 배경으로 한 에스더 이야기는 그러한 박해로부터 어떻게 구원을 받게 되었는가를 적나라하게 보여준다.

**포로시대와 재건기간**

| 연도 | 주요 발생사항 |
| --- | --- |
| B.C. 536 | 유대민족 포로귀환 허락, 민족 재건 원조 |
| B.C. 520~516 | 성전 재건 |
| B.C. 478 | 에스더가 페르시아 왕비가 됨 |
| B.C. 457 | 에스라가 예루살렘에 감 |
| B.C. 444 | 느헤미야 성벽 재건 |
| B.C. 398 | 에스라가 백성 앞에서 율법 읽음 |

# 11. 헬라제국시대와 마카비 반란

헬라제국시대는 구약과 신약 사이 기간에 팔레스타인을 지배했던 시기(B.C. 331~167)를 말한다. B.C. 336년 20세인 마케도니아의 알렉산더 대왕이 이집트, 앗시리아, 바빌로니아, 페르시아를 공격했고, B.C. 331년 세계를 정복했다. B.C. 332년 팔레스타인을 침략한 그는 유대인을 특별 고려해 예루살렘을 남겨두고 유대인을 이집트 알렉산드리아에 거주하도록 특전을 베풀었다. 알렉산더 대제에 의해 근동에 헬레니즘 문화가 들어왔다.

### 알렉산더와 룩소 신전

이집트 룩소 신전을 둘러보면서 놀란다. 그 규모와 웅장함에 놀라고, 흙탕물이 밴 돌색깔에 놀라고, 알렉산더 대왕의 이름이 새겨진 것에 놀란다. 신전에 대왕의 이름이 왜 새겨져 있을까? 그것도 지성소에.

알렉산더 대왕은 동방원정을 하면서 이집트를 점령했다. 이집트의 실질적 통치자가 된 것이다. 그는 이집트의 문화를 파괴하지 않고 신화도 수용했다. 문화포용정책을 사용한 것이다.

룩소 신전은 원래 제18대 왕조의 아멘호테프 3세에 의해 세워졌다. 투탕카멘과 람세스 2세 때 증축했고, 알렉산더 때 또한 증축이 이루어졌다. 알렉산더의 지배 아래 성소를 재건하였음에도 불구하고 룩소 신전은 카르나크 신전 못지않게 통일성을 갖추고 있다는 평가를 받고 있다.

알렉산더는 신전을 중시했다. 고대 이집트인들에게 있어서 무덤은 죽은 왕의 집이지만 신전은 문자 그대로 '살아 있는 신의 집'이었다. 대왕은 이집트의 신화를 수용하면서 그 자신도 이집트 신화의 일부가 되고자 했다. 지배자 아닌가. 누가 감히 뭐라 할 사람도 없다.

신전에 새긴 대왕의 이름은 '알레크산드리우스'. 지성소 중 지성소에 알렉산더가 모셔져 있다. 이것은 "나는 이집트의 살아있는 신이다"라는 말이다. 알렉산더 머리엔 두 뿔이 그려져 있다. 고센과 룩소를 상징하는 이것은 자신이 이집트의 실질적 통치자라는 의미를 담고 있다.

알렉산더는 자신을 신의 반열에 올려놓고 싶어 했다. 로마 황제들도 자신을 신으로 숭배하도록 했다. 인간과 신은 다르다. 하지만 지배자는 종종 신이 되고자 하는 유혹에 빠진다. 현대라고 그 유혹이 사라진 것은 아니다. 사람은 누구나 자신의 이름을 남기고 싶어 하지 않는가. 그런데 칼뱅은 외친다. "나를 지우라. 내 이름을 지우라." 인간은 신이 될 수 없다는 말이다. 하나님 외에 누가 신이랴.

B.C. 323년 알렉산더 대왕이 사망했고, 헬라제국은 4개로 분열했다. 이집트는 프톨레미가, 팔레스타인은 시리아의 헬라왕 셀류쿠스(Seleucus)가 통치하였다. B.C. 301년에서 198년까지 애굽의 헬라 왕 프톨레미 왕조에 예속되었다. 이때 이집트의 유대인은 곳곳에 회당을 지었고, 알렉산드리아는 유대교의 중심이 되었다. 알렉산드리아에서 70인 역이 나오게 된 것도 이런 역사와 연결되어 있다.

B.C. 198년 시리아 헬라왕 안티오쿠스 3세(B.C. 227~187)가 팔레스타인을 다시 정복했고, 다시금 셀레우키드(Seleucids)라는 시리아 왕조 지배 아래 들어갔다. 그 왕조의 안티오쿠스 에피파네스(Antiochus Epiphanes, B.C. 175~164)는 유대인 및 유대교에 대한 학정으로 유대의 종교 및 문화가 위기에 처했다. B.C. 168년 예루살렘을 황폐화시키고, 성전을 더럽히고, 제단에 돼지를 바치고, 주피터 제단을 만들었다. 제사와 할례를 금지했으며, 유대인을 노예로 팔았다. 성경사본을 없애고, 성경 소지자를 살해하는 등 유대교 말살에 앞장섰다. 이것은 B.C. 165년 영웅적인 마카비 반란(Maccabean revolt)을 불러일으켰다.

## 12. 마카비 독립시대

마카비 독립시대는 B.C. 167~63년으로, 마카비 시대, 아스모네(Asmone) 시대, 또는 하스모니안(Hasmonean) 시대라 한다.

마타디아스(Mattathias)는 안티오쿠스 에피파네스의 유대인과 유대교 말살 계획에 분격한 나머지 충성스러운 유대인들을 모아 반란을 일으켰다. 그에게는 영웅적이고, 호전적인 아들 다섯이 있었다. 유다(Judas), 요나단, 시몬, 요한, 엘리아살이다. 마타디아스는 B.C. 166년에 죽었고, 유다가 그 뒤를 이었다. 유다는 천재적 군인으로 불가능한 지역에서 승리를 거두었으며 B.C. 165년 예루살렘을 회복하고 성전을 깨끗하게 정돈했다. 이것이 수

전절(feast of dedication)의 기원이다. 유다, 그의 아버지와 형제들의 영웅적인 리더십으로 이스라엘을 외국지배로부터 벗어나는 데 성공했다. 이 마카비들(the Maccabees)은 정치와 종교를 일치시킨 왕국을 세웠으며 이 나라는 로마가 팔레스타인을 정복한 B.C. 60년까지 지속되었다. 약 100년의 이 기간이 아스모네 시대이다. 이때 제사장이며 통치자였던 사람들은 마타디아(B.C. 167~166), 유다(B.C. 166~161), 요나단(B.C. 161~144), 시몬(B.C. 144~135), 요한 힐카나(B.C. 135~106), 아리스도불루스와 마카비 가문에 맞지 않는 그의 아들(B.C. 106~63)이다.

## 13. 로마제국과 유대통치

로마제국에 의한 유대 통치는 B.C. 63년에 실시되었다. 팔레스타인이 로마의 폼페이에 정복된 이래 유대는 로마의 속국이 되었다. 예수 당시 로마는 세계를 지배했으며, 이때 교회가 형성되었다.

에서의 자손인 에돔 사람 안티파텔이 유대 통치자로 임명되었다. 그는 그의 아들 헤롯 왕에게 유대 왕을 계승했다. B.C. 37년에 유대의 왕이 된 헤롯은 B.C. 3년까지 통치했다. 그 기간 그는 유대인들에게 호의를 얻기 위해 성전을 훌륭히 재건했다. 예수 당시 예루살렘 성전은 그가 재건한 것이다. 그러나 그는 아주 잔인했다. B.C. 6년 또는 4년 예수님이 탄생하실 때 베들레헴 어린이들을 가차 없이 살해했다. 그는 예수님이 탄생되는 해 사망했다. 사두개인이나 바리새인 모두 헤롯을 증오했다.

**찰리 브라운: 크리스마스에는 역설이 있다**

크리스마스는 그리스도(Christ)와 예배(mas)를 합한 말이다. 예수님이 이 땅에 오심을 기억하며 그분에게 경배를 드리는 날이다. 그런데 크리스마스하면 흥겨운 노래, 선물, 크리스마스트리, 산타클로스 등 사실 경건한 예배와 전혀 상관이 없는 것들로 채워져 "이래선 안 되는 데" 걱정스러울 때가 있다.

청교도 혁명시절 근엄한 청교도들은 이날을 바쿠스의 축제다 가톨릭의 축일이라 비난하며 폭음, 폭식, 댄스, 도박, 대소동 등으로 이어지는 크리스마스 축제를 공격했다. 1583년 장로파는 스코틀랜드에서 크리스마스를 공식적으로 금지시켰다. 위반자에게 벌금이 매겨지기도 했다. 지금과 같은 크리스마스는 척결대상 1호였다. 그러나 지금 그것은 역사로 남아있을 뿐이다.

그렇다고 크리스마스의 참 의미를 찾고자 하는 노력이 중단된 것은 아니다. 여러 차원에서 개선의 시도가 있었다. 그중에 1960년대 만들어진 만화영화 '그린치는 어떻게 크리스마스를 훔쳤는가(How the Grinch Stole Christmas)'와 '찰리 브라운의 크리스마스(A Charlie Brown Christmas)'가 있다.

마음씨 좁은 동물 그린치는 크리스마스를 증오하며 후빌에 크리스마스가 오는 것을 막기 위해 온갖 일을 한다. 크리스마스를 망치기 위해 크리스마스 축제가 일어나고 있는 마을에 내려가 사람들의 선물과 장식을 훔친다. 선물 없이도 크리스마스가 진행되는 것에 놀란 그린치는 모든 선물을 사람들에게 돌려준다. 크리스마스의 참 의미는 선물에 있는 것이 아니라 마음씨에 있음을 알게 되었다는 것이 이 영화의 메시지다.

찰리 브라운은 즐겁게 노는 친구들에게도 끼지 못하고 왜 자신의 크리스마스는 행복하지 않을까 고민한다. 친구 낸시가 그를 크리스마스 공연의 감독으로 끌어들이지만 결국 공연을 망친다. 낸시는 대신 크리스마스트리를 사오라 한다. 라이너스와 함께 트리를 사러간 찰리는 앙상한 나무를 가져와 비웃음을 샀다. 실망한 찰리는 도대체 크리스마스의 진정한 의미는 무엇이냐고 질문한다. 그 때 라이너스가 무대에 등장한다. 그리고 진지하게 누가복음에 있는 예수 탄생 이야기를 낭독한다. 그것이 진정한 크리스마스라며. 그제야 친구들은 찰리가 가져온 나무에 사랑으로 장식을 해주며 함께 높이 찬양을 한다. "천사 찬송하기를 거룩하신 구주께 영광 돌려보내세 구주 오늘 나셨네."

그 높으신 하나님이 왜 비천한 몸으로 태어나야 했는가를 안다면 크리스마스는 결코 행복한 날이 아니다. 그럼에도 불구하고 이 땅에 오신 하나님의 그 크신 사랑을 생각하면 행복하지 않을 수 없다. 이것이 크리스마스의 역설이다.

너무 고전적인가? 아니다. 지금 크리스마스는 너무 상업화되어 있다. 상가는 매출을 높이는 데 관심이 있고, 사람들은 어떻게 즐겁게 지낼 것인가에 관심이 있다. 이제 구주 오심의 참 의미를 새기고, 우리 삶에서 참 예배를 회복할 때다.


헤롯 왕이 죽은 뒤 나라는 셋으로 갈라졌고, 세 아들이 지역을 맡아 통치했다. 아켈라우스(Archelaus, B.C. 4~A.D. 6)는 유대, 사마리아, 이두메아를 통치했다. 그는 아우구스투스 황제에 의해 폐위되었고, 그 지역은 로마 총독이 계승했다. A.D. 26~36년 폰티우스 피라테(Pontius Pilate)가 총독으로 있었다. 그는 A.D. 29년 예수를 십자가에 처형했다.


### 제자들이 무식했다고?

예수님은 가버나움을 중심으로 활동하셨다. 당시 그곳은 사람이 많은 곳이었다. 주님은 사람을 낚는 어부로 특별히 열두 제자를 택하셨다. 그 많은 사람 가운데 그들을 택하신 이유가 분명 있었을 것이다. 그런데 우린 제자들 대부분이 어부였기 때문에 무식했을 것이라 생각한다. 편견도 그런 편견이 없다.

제자들은 사실 무식한 사람들이 아니었다. 그들 가운데 상당수는 세례 요한을 따랐을 만큼 종교적으로 비전을 가진 사람들이었고, 나름대로 직업을 가지고 살 만큼 경제적으로도 비즈니스 마인드가 있는 사람들이었다.

특히 가버나움은 희랍어와 아람어를 사용하는 이중 언어(bilingual)권이었다. 제자들은 대부분 이중 언어를 사용한 사람들이다. 어부 출신 요한은 요한복음은 물론 요한일, 이,

삼서, 그리고 요한계시록을 썼다. 역시 어부 출신인 베드로는 베드로전·후서를 썼고, 세리 출신 마태는 마태복음으로 예수의 생애를 기록하였다. 희랍어로 쓴 그들의 글 내용을 보면 결코 무식한 사람들이 아님을 알 수 있다. 오히려 그들의 필치를 통해 예수 그리스도의 영광을 드러내고, 그리스도인이 어떻게 살아가야 하는가를 구체적으로 보여주었다.

그럼 제자들 가운데 가장 유식한 사람이 누구였을까? 의외로 가룟 유다를 꼽는 학자들이 많다. 회계를 맡았기 때문이다. 그는 한 여인이 옥합을 깨뜨렸을 때 그것을 팔아 가난한 자에게 주었으면 좋았을 것이라며 의식 있는 제자로서의 면모를 보이기도 했다. 하지만 성경은 그의 이 말에는 그의 나쁜 손버릇이 숨어 있다고 했다. 그는 공금을 횡령하기도 하다가 결국 주님까지 팔아넘겼다. 바늘도둑이 소도둑이 된 것이다. 잘못된 유식이다. 뮤지컬 '지저스 크라이스트 슈퍼스타'에서 유다는 예수에 대한 고민으로 매우 지성적 모습을 하고 있다. 그 고민이 우리를 예수께로 더 향하게 한다.

겟세마네 동산에서 예수님은 제자들에게 기도를 부탁하셨다. 그러나 제자들은 밀려오는 잠을 쫓아내지 못했다. 기도하지 못했어도 주님은 "너희 정말 그럴 수 있어!"라고 말씀하지 않으셨다. "자, 이제 가자." 하셨다. 훗날 그들이 성령체험을 한 후 어떻게 변화될 것인가를 아셨기 때문이리라.

현대의 시각에서 제자들은 무식할 수도 있다. 그러나 지금의 기독교는 다시 깨어난 그들이 힘써 전한 복음에 바탕을 두고 있다. 주님은 그들의 문화적 배경과 삶, 그들의 종교적 열정과 지식 모두를 활용하여 복음을 구성하셨고, 그 복음이 땅끝까지 전해지도록 하셨다. 주님은 하나하나 그들을 향한 뜻을 가지고 계셨다. 한마디로 그들이 무식꾼이라고? 천국에서 예수님 제자들을 만났을 때 과연 그렇게 말할 자신이 있을까? 잘못된 편견은 빨리 버릴수록 좋겠다.

A.D. 33년 바울이 유대교에서 기독교로 개종했으며, 50년경에 전도여행을 했다. 이때 바울서신이 쓰였다. 65년에서 100년 사이에 사복음이 쓰였다.

66년에 로마에 대항하는 유대인의 반란 사건이 일어났고, 70년에 예루살렘이 멸망했다. 베스파시안 황제(A.D. 69~79) 때 일이다. 훗날 황제가 된 로마의 티투스(Titus) 장군은 유월절에 예루살렘을 공격하기 시작했고, 5개월 후 성벽이 무너졌다. 예루살렘이 함락되고 도시는 폐허가 되고 말았다. 타키투스에 의하면 당시 로마군은 3만, 유대군은 2만 4천, 방문객이 60만 명이었다고 한다. 성전은 불타고 성은 황폐해져 서북쪽 헤롯의 탑 3개만 남았다. 예수님의 예언대로 돌 위에 돌이 남지 않을 정도의 폐허였다. "여자여, 나를 위해 울지 말고 예루살렘을 위해 울라"는 말씀이 이뤄진 것이다. 당시 예루살렘에 있는 제사장들이 부패했고, 열심당원을 중심으로 유대인들의 반란이 있었다. 예수님은 이미 예루살렘이 멸망하게 될 것을 예언하신 바 있다(눅 19:41-44). 유대인 백만 명 이상이 학살되고 9만 5천 명이 포로가 되었다. 그중에 요세푸스도 있었다. 유세비우스에 따르면 그리스도인들은 로마군대가 나타날 때 예언적 경고를 받고 펠라로 피신했다. 그 후 50년간 예루살렘은 역사에서 사라졌다.

구약 시대 역사가 마카비 때 끝났지만 실제 구약의 세계는 A.D. 70년 티투스 휘하의 로마군이 예루살렘을 정복해 성전을 파괴하고 유대인을 학살하며 추방할 때 완전히 끝났다. 티투스는 로마에 개선문을 세웠고, 로마군은 승전 기념물로 성전의 촛대(sacred candelabrum)를 가져갔다. 그는 동전에 'Judea Capta', 곧 '포로 된 유대'라 새기고 야자나무 아래 서 있는 남자, 우는 여자의 모습을 새겼다. 이런 가운데서도 성경 가운데 사도행전, 서신, 계시록이 쓰여 신약이 완성되었고, 구약도 완성되었다.[7]

하지만 예루살렘의 멸망은 역사의 분기점이 되었다. 중심 무대가 예루살렘에서 이방으로 옮겨졌다. 전도의 판도가 확장된 것이다. 이는 기독교가 세계종교로 발돋움하는 데 도움을 주었다. 기독교의 조직운동이 본격적으로 추진되고, 정경(Canon) 형성을 촉진시켰다.

A.D. 135년 바 코크바(Bar Cochba)라는 거짓 메시아가 반란을 일으켜 성을 회복하고 성전을 재건하려 했지만 로마군대에 의해 진압되었다. 58만 유대인이 학살되고 유대는 다시 황폐화되었다. 유대인은 예루살렘 입성이 금지되었고, 위반자는 사형에 처해졌다. 주피터 신전이 성전 자리에 세워졌다. 예루살렘은 붕괴되고 폐쇄되었지만 그 기간 하나님 말씀은 강하게 세워졌다. 로마의 콘스탄티누스 대제 때 아스다롯 신전은 현재의 성묘 위치에서 제거되고, 이 성은 다시 기독교의 지도적 중심지가 되었다.

## 14. 로마제국과 기독교

로마는 B.C. 753년에 건설되었다. 이탈리아, 카르타고, 헬라, 소아시아, 스페인, 골, 브리튼 등 영토를 넓혀 온 로마는 B.C. 46년~A.D. 180년 전성기를 맞았다. 이때 대서양에서 유프라테스, 북해에서 아프리카 사막까지 뻗어 갔다. B.C. 46년 율리우스 시저(Julius Caesar)가 로마제국을 창시했고, 로마제국은 팍스 로마나(Pax Romana)를 내세우며 영토를 확장해나갔다. 팍스 로마나는 로마 제국 지배 밑에서 평화와 번영을 누린다는 것이다. 모든 길은 로마로 통한다고 할 만큼 로마는 당시 세계의 중심이 되었다. 로마제국이 강성해지면서 제국은 언어의 통일, 군제의 통일이 이루어졌다. 언어는 헬레니즘의 영향을 받아

---

7) 외경(Apocrypha)은 유대인에 의해 거부되었다.

헬라어가 주로 사용되었다. 정신적인 면이 약한 로마제국은 헬라문화를 계승코자 했고, 헬라철학은 언어·문화·철학 등에 영향을 주었다.

그러나 로마제국은 도덕적으로 타락해갔다. 부도덕의 만연은 기독교를 동경하게 만들었다. 당시 로마의 종교 상태는 미신 속의 잡신이거나 황제숭배제도 등이 있었다. 잡신들은 대부분 퇴폐적이었다. 향락적인 바쿠스(Bacchus)제가 그 예다. 황제숭배는 황제를 민족의 신으로 삼으려는 정치적 의도가 담겨 있다. 복음적인 기독교 신앙은 유일신에 높은 도덕률을 가지고 있었다. 따라서 생명의 종교인 기독교는 각광을 받을 수밖에 없었다. 철학사상도 윤리적인 스토익사상, 쾌락적인 에피큐리어니즘, 범신론적이고 무신론적인 신플라톤주의 등으로 방황했다. 스토익사상은 덕과 절제, 그리고 도덕주의를 주창하여 기독교에도 영향을 주었다.

기독교는 로마제국이라는 큰 무대를 통해 핍박도 받았고 성장도 해왔다. 아우구스투스(Augustus, B.C. 31~A.D. 14) 황제 때 예수 그리스도가 탄생했고, 티베리우스(Tiberius) 황제 때 그리스도가 십자가에 처형되었다. 그리고 기독교인을 박해한 네로 황제 때 바울이 처형되었다. 그러나 콘스탄티누스 대제 때 기독교가 공인됨으로써 로마제국은 기독교 발전의 발판이 되었다.

## 1) 로마황제들의 조직적 박해

상당수 로마 황제들이 기독교를 박해했다. 황제에 의한 11대 박해로 네로(Nero), 도미티아누스(Domitianus), 트라야누스(Trajanus), 하드리아누스(Hadrianus), 안토니우스 피우스(Antonius Pius), 마르쿠스 아우렐리우스(Marcus Aurelius), 셉티무스 세르베루스(Septimus Serverus), 막시미누스(Maximinus), 디시우스(Dicius), 바레리아누스(Varerianus), 디오클레티우누스(Diocletianus)가 있다.

네로(A.D. 54~68)는 건설가로서 더 새롭고 웅장한 로마시를 건설하려고 64년 로마에 불을 놓게 하고 기독교인들에게 그 책임을 돌렸다. 이른바 로마 대화재 사건이다. 그는 기독교인들을 잡아들여 잔인하게 학살했다. 십자가 처형은 물론 개나 야수에게 물어 죽게 하거나 온몸에 역청을 뒤집어씌우고 불을 붙여 횃불로 삼아 구경거리로 만들었다. 이 박해로 바울과 베드로가 순교를 당했다고 한다. 바울이 책임자로 기소되어 두 번째로 로마의 감옥에 투옥되었고, 이때 디모데후서를 기록한 것으로 간주된다.

도미티아누스(A.D. 81~96) 황제의 경우 박해기간은 짧았으나 지독했다. 국내에 다른 국가를 세운다고 오해하고 수천의 기독교인들의 재산을 몰수하고, 그들을 살해했다. 그 가운데 자기의 사촌 플라비우스 클레멘스(Flavius Clemens)도 있었다. 또한 자기의 아내 플라비아 도미틸라(Flavia Domitilla)도 추방했다. 이때 사도 요한은 밧모 섬으로 추방되었고, 교인들은 카타콤(Catacomb)으로 숨어들기 시작했다.

**슈퍼 피쉬: 물고기 산업은 기독교가 일으켰다**

KBS가 방영한 5부작 다큐멘터리 '슈퍼 피쉬'를 보며 많은 것을 느꼈다. 기획도 뛰어났고, 영상도 탁월했다. 그 가운데 오늘날 서양의 물고기 산업은 기독교와 연관이 있다는 내용이 나의 관심을 끌었다.

예수의 제자들은 대부분 갈릴리에서 물고기를 잡던 어부출신이었다. 예수의 이적 가운데도 오병이어, 곧 보리 떡 다섯 개와 물고기 두 마리가 관련된 것도 있다. 다빈치는 최후의 만찬을 그리면서 예수의 식탁에 물고기를 올려놓았다.

로마시대 기독교인들이 핍박을 받자 카타콤 벽면에 물고기를 그리고, 그 안에 익투스(ΙΧΘΥΣ)라 썼다. '예수 그리스도 하나님의 아들 구세주'라는 고백이다. 핍박자들은 그 물고기가 무슨 의미인지 몰랐을 것이다.

기독교인들은 예수의 고난을 생각하며 금식해왔다. 그런데 금식일에 물고기 먹는 것만큼은 허용되었다고 한다. 수도원에서는 양어장을 둬 금식일이 오면 양어장의 물고기를 사용했다. 당시 양어장 물고기는 숭어나 잉어였다. 일주일에 한 두 차례 하던 금식이 최장 200일로 늘어나자 물고기 수요도 많이 늘어났다. 그래서 바다에 눈을 돌리기 시작했다.

초창기 바다에서 잡은 것은 청어였다. 네덜란드는 동인도회사를 설립해 북해산 청어를 잡아들였다. 그 나라를 해양강국으로 만든 것은 바로 청어였다. 그러나 청어는 기름이 많아 쉽게 썩어 문제가 발생했다. 그래서 나온 것이 청어염장법이었다. 염장청어가 유럽인들의 입맛을 사로잡기 시작했다. 오늘날도 북유럽사람들은 비린내 나는 염장청어를 먹으며 당시의 영화를 추억하곤 한다.

청어만으로 금식일 수요를 채울 수 없고 저장에 문제가 발생하자 노르웨이 사람들은 대구 잡이에 나섰다. 대구는 기름이 적어 저장이 가능했다. 원래 바이킹 족은 대구를 팔았던 사람들이다. 그들은 대구 육포를 만들어 그것을 양식으로 삼으며 대양을 주름잡았던 역사를 가지고 있다. 몽고의 칭기즈칸 군대가 육포를 만들어 제국을 이룬 것에 비교되기도 한다. 담백한 희살 대구는 금식일 식탁에 주메뉴가 되었다.

다큐멘터리에선 대구를 잡기 위해 어선이 뉴펀들랜드까지 진출했다고 했다. 이것은 콜럼버스가 아메리카 대륙을 발견하기 훨씬 이전부터 유럽 어부들이 북미를 어장으로 삼았음을 의미한다. 그래서 아메리카를 발견한 것은 콜럼버스가 아니라 이들 어부였다는 주장이 제기되고 있다. 흥미로운 대목이 아닐 수 없다.

다큐멘터리는 청교도들이 메이플라워를 타고 케이프 코드에 도착한 것에 주목했다. 코드(cod)는 대구다. 케이프 코드는 '대구 곳'이라는 뜻이다. 이후 신대륙에 이주한 사람들

중에 상당수가 어부들이었고, 그들이 이곳에서 대구를 가공하며 살았다는 것이다.

'슈퍼 피쉬'는 물고기에 대해 많은 정보를 알려주었다. 초대교회에서 물고기를 먹는 것은 예수 그리스도와 하나 됨을 의미했다. 그로부터 시작된 물고기의 소비는 수산업으로 발전했다. 돌이켜 보면 물고기는 하나님이 내린 가장 큰 축복이 아닐 수 없다. 숭어, 잉어, 청어, 대구 등 물고기를 먹을 때마다 더 깊이 생각하고, 감사해야 할 이유가 생겼다.

트라야누스(A.D. 98~117) 황제는 좋은 황제였으나 제국의 법질서 유지를 위해 황제숭배를 강요했다. 기독교인이 황제를 숭배하지 않자 기독교를 비밀결사대를 조직하는 불법 종교, 비밀단체로 취급하고 기독교인을 찾아내 기소하고 처형했다.

처형된 자 중 예수 형제로 예루살렘 감독인 시므온을 십자가에 처형(A.D. 107)했다. 또한 시리아 안디옥의 두 번째 감독인 이그나티우스를 로마에 호송해 짐승의 밥이 되게 했다. 황제의 명을 받아 기독교인들을 처벌하러 소아시아에 파견된 플리니(Pliny)는 기독교가 우세하여 이단 신전이 버림받는 것을 보고 글을 써 보냈다.

"그들의 범죄와 과오란 그들이 정한 날 아침 해 뜨기 전에 모여서 차례로 그리스도에게 찬송하고, 나쁜 짓 하지 않고, 도둑질이나 간음을 하지 않고, 약속 어기지 않고, 위탁물을 취소할 때까지 보관할 것을 맹세하며 결속하고 헤어졌다가 다시 식사하러 모입니다."

하드리아누스(A.D. 117~138) 황제는 비교적 관대한 박해를 했다. 로마교회 목사 텔레포루스(Telephorus)를 비롯해 많은 기독교인들이 순교를 당했다. 하지만 오히려 기독교를 옹호하는 자가 늘어났다.

안토니우스 피우스(A.D. 138~161) 황제는 법질서 유지를 위해 폴리갑을 비롯한 많은 기독교인들을 살해했다.

마르쿠스 아우렐리우스(A.D. 161~180) 황제는 네로 황제 이래 가장 야만적으로 박해했다. 특히 남쪽 골(Gaul)에서 심했다. 순교자 유스틴 등 많은 기독교인들이 목이 잘리고 야수의 밥이 되었다. 여성 노예 블란디나는 아침부터 밤까지 고문을 받으며 부르짖었다. "나는 그리스도인이다. 우리는 아무 잘못한 것이 없다."

셉티무스 세르베루스(A.D. 193~211) 황제는 리비아 출신으로 이집트와 북아프리카에서 심한 박해를 했다. 입교 금지령을 내렸다. 알렉산드리아에서는 매일 많은 순교자들이 화형을 당하고, 십자가에 달렸으며, 목이 잘렸다. 그 가운데 오리겐의 아버지 레오니다스(Leonidas)도 있었다. 칼타고 귀부인 페르페투아(Perpetua)와 그의 충실한 노예 펠리시타스(Felicitas)는 짐승에 찢겨 죽었다. 이는 세르베루스의 아내 돔나(Domna) 탓이 크다. 그의 아내는 성경의 이세벨 같은 여인이었다.

막시미누스(A.D. 235~238) 황제 때는 많은 기독교 지도자들이 순교를 당했다. 교부 오리게누스는 숨어서 도망했다. 기독교인을 금광의 광부로 보내기도 했다.

디시우스(A.D. 249~251) 황제는 기독교 때문에 가난하게 되었다며 기독교 근절을 위해 매우 잔인하게 박해를 했다. 박해는 전국적이었다. 재산을 몰수하고 악형에 처했다. 칼타고 감독 키프리아누스(Cyprianus)는 "온 세계가 황폐되었다"고 말했다.

발레리아누스(A.D. 253~260) 황제는 디시우스 못지않게 기독교를 멸망시키기 위해 박해했다. 잔인했으며, 많은 기독교 지도자들이 처형되었다. 그중에 키프리아누스도 있었다.

디오클레시아누스(A.D. 284~305) 황제는 마지막 박해자로 가장 심하고 전국적이었다. 예배당을 파괴하고 성경을 압수함은 물론 10년간 기독교인들을 찾아내 화형시키고, 짐승의 밥으로 만들었다. 기독교라는 이름을 없애기 위해 결정적이고 조직적으로 계획하고 실행했다.

로마에는 지하 동굴 카타콤이 있다. 100km에 달하는 이 동굴은 기독교인들이 황제의 박해를 피해 예배하던 장소이자 피난처, 그리고 무덤으로 사용되었다. 카타콤 지하무덤에서 예배를 드린 것이다. 무덤은 2백만에서 7백만으로 추산하고 있으며, 4천여 개의 비문이 있다.

## 2) 사상적 공격

박해는 황제에 의한 조직적 박해만 있었던 것은 아니다. 기독교에 대한 악선전, 곧 사상적 공격을 통해 집요하게 박해했다. 사상적 공격으로 사모사다의 누치아누스(Lucianus of Samosada), 칼수스(Calsus), 신플라톤사상가들(neo-Platonism)이 있다. 누치아누스는 에피쿠로스 학파의 사람으로,『페리그리누스의 죽음』을 썼다. 그는 이 책에서 간음 등 야비한 인물이 목사가 되어 명예욕에 사로잡혀 화장하는 불 속에 뛰어들어 죽는다는 내용으로 순교를 비하했다. 칼수스는「참말」을 써 예수의 탄생사실을 의심케 하고, 그리스도 신성을 의심하며, 창조는 헬라신화보다 조금 우월할 뿐이라 주장했다. 신플라톤사상은 일종의 신비주의 철학으로 시조는 사카스(A. Saccas)다. 그의 영향을 받은 플로티누스(Plotinus)는 형이상학에서 신으로부터 사람에 이르는 길을, 윤리학에서 인간이 사람에게 돌아가는 길, 곧 신과 합일을 주장해 에로스적 황홀경험을 갖게 했다. 폴피리우스(Porphyrius)는 다신교를 옹호했다.

## 3) 로마황제들의 기독교 공인

모든 로마 황제들이 기독교를 핍박한 것은 아니었다. 카라칼라 엘라가바루스(Caracalla Elagabalus, A.D. 218~222) 황제는 기독교에 관대했으며, 그 뒤를 이은 알렉산더 세베루스(Alexander Severus)는 기독교에 호의를 베풀어 최초로 교회건물을 건축했다. 그 뒤 황제가 달라지면서 핍박과 호의가 번갈았다. 필리프스(Phillips)나 갈리에누스(Galienus) 황제들은 기독교에 호의를 보였다. 그러다 콘스탄티누스(Constantinus, A.D. 306~337)가 스스로 기독교인이 됨으로써 비로소 안정을 얻게 되었다. 당시 기독교인은 로마제국 인구의 절반이 되었다. 그리고 마침내 테오도시우스(Theodosius, A.D. 378~395) 황제가 기독교를 국교로 선포했다.

디오클레티누스 황제 때 서로마 황제였던 그의 아버지 콘스탄티누스 클로루스(Constantinus Chlorus)가 죽자 서방에는 황제를 자칭하는 자가 여섯 명이나 나타났다. 콘스탄티누스 대제의 경우 A.D. 312년 10월 27일 왕위에 오르려고 경쟁자들, 특히 막센티우스(Maxentius)와 로마 근교 밀바인(Milvain) 다리에서 싸우고 있었다. 그때 태양 위에서 빛의 십자가를 보았다. 그 위에 "이것으로 정복하라"는 글자의 환상을 보고 그는 십자가 깃발을 군기장(승리의 표, pontifex)으로 삼아 승리했다. 이 승리가 기독교 역사의 전환점이 되었다. 그 뒤 그는 하나님을 믿기로 결심했다.

콘스탄티누스 대제는 313년 밀라노에서 동방황제 리시니우스(Licinius)와 회견하고, 두 사람은 기독교를 공인한 밀라노 칙령, 곧 종교자유칙령을 발표했다. 이것은 최초의 역사적 종교자유칙령이다. 그는 이 칙령에서 종교선택의 완전한 자유를 부여했다. 그리고 그리스도인을 우대했다. 칙령 이후 교회건물은 어디에서나 세워지게 되었다. 그 후 323년 리시니우스가 이교 편을 든 것에 반대해 그와 싸워 이겼고, 그는 로마 전체의 황제가 되었다. 그리고 325년에는 백성들에게 기독교를 전파했다.

그는 국법을 개종해 십자가 형벌을 폐지했고, 검투를 금지했으며, 여성의 재산권을 인정했다. 교회법을 국가가 공인해 교직자에게 사면권을 주었고, 교직자의 병역과 세금과 병역의무를 면제했다. 교회재산 관리법을 만들었으며, 교회기부금을 인정했다.

로마 귀족들이 이단종교를 고집하자 의회를 비잔틴으로 옮겨, 그곳을 콘스탄티노플(Constantinople), 곧 새로운 로마(New Rome)라 불렀다. 그가 수도를 옮긴 것은 이교의 전설이 없는 깨끗한 기독교적 새 수도를 건설할 목적이었다. 자기 이름을 남기고자 한 뜻도 있었을 것이다.

그는 성경을 기록하고, 교회건물을 세우고, 제도를 개혁했다. 대제는 교회에 성경 50권을 기증하기 위해 유세비우스에게 좋은 양피지에 훌륭한 기술자들이 기록하도록 명령했다. 이때 시내사본과 바티칸사본이 만들어진 것으로 추정되고 있다. 그는 자기에게 빨리 갖다 바치도록 마차 두 대를 보냈다. 그는 기독교인의 집회일을 일요일로 정하고 주일 성수를 하게 했다. 일상 업무를 금지시키고 군인교인들을 예배에 참석하게 했다. 노예들에게 있어서 일주일에 하루 쉬는 것은 큰 기쁨이 되었다. 대제가 죽은 뒤 제국은 세 아들에 의해 분할 통치되었다. 한때 사촌 줄리안이 왕위에 올라 이교를 회복시키려 했으나 황제 후계자들은 이단자, 이교를 박해했다.

테오도시우스 황제는 기독교를 국교로 정했다. 강요된 기독교 신앙이다. 황제는 기독교를 국교로 정한 뒤 타 종교를 탄압하고 우상숭배를 금지했다. 강제로 국민을 기독교인으로 만들다 보니 회개하지 않은 사람도 교인이 됨으로써 교회를 타락시키는 요인이 되었다. 이교신전은 폭도들에 의해 무너지고, 많은 사람이 피를 흘렸다. 교회의 성격은 본질과 달라져 그리스도 정신이 없고 예배도 외형적 의식으로 변하게 되었다.

# 사도시대와
# 속사도시대의
# 이해

# 제2부 사도시대와 속사도시대의 이해

## 1. 사도시대

### 1) 사도시대의 특징

사도시대는 기독교의 기원이라 할 정도로 기본이 되는 시대이다. 사도들에게 있어서 예수 그리스도는 기독교 복음 자체였다. 하나님이 인간의 몸으로 오신 성육신이 역사의 전환점이다. 사도들은 그리스도의 지상명령, 곧 "너희는 가서 모든 족속으로 제자를 삼으라"(마 28:11-20)는 대사명(great mission)을 굳게 지켜나갔다.

대사명의 실행으로 예루살렘 이외의 여러 이방 지역에 교회가 서게 되었다. 그 가운데 안디옥 교회는 처음으로 '그리스도인'이라 불리게 된 곳이다. 바나바와 바울이 이 교회의 지도자들이었다. 그들이 얼마나 철저히 복음적으로, 윤리적으로 교인들에게 세상과 다른 모습을 가르쳤는가를 보여준다. 이 교회는 이방인 그리스도인들의 모 교회 역할을 했다. 나아가 이 교회는 선교 사업이 시작된 곳이다.

사도시대 교회는 여러 특징을 가지고 있다. 기독교가 소아시아·헬라·로마 등으로 널리 전파되었다. 힘찬 성령의 힘입은 바 크다. 60~100년 사이 사도들에 의해 신약성경이 기록되었다. 스데반·야고보·베드로 등 사도들이 순교를 통해 신앙의 모범을 보여주었다. 성도들의 삶에 성령이 충만했다. 그리스도의 부활로 능력을 얻은 제자들에 의해 영성이 성도의 신앙과 생활에 충만했다. 바울의 개종과 더불어 전도가 힘차게 전개되었다. 박해에도 불구하고 신앙적 전진이 있었다. 바울에 의해 기독교가 세계무대로 진출했다.

## 2) 초대 교회의 특성

초대 교회는 사도들, 교사, 그리고 예언자들의 지도를 받아왔다. 장로와 집사는 직원들이었다. 예배는 예루살렘 성전, 회당, 그리고 각 개인 가정에서 드렸다. 안식일과 주일 첫날에서 주일예배로 단일화되기 시작했다. 예배는 성경낭독·교훈·기도·찬송·성찬이 있었다. 예전으로는 세례와 성찬이 대표적이다. 침례도 했지만 물을 적시는 편법도 사용했다. 교인들은 신앙과 생활의 조화, 재림확신, 사랑의 덕, 순결의 덕, 그리고 징계(권징)를 생활상으로 삼았다.

초대 교회는 절제·조직·신경·전도를 중심으로 유기체적으로 발전했다. 교회가 박해 가운데서 발전하게 된 것은 하나님이 그들에게 능력을 주셨고, 그들 또한 사랑의 화합으로 생명적 연결고리를 늦추지 않았기 때문이다. 초대 교회는 이방인 신자 중심으로 커져 메소포타미아, 브리타니아, 스페인, 고올(Gaul)까지 파급되었다.

초대 교회는 예루살렘 교회가 주축이 되었다. 이 교회는 야고보·베드로·요한 등의 지도 아래 있었다. 70년 예루살렘이 멸망할 때 교인들은 시므온(Simeon)의 인도로 펠라(Pella)로 피신했다. 초대 교회는 크게 이방교회를 설립한 바울파와 유대전승을 중심으로 한 교회파로 양분되었다. 이단세력도 커지자 이를 저지하기 위해 신약 27권을 정경화하고 사도신경을 채택했다. 안디옥교회, 고린도교회, 로마교회의 역할도 커졌다. 모든 신자는 다 제사장으로 인정을 받았고, 성령의 은사를 받고 복음증거에 나섰다. 집사는 봉사자 역할을 했고, 장로는 교회를 인도했다. 장로 가운데 설교를 맡은 자도 있었다.

## 3) 초대 교회의 문헌들

초대 교회 문헌으로는 신약성경과 교부들이 전해준 고전 문서를 들 수 있다. 신약은 생명의 책으로 마가복음은 62년, 마태복음은 69년, 누가복음은 60년대, 그리고 요한복음은 90년경에 기록된 것으로 보인다.

교부들이 전해준 고전문서들로는 클레멘트의 고린도서신 등 다음과 같은 것들이 있다. 이것은 성경에 비해 독창성·심오성·명백성이 결여되어 있다. 그러나 교부들의 헌신적 충성·신앙적 문서들은 초대 교회의 유산이기도 하다.

클레멘트의 "고린도서신(Epistle to the Corinthians)"은 로마교회 이름으로 고린도교회에 보낸 서신이다. 당시 장로문제로 분쟁이 있었다. 형제애로서 사랑의 권면을 하는 내용이 담겨있다.

"바나바서신(Epistle of Barnabas)"은 우화적 해석법을 많이 사용했으며 영생의 길을 설명했다. 율법은 그림자로 묘사했다. 바나바의 옛 이름은 요셉으로 자선사업과 선교 사업에 솔선했으며 성령과 믿음에 충만한 인물이었다.

"12사도 교훈집(Didache)"은 생명의 길과 죽음의 길, 예배모범지도, 교회의 조직, 기독교 말세관 등을 제시하고 있으며 신앙생활의 귀중한 사료가 되고 있다. 토요안식일을 배제하고, 삼위 이름으로 성례와 성만찬을 실시하며, 감독 및 장로정치 문제를 다뤘다. 이 디다케는 복음서의 디다케와 다르다.

"이그나시우스서신(Epistles of Ignatius)"은 교회통일·감독권위·순교자 영광을 다루었다. 중년에 회개하고 입교한 그는 자신을 만삭되지 못해 난 자라 표현했다. 교회조직과 교회생활상을 소개했으며, 순교의 영광을 강조했다. 예수 그리스도를 강조했다. 그는 그리스도 지상생활을 흐려버리고 사실로 인정하지 않는 도케티즘(Docetism)을 반대했다. 이 책에서 '가톨릭교회'라는 말이 처음 사용되었다. 사도시대의 광채를 다음 시대 역사로 연결한 가교적 역할을 한 서신이다.

"폴리갑서신(Epistle of Polycarp)"은 사도 요한의 제자로 서머나 교회 감독을 하다 순교한 폴리갑이 쓴 것이다. 그는 사도와 교부 간 교량 역할을 했다. 로마교회 아니체투스(Anicetus)와 부활절 일자에 관해 합의를 보지 못했지만 성찬식 집례로 사랑의 교제를 나누었다. 그는 예수의 인성만 강조하고 신성을 부정하는 이단 말시온과 신성만 강조하고 인성을 부정하는 영지주의에 반대했다.

"파피아스 문서"는 폴리갑과 동시대 인물로 사도 요한의 제자인 파피아스(Papias)가 쓴 것이다. 히에라폴리스 감독을 지냈다. 복음서, 곧 말씀들(logia)을 연구했다. 『주의 말씀의 해석』과 『말씀에 관하여』를 저술했으나 원본은 상실되었다.

"헤르마스의 목자(Shepherd of Hermas)"는 회개한 천사가 목자로 나타나 회개의 중요성을 보여준다. 목자의 환상이다. 다섯 가지 환상, 열두 가지 명령적 교훈, 그리고 열 가지 비유를 담고 있다. 이것은 그리스도인의 덕행과 생활을 강조하고 있다. 헤르마스는 교부로, 로마에 끌려갔다 자유인이 된 인물이다.

## 2. 속사도시대

속사도시대는 사도 후(post-Apostolic) 시대로 니케아 회의 이전 시대를 가리킨다. 기독교 신앙과 역사를 구체적으로 형성하고 발전한 시기다. 이 시대의 특성으로는 약 250년간 로마정부의 기독교 박해가 있었다. 이때 이그나티우스, 폴리갑, 유스티누스, 키프리아누스가 순교했다.

박해에도 불구하고 교회는 더욱 단결했으며 통일과 규율이 섰다. 공(catholic) 교회로서 보편성과 공동성을 강조했다. 사도신경이 마련되고 신약이 정경으로 채택되는 등 통일적 추세를 보였다. 박해 속에서도 끊임없이 복음을 전도함으로써 복음의 생명력을 입증했다. 기독교는 소아시아를 비롯해 마케도니아, 헬라로 확장되었다. 당시 기독교를 변호하는 변증신학자들이 나타났다.

박해원인은 기독교인은 부도덕하다는 오해에서 비롯되었다. 카타콤 집회를 음란행위로 보았고, 성찬식을 사람을 잡아먹는 것으로 인식했다. 재해를 당할 때마다 기독교 때문에 신의 노여움을 샀다고 생각했다. 그러나 근본적인 원인은 사상의 부조화에서 비롯되었다. 로마는 국가지상주의를 표방했고, 기독교는 신본주의를 표방했다. 로마의 정책적 원인도 있다. 로마는 황제예배 및 재래 다신교와 조화를 모색했다. 그러나 기독교인은 이것을 거부했으며 군복무마저 거부했다.

박해 방법으로는 성경파괴, 직업방해, 재산몰수, 공직 박탈, 십자가 형벌 및 화형, 수형 등 다양했다. 박해결과 오히려 부활과 영생을 더욱 확신하게 되었고, 정경형성을 촉진하게 만들었다. 이것은 기독교가 생명의 종교임을 보여준다.

## 3. 교부들

교부들(church fathers)은 사도들의 직계제자로 교리에 정통성을 지닌 사람들이다. 서방교회에서는 알렉산드리아의 클레멘스나 오리게네스는 그 사상이 순전치 않다고 하여 교부에 넣지 않는다. 동방교회에서는 넣었다.

교부는 사도적 교부, 변증가, 헬라교부, 라틴교부로 구분한다. 사도적 교부는 어떤 사도에 관계된 사람들이다. 그러나 사실상 명목뿐이지 직접 가르침을 받은 것은 아니다. 그 예로 로마의 클레멘스, 이그나티우스, 파피아스를 들 수 있다. 교부들의 신학세계는 비록 완전하지는 않았지만 체계를 세우기 위한 흔적이 보인다. 기독론의 경우 인성보다는 신성을 더 강조했다. 클레멘스는 그리스도는 하나님의 존엄한 홀이라 주장했다. 희미하게나마 삼위일체 교리를 믿은 것으로 보인다. 속죄론은 이신득의를, 천년설의 경우 재림 천년왕국을 기대했다.

변증가들은 문서로 기독교를 변호했다. 유스티누스, 아리스티데스, 콰드라투스, 타티아누스, 락탄티우스 등이 대표적이다. 변증 내용으로는 신의 유일성, 기독교 도덕의 우월성을 강조했다. 기독교의 사랑은 영적으로 세상 사랑과는 다르고, 기독교인은 애국적이고 도덕적이라 했다. 그리고 공정한 재판을 촉구했다.

대표적인 교부들은 다음과 같다.

폴리갑(Polycarp, 69~156)은 사도 요한의 제자로 서머나 교회 감독이었다. 안토니우스 피우스 황제 박해 때 화형당했다.

이그나티우스(Ignatius, 67~110)는 요한의 제자로 안디옥 교회 감독이었다. 트라야누스 황제 때 순교해 짐승의 밥이 되었다.

파피아스(Papias, 70~155)는 사도 요한의 제자로 에베소 동쪽 히에라폴리스 감독이었다. 『주님의 설교에 대한 해석』이라는 책을 썼고, 폴리갑과 같은 시기에 버가모에서 순교했다. 필립(Philip)이라는 전설도 있다.

순교자 저스틴(Justin Martyr, 100~167)은 요한이 죽을 때쯤 옛 세겜인 네아폴리스에서 출생했다. 철학자로서 기독교를 변증해 황제에게 보냈다. 로마에서 순교했다.

이레네우스(Irenaeusm, 130~200)는 서머나에서 자라며 폴리갑과 파피아스 제자가 되었다. 여행을 즐겨, 골(Gaul)에 있는 리용(Lyons) 교회 감독이 되었다. 영지주의자와 논쟁하는 책으로 유명하다. 순교를 당했다.

오리게네스(Origenes, 185~254)는 여행가이자 저술가이다. 그의 저서에는 신약 삼분의 이가 인용되었다. 알렉산드리아에 살다 아버지 레오니다스가 순교당하자 팔레스타인에 갔다가 테오도시우스 황제 때 옥에 갇혀 고문으로 죽었다.

터툴리아누스(Tertullianus, 160~220)는 카르타고 사람으로, 라틴 기독교의 아버지다. 법률가요, 이교도였으나 회심하여 기독교를 옹호했다.

유세비우스(Eusebius, 264~340)는 교회사의 아버지다. 콘스탄티누스 대제가 회심할 때

가이사랴 교회 감독으로 황제에게 큰 영향을 주었다. 그는 그리스도부터 니케아 회의까지 교회사를 기록했다. 324년까지의 교회사지만 망실된 교회사 자료를 많이 실었다. 이로써 그는 처음으로 교회사를 쓴 인물이 되었다. 온건한 그는 니케아 회의 때도 중간에 섰다.

크리소스토무스(Chrysostomus, 345∼407)는 신학자요, 웅변가요, 설교자이다. 황금의 입을 가졌다고 할 만큼 그의 설교는 유명했다. 콘스탄티노플 교회 감독이 되어 성 소피아 교회에서 설교했다. 그는 왕을 불쾌하게 하여 추방되어 죽었다. 본명은 요한이다.

제롬(Hieronymus Jerome, 340∼420)은 학식이 많은 라틴교부로, 로마에서 교육을 받고 베들레헴에서 오래 살았으며 성경을 라틴어로 번역해 불가타(Vulgata)를 완성했다. 황제를 치리한 인물로, 교회 통솔력이 컸다.

암브로시우스(Ambrosius)는 니케아 신조 지지자였다. 아우구스티누스를 회개시켰다. 황제를 치리한 인물로, 교회 통솔력이 컸다. 교회 정치 분야에서 획기적인 역할을 했다.

아우구스티누스(Augustinus, 354∼430)는 북아프리카 히포 교회 감독이었다. 초대 교회의 위대한 신학자이자 고대가 낳은 가장 위대한 교회인물로 사상가이기도 하다. 그리고 중세 교리형성에 큰 영향을 주었다. 타락했으나 회개한 후 깨끗한 삶을 유지했다. 그의 어머니는 모니카(Monica)이다. 그는 암브로시우스의 인격과 설교에 감화를 받았다. 『참회록』, 『하나님의 도성』, 『삼위일체론』을 썼다. 그는 하나님을 인격적 체험의 대상으로 믿는 것이라 했으며, 삼위일체론을 완성했다. 예수님을 참 하나님이요, 사람으로 고백했다. 사람은 선하게 창조되었으나 아담은 교만하여 선을 상실했다. 아담의 죄는 유전된다(죄의 유전설). 죄는 유전되고 의지는 죄 때문에 속박당해 인간은 자기 의지로 구원을 받지 못한다. 교회에는 가시적 교회와 불가시적 교회가 있다. 그는 알파(창조)와 오메가(심판)의 역사관을 수립했다.

아우구스티누스와 펠라기우스(Pelagius)의 논쟁은 매우 유명하다. 펠라기우스는 영국의 수도사로 도덕적으로 깨끗했지만 아우구스티누스와 같은 깊은 체험은 없었다. 아우구스티누스의 죄와 구원문제, 은총론, 예정론에 대항했지만 이길 수는 없었다. 아우구스티누스가 신본적이라면 펠라기우스는 인본적이다. 아우구스티누스에 따르면 구원의 선택은 하나님의 절대적 예정이고, 대속은 자신의 행위가 아니라 하나님의 불가항력적 은혜이며, 아담은 죄로 인해 죽었고 아담의 죄는 자손에게 유전된다. 펠라기우스에 따르면 인간의 구원은 개인의 선으로 나아가려는 의지적 노력에 의해서만 달성되고, 아담은 범죄에 상관

없이 죽을 인생으로 창조되어 죽었고, 아담의 범죄는 아담 자신에게만 해당하며 인류 전체와는 무관하다.

동방교부들로서 유세비우스, 아타나시우스, 키릴로스(Cyrilos), 데오도레(Theodore), 가바도기아의 3신학자, 크리소스토무스 등을 들 수 있다. 가바도기아 신학자로는 바시리우스(Basilius the Great), 그레고리우스 니세누스(Gregorius Nyssenus), 그레고리 나지안주스(Gregory Nazianus) 등이 있다. 그레고리 나지안주스 어머니 논나(Nonna)는 크리소스토무스 어머니 안투사(Anthusa), 아우구스투스 어머니 모니카와 함께 3대 현모이다. 서방교부들로 히라리우스(Hilarius), 암브로시우스, 제롬, 아우구스티누스를 꼽는다.


## 4. 교부들의 신앙세계

교회는 변증과 함께 신학교를 설립하기 시작했다. 이 시기에 헬라의 신학자와 라틴 신학자와의 분과가 생겼다. 희랍 교부와 라틴교부는 여기에서 생긴 말이다.

### 1) 희랍교부들

헬라파는 크게 소아시아 학파와 알렉산드리아 학파로 구분된다. 소아시아 학파는 사도 요한의 뒤를 이은 사람들로 성경의 해석에 중점을 두고 이단에 대해 강경한 자세를 취했다. 하지만 사상과 신앙에 있어서는 온건함이 특징이다. 소아시아 학파의 대표적 학자로 이레네우스와 힙포리투스(Hippolitus)가 있다.

이레네우스는 헬라 신학자이지만 서유럽에서 주로 활동하며 라틴 신학 발달에 기여했다. 그는 리용을 성시화하는 데 공헌했다. 그는 교회 내부에서 일어나는 이단을 막기 위해 싸웠다. 그가 주로 논쟁한 주요 이단은 영지주의(gnosticism)였다. 그는 영지주의 신관에 반대하여 하나님은 자유의지로 천지를 창조하신 유일한 아버지이심을 강조했으며, 신의 피조물인 우주는 선한 우주임을 설명했다. 그는 그리스도를 하나님께서 자기를 나타낸 로고스이며, 그는 발생한 것이 아니라 출생(generatio)했음을 강조했다. 그는 예수의 구주되심을 밝혔다. 그의 중심신학은 성육신과 속죄에 있다. 그는 초월적 신의식과 구원의식을 주장했다. 출애굽은 구원체험으로, 초막절의 추수감사는 구원감사와 연관이 있다. 그는 하나님의 백성으로서 시작과 끝이 있음을 주장했고, 이것은 아우구스티누스에 의해 더욱 발전되었다.

힙포리투스는 이레네우스의 제자로 감독이 되어 순교했다는 전설이 있다. 그가 쓴 책으로『모든 이단을 배척함』이 있다.

알렉산드리아 학파는 이단자를 반대하여 진정한 지식을 개척하는 것을 본분으로 삼았다. 하지만 자유로운 연구태도와 사상은 복음적이 아니라는 비판도 있다. 그들은 철학과 고문학의 소양이 풍부했다. 알렉산드리아교회는 유명하다. 이 학파는 처음 판테누스 (Pantaenus)의 지도를 받았다. 그는 스토아철학 교육을 받았으나 후에 개종했고, 하나님 말씀에 열중하여 인도까지 가서 전도했다. 그의 제자로 이 학파의 대표적 학자인 플라비우스 클레멘스와 오리게네스가 있다.

플라비우스 클레멘스는 판테누스에 이어 알렉산드리아 신학교에서 신학을 강의했다. 그는 기독교와 철학의 조화를 모색했다. 특히 플라톤주의와 스토아사상의 최선 요소를 모아 크리스천 영지주의를 낳았다. 그의 저서로는 다른 종교의 헛된 점을 지적한『그리스도인에게 주는 권면』과 기독교인의 생활상을 담은『교육자』가 있다.

오리게네스는 알렉산드리아에서 출생했고 플라비우스 클레멘스의 뒤를 이어 신학교 교수가 되었다. 그는 성결한 삶에 대해 열심이었고 금욕적이었다. 그는 기독교 진리를 철학으로 조화시키고 해석하려 하였다. 그의 철학은 신플라톤주의였다. 그는 성경을 신학의 기초로 삼았으며 구약해석 방법에 우화적인 해석법(allegorical interpretation)을 사용하였다. 이 방법은 헬라철학자들이 신화와 신에 관한 시를 해석할 때 사용한 방법이었다.

그는 인간이 육체, 정신, 영으로 이루어진 것처럼 성경에도 문자적, 도덕적, 심령적인 세 가지 뜻이 있다고 보았다. 심령적이란 철리에 속한다는 뜻이다. 그는 우화적인 해석법으로 철학적인 뜻을 성경에서 읽었다.

그는 아버지와 로고스는 두 인격이시며 한 하나님임을 주장했다. 그는 영혼선재설을 주장했다. 인류는 육체로 나기 전부터 존재하며 육체를 가지기 전에 이미 타락하였다. 그의 내세관은 연옥설과 지옥유한설이다. 죽기 전에 깨끗하게 되지 못한 영혼은 내세에 가서 영혼을 깨끗하게 하는 불로 깨끗해진 후에 들어갈 수 있으며, 악인도 사후의 시련을 통하여 깨끗하게 되어 만인이 다 같이 구원을 받는다고 보았다. 만인구원설이다.

## 2) 라틴교부들

알렉산드리아가 헬라 기독교의 중심지였다면 카르타고는 라틴 기독교의 중심지였다. 라틴 신학자의 대표적 인물로 터툴리아누스와 키프리아누스가 있다.

터툴리아누스(Tertullianus)는 라틴 신학의 아버지로 라틴어 성경도 마련할 정도로 신학을 본격적으로 라틴 신학으로 개편하였다. 그에 의해 형성된 라틴 신학은 키프리아누스, 암부로시우스로 계승되었다. 그는 청년 시절에 방탕한 생활에서 벗어나 열렬한 신앙을 지켰고, 엄격한 도덕과 금욕주의를 내세웠다. 법률가인 그는 『변증서』를 통해 강한 논점들을 제시했다. 그는 중년에 몬타누스주의에 가담했다. 그럼에도 불구하고 그의 위대한 신앙은 존경을 받았다. 그는 사람의 영혼이 부모에게서 유전되었다는 유전설과 함께 죄도 유전한다고 믿었고, 아담의 죄로 하나님과 사람 사이에 화합이 깨어졌다는 죄악론을 내세웠다. 따라서 그는 그리스도의 십자가의 죽으심을 중시했다. 그는 삼위일체 사상의 창시자로 유명하며, 유아세례를 반대했다. 그는 신조 역사에 있어서도 중요한 위치를 차지한다. 신약이라는 말과 삼위일체라는 말은 그가 처음으로 사용했다.

키프리아누스(Cyprianus)는 문학, 수사학, 법률에 뛰어난 인물로 카르타고 교회의 감독이었다. 그는 순교했다. 그의 중심 교리는 교회론으로, 교회는 구원의 방주로 교회 안에만 구원이 있다고 주장했다. 그는 교회를 떠난 자는 타인이며 속인이고 적이라 하고, 교회를 어머니로 하지 않는 자는 하나님을 아버지라 부를 수 없다고 했다. 그는 감독의 지위를 높이고, 감독이 지배하는 가톨릭교회 외에는 다른 교회는 없다고 주장했다. 그는 분리된 교회 또는 이단에 가담한 사람으로부터 받은 세례를 무효화했다. 이런 의미에서 그는 최초로 가톨릭 성직 제도를 세운 사람으로 평가되기도 한다.

## 5. 이단 사상

4~5세기 황제교회는 3세기 박해받던 교회와는 달리 통치하는 자부심으로 그리스도의 정신이 잊히고 초기의 단순한 예배가 이교신전의 복잡하고 위엄 있는 외형적 의식으로 전락했다. 또한 유대교와 이방종교의 본을 떠 신부라는 말이 사용되었다. 교황 레오 1세는 신부의 결혼을 금지시키고 독신생활을 하도록 하는 교회법을 제정했다. 로마제국을 침

입한 야만족, 곧 고트족, 반달족, 흉노족 등이 형식적으로 기독교를 받아들여 교회를 이단화시켰다. 각 시대마다 나름대로 그리스도를 해석하여 각종 철학과 종파 논쟁이 있었다. 대표적인 이단 사상은 다음과 같다. 이단 사상이 많다는 것은 교회의 이교화 가능성이 컸음을 의미한다.

영지주의파(gnosticism)는 그노시스를 강조한다. 그노시스는 지식(gnosis)이라는 어원에서 나왔다. 그들은 그 지식이 신비적이고 초자연적인 지혜로 특수계층에 속하는 영적인 사람만 소유할 수 있다고 보았다. 영지주의자들은 기독교적이 아닌 점성술, 마술, 인도와 이집트 그리고 페르시아의 여러 신화, 페르시아의 이원적 우주론, 그 밖의 다른 철학을 혼합해 새로운 기독교 철학을 수립하고자 했다.

그들은 구약의 하나님은 예수 그리스도의 아버지가 아니라고 말하고, 그리스도의 고난과 부활의 실재를 부인했다. 구약의 하나님은 하급에 속하는 아이온이고, 그리스도는 최고의 아이온으로 세상에 내려와 인류를 구원할 목적으로 지식을 주고 구원을 이루었다. 속죄는 참지식을 가지고 금욕생활을 함으로써 완수된다.

몬타누스파(Montanism)는 영지주의 및 여러 이교주의에 대한 하나의 반발로 나타났다. 정통교리와 함께 보혜사 성령을 강조하고[1], 재림 임박, 예언, 천년왕국, 만인제사장주의를 믿었다. 이 파는 신앙보다 지식을 강조하는 사상을 특히 반대하고 엄격한 규율을 강조했다. 극기와 고행과 도덕생활, 금욕주의를 강조했다. 입신과 순교자의 피 세례를 권장했다. 그러나 몬타누스마저 계시보다 인간의 사색을 높이고 말았다.

에비온파(Ebionites)는 유대인 기독교회의 집단으로 모든 성도들은 율법을 고수해야 한다고 주장한다. 바울을 유대교 반역자로 배척할 뿐 아니라 바울서신을 거부한다. 그리스도의 신성과 동정녀 탄생, 수난과 죽음, 부활과 승천을 믿지 않는다. 그리스도의 인성만 주장하고, 그리스도는 그의 율법적 경건성 때문에 메시아로 자처한 사람이라고 주장했다. 그들은 유대교의 분파로 복음을 곡해했다.

엘카사이파(Elkasaites)는 접신적 신앙을 가지며 금욕주의와 고행주의를 주장하는 유대인 기독교 집단이다. 그리스도의 동정녀 탄생을 부인했다.

노바티아누스파(Novatianists)는 변절자 및 죄에 대한 태도와 용서가 관대하지 않은 것이 특징이다. 믿음의 배반을 치명적인 것으로 간주했다.

---

1) 파라클레이트 운동이라는 점에서 오늘날 오순절 운동과 비슷한 점이 많다.

도나투스파(Donatism)는 성경을 이교 박해자들에게 내어준 것을 정죄하고, 죄를 범한 교사에게 받은 세례는 무효라 주장했다. 일종의 재세례파로 카르타고에서 아우구스티누스와 논쟁을 벌였다. 도나투스파는 범죄한 교사에게서 받은 세례는 무효이므로 다시 받아야 한다고 주장했다. 이에 반해 아우구스티누스는 "세례는 그리스도의 것이며 우리의 것이 아니다. 우리는 다만 그릇이다. 보리와 피를 가르는 일은 우리의 일이 아니다"라고 주장했다. 도나투스파는 엄격한 교회의 규칙과 교인의 순결을 주장했다. 세속적인 교역자를 배격하고 유아세례를 거부했다. 이들은 교회를 정화시키는 데는 기여했지만 지나치게 개인주의적이고 편협했다.

마니교(Manichaeism)는 영지주의와 유사하나 그 근원은 동방에 있고, 기독교와는 연고 없이 일어났다. 그러나 기독교와 접촉하여 기독교적인 요소를 흡수했다. 마니는 페르시아 귀족의 아들로 태어났으며, 그 교리는 페르시아의 이원론에 기초해 세계는 빛과 어둠의 싸움으로 보았다. 아우구스티누스도 8년간이나 마니교에 심취한 바 있다.

페푸자(Pepuza)의 새 예루살렘 운동은 영지주의를 반대했으나, 개인적인 영적 체험의 은사를 지나치게, 비성경적으로 강조했다. 새 예루살렘을 예언하고 이룩하려는 열심파들이었다.


## 6. 속사도시대의 결실

속사도시대에 성경이 편집되고, 사도신경이 마련되었다. 오늘날의 신약성경의 편집은 이 시대로부터 다음 시대에 걸쳐 완성되었다. 그들은 예배를 드릴 때 예수의 언행을 기록한 것을 읽었다. 유스티누스의 문장에 나오는 이 기록은 오늘날의 복음서로 추측되고 있다. 유스티누스의 제자 타티아누스가 4복음서를 종합하여 『테아텟사론』이라 했고, 터튤리아누스 시대에는 이미 신약의 집성이 거의 완료되었다. 교회가 영지주의 등 이단종파들과 싸우는 가운데 신경과 교회법과 조직이 강화되었다. 사도신경은 사도들의 교훈을 집약하여 하나의 신앙고백 형태로 신앙과 생활의 규범을 정해놓은 것이다. 전설에 따르면 열두 사도가 예루살렘에서 신앙의 표준으로 작성하여 베드로가 로마로 가져갔다고 한다. 그후 정통교리를 표시할 만한 문구를 넣어 381년 콘스탄티노플 회의에서 전문이 완성된 것으로 추정한다.

성경과 신조가 교회의 내부적 통일의 핵심이 되어 가자 교회의 정치 역시 조직화되어 갔다. 교회는 구원의 조직체로서 교회 외에는 구원이 없다 하여 교회주권의 확립을 위해 체계적으로 신학을 정비하는 데 힘썼다.

초기에는 감독과 장로가 일반 신자와 다르다는 사상이 분명치 않았다. 그러나 점차 권력이 감독에 집중되었다. 그들은 교회의 대표로서 예식을 집행했다. 박해에 대항하기 위해서는 교회의 이 같은 지도자가 필요했다. 차츰 감독은 사도의 직분과 그 권위의 후계자라는 사상이 발달하고, 감독 없이는 교회도 있을 수 없다는 흐름으로 바뀌었다. 교회의 조직이 정비되어 가자 감독 한 사람에 장로단, 집사국이 형성되었다. 감독은 지방교회 평신도들이 선출했다.

교회에서는 예배와 예전이 중시되었다. 예배 때는 사도들이 기록한 언행록과 선지자들의 글을 읽었으며 시편과 이사야를 중심으로 한 찬송, 그리고 성찬예식이 거행되었다. 예전의 경우 세례 외에 각종 절기 때도 베풀었다. 교회에서는 부활절 등 축일도 지켰다. 그들은 독신 남녀를 존경하고 재혼을 좋지 않게 여겼다. 특히 순교자에 대한 존경을 잃지 않았다.

## 7. 종교회의

250년이나 긴 박해시기가 끝나자 기독교는 로마제국의 국교로 대접을 받았다. 시간이 가면서 교리 논의가 왕성했다. 특히 이단 사상이 득세함에 따라 교회는 우선 이 문제를 해결하고 교리를 확고히 하기 위해 여러 종교회의를 가질 수밖에 없었다.[2] 아타나시우스나 아우구스티누스와 같은 신학자가 나와 신학체계를 확고히 하는 계기가 되었다. 각 회의의 특성은 다음과 같다.

### 1) 니케아 회의

니케아 종교회의(Nicea Ecumenical Councils)는 아리우스(Arius) 파를 징계하기 위해 A.D.

---

[2] 종교회의가 많아져 니케아 회의시대라 부르기도 한다. 기간은 313년 기독교를 공인한 콘스탄티누스 대제의 즉위(교부시대가 끝나는 시점)에서부터 사실상 최초의 로마교황인 590년 그레고리우스 1세 즉위(교황의 시작)까지다.

325년 콘스탄티누스 대제가 소집한 세계 종교회의다. 니케아는 콘스탄티노플 근처 소도시로, 여기서 회의를 가진 것은 로마를 기피(견제)하려는 뜻도 담겨 있다. 5월 20일에 시작된 이 회의는 7월에 마쳐, 42일간 계속된 긴 회의였다. 콘스탄티노플에서 약 45마일 떨어진 니케아에서 약 3백 명의 감독이 참석했다, 대제는 스스로 교회의 머리라 생각하고 회의를 주재했다. 이 회의는 세계적 대회의 효시이자 기독교 역사에 있어서 가장 중요한 분기점이 되었다는 점에서 특이하다. 교리 싸움이자 기독교와 유사기독교의 싸움이었기 때문이다.

소집 동기는 부활절이 동방과 서방 모두 달라 이 절기를 일치시키기 위한 것과 아리우스 논쟁을 끝맺어 교회문제를 해결하고 로마제국을 강화하기 위한 것이었다. 부활절은 춘분지나 만월 지나 첫 주일로 정했다. 특히 아리우스는 예수는 피조물이요, 참신이 아니라 했다. 즉, 예수는 하나님과 동질(homoousios, one substance)이 아니라 유사(homoiousios, like substance)하다는 것이다. 이에 대해 신학계와 교계의 중심인물인 아타나시우스(Athanasius)는 예수는 하나님과 동질임을 주장하여 대세를 꺾었다. 그는 기독론을 바로함과 동시에 삼위일체론를 확정하는 데도 기여했다. 이 회의에서 알렉산드리아, 안디옥, 로마의 감독은 각 교구대로 각기 완전한 관할권을 확보했다.

## 2) 사르디카 회의

교황 율리우스 1세 때인 343년 사르디카(Sardica)에서 서방교회만 모여 로마 감독의 권위를 인정하는 문제로 회의를 소집했다. 당시 5대 주교중심지로는 로마, 콘스탄티노플, 안디옥, 예루살렘, 알렉산드리아가 있었다. 서로 같은 권위로서 자기 교구를 완전히 지배하기로 했다.

## 3) 콘스탄티노플 종교회의

이 회의는 381년에 열린 회의로, 신인양성기독론 문제를 해결하기 위해 소집되었다. 이단인 아폴리나리스의 주장(Appolinarianism)을 해결하기 위한 것이었다.

## 4) 에베소 회의

431년 에베소에서 열린 이 회의는 신성, 인성 분리문제, 곧 이단 네스토리우스의 주장 (Nestoriansm)을 해결하기 위한 것이었다. 이 파가 중국의 경교(景敎)가 되었다.

## 5) 칼케톤 회의

유티케스(Eutyches)의 일성론 논쟁(Eutychianism)을 해결하기 위해 451년 칼케톤에서 모인 회의다. 일성론(monophyism)은 성육신 이전에는 양성이었으나 후에는 인성이 되었다는 것으로 이단이다.

## 6) 콘스탄티노플 회의/니케아 회의/콘스탄티노플 회의

계속해서 콘스탄티노플에서 회의가 있었다. 553년에는 단성론(monophysites)을 해결하기 위해 소집되었다. 680년에는 그리스도의 두 의지에 대한 교리문제로 소집되었다. 787년 니케아에서 형상숭배 인가 문제로, 869년에는 콘스탄티노플에서 동방교회와 서방교회의 마지막 대립으로 모였다.

## 7) 그 밖의 회의와 생활상

1123년에는 로마에서 교황의 주교임명권 문제로, 1139년에는 동서방 대립 해소를 위해 소집되었다.

니케아시대 교회는 바실리카 건축양식이 주가 되었다. 석관 외부에 조각을 넣었다. 성자를 숭배하고, 마리아를 예배했으며, 천사를 숭배했다. 설교는 동방에서 왕성했고, 사도시대와 달리 의식에 치중된 예배 형태가 나타났다. 성경이 번역되었으나 위경도 나타났다.

# 8. 수도원의 발달

교회의 세속화에 대한 반동으로 금욕주의, 은둔, 경건, 청빈, 순결 추세가 성행하면서 수도원 제도가 발달했다. 수도원은 이집트인 안토니우스(Antonius)가 사막에서 홀로 은둔자 생활을 한 데서 시작했다. 은둔자 주변에 초막을 짓고 공동생활을 하게 된 것이다. 수도원이 증가하게 되었다. 파초미우스(Pachomius)는 나일 강 쪽에 수도원을 세우고, 수도원 규칙을 만들어 복종하게 했다. 반개인주의, 군대식 훈련을 바탕으로 한 공동생활을 했다. 바실리우스(Basilius the Great)는 새로운 형태의 수사제도를 만들었다. 도시 가까운 곳에 수도원을 설립하고 학문을 닦게 한 것이다.

극단적 금욕주의도 나타났다. 잠도 자지 않고 기도(Acometae)하는가 하면 일하지도 않고 기도(Euchatae)하는 일도 생겨났다. 4세기 중엽 수도원이 서방에 전파되었다. 마르티누스(Martinus)는 골(Gaul)에, 암브로시우스는 밀라노에, 크리소스토무스는 마르세유에 수도원을 세웠다. 베네딕투스(Benedictus)는 수도원 규칙을 만들었다. 이 규칙은 유럽 수도원의 전형이 되었으며 수도원 전원일치 선거와 전원 의논 등 민주적 성격을 가진다. 카시오도루스(Cassiodorus)는 수도원을 학문중심지로 만들었다.

### 콥트 기독교

아랍어는 기독교를 인정하는 5개 국가가 있다. 이집트, 이라크, 시리아, 요르단, 레바논이다. 이 가운데 이집트엔 콥트(Copt) 기독교가 있다. 콥트란 '에집티오스(Aigyptios)'라는 말에서 유래한 것으로 '이집트'라는 뜻을 가지고 있다. 그러므로 콥트 기독교는 이집트의 기독교라는 뜻이다.

콥트 기독교는 이집트 전 국민의 10%에 이를 만큼 강하다. 콥트 교회에서는 인구의 15~20%, 약 750만 명이라고 주장한다. 헌법상 이슬람 국가인 이집트에서 기독교가 존재한다는 자체가 놀라운 일이 아닐 수 없다.

콥트 기독교는 바나바와 마가의 애굽 전도에 바탕을 두고 있다. 유세비우스에 따르면 마가가 말년에 이집트 알렉산드리아에 와서 기독교 복음을 전파하고 교회를 세웠다고 한다. 마가는 구두를 수선하며 전도했다고 한다. 마가는 콥트 교회의 1대 교황이다. 현재 교황은 117번째 교황이다.

콥트 기독교는 이곳에 이슬람이 들어오기 전에는 가장 큰 종교였다. 콥트 교회는 단성론으로 인해 동방교회와 분열되기 전까지 클레멘트나 오리겐 등과 같은 유명한 교부들을 배출했다. 또한 수도원을 시작한 교회로도 유명하며, 콥트어로 번역된 신약성경은 오늘날 성경사본연구에 중요한 자료가 되고 있다. 콥트어는 2세기경부터 이집트에서 상용된 고대 이집트어의 마지막 단계에 해당하는 언어이다.

그럼에도 불구하고 콥트 기독교가 세계적으로 알려지지 않은 것은 크게 두 가지 이유 때문이다.

첫째, A.D. 451년 칼케돈에서 개최된 종교회의에서 콥트 교회가 정죄되었기 때문이다. 로마 가톨릭교회는 예수 그리스도의 신성과 인성 두 가지를 주장했지만 콥트 교회는 예수 그리스도에게는 신성만이 존재한다는 단성론(單性論)을 주장했다. 로마 가톨릭은 콥트 기독교를 이단으로 지목하고 탄압했다.

둘째, 이집트가 A.D. 638년에 이슬람 세력에 의해 정복당했기 때문이다. 이슬람은 기독교를 박해했다. 이슬람은 콥트 교인들에게 무거운 세금을 부과했다. 재산 대부분을 내야 할 정도였다. 이에 반항하는 신자들은 죽임을 당했다. 결국 많은 사람들이 이슬람으로 개종하지 않을 수 없었다.

이슬람에 정복당한 다른 나라들에선 기독교가 거의 사라졌다. 하지만 콥트 교회는 이집트에서 수천 년간 신앙을 지켜오고 있다. 놀라운 일이 아닐 수 없다.

이집트의 콥트 기독교인들은 오늘도 차별 속에 살아가고 있다. 공무원 채용이나 각종 인허가 사항에서 차별을 당하고, 콥트 여성들에 대한 폭행도 수시로 발생한다. 카이로 시내 쓰레기를 치우며 사는 자발린 대부분은 콥트 기독교인이다. 자발린은 '쓰레기'라는 뜻이다. 콥트 기독교인들은 이처럼 어려운 환경 속에서도 믿음을 지켜오고 있다.

콥트 교회는 부활절을 지킨다. 예배가 끝난 다음 그들은 아랍어로 인사를 나눈다. "알 마시흐 깜." '그리스도는 부활하셨습니다'라는 뜻이다. 그러면 상대도 답한다. "하깐 깜." '진실로 부활하셨습니다'라는 뜻이다. 그들의 모습이 참으로 눈물겹다.

제3부

# 중세
## 로마교회의
### 이해

# 제3부 중세 로마교회의 이해

## 1. 로마교회의 출발

### 1) 로마교회의 출발

　중세교회사는 교황 그레고리 1세가 즉위하는 590년에서 마틴 루터가 종교개혁에 착수한 1517년까지의 920년을 일컫는다. 이 시기는 아우구스투스의 신앙과 사상이 실현되는 역사요, 그 중심엔 로마교회가 있다.

　그레고리 1세는 일반적으로 최초 교황으로 인정받는 가장 순수한 교황의 하나이다. 그는 고대사와 중세사를 잇는 최후의 교부이자 최초의 교황이다. 그전에 교황이 없었던 것은 아니지만 공식적 인정은 그레고리 1세이다. 교황(Pope)은 '아버지'라는 뜻으로 처음엔 서방교회의 모든 감독에게 사용했다. 500년경 이 말은 로마교회 감독에게만 사용해 전체적인 감독을 의미했다. 그러나 500년 동안 로마감독의 교황권은 논쟁의 대상이 되었다.

　가톨릭에서는 1대 교황으로 베드로를 든다. 그러나 이에 대한 증거는 없다. 베드로는 주장하는 자세보다 양 무리의 본이 될 것을 말했다(벧전 5:3). 67년에 리누스(Linus)가 로마 감독으로 있었고, 79년에 클레투스(Cletus)가, 91년에는 클레멘트(Clement)가 감독이었다. 클레멘트는 로마교회 이름으로 고린도에 편지를 보냈다.

　154년 아니케터스는 서머나 감독 폴리갑에게 부활절 날짜 변경을 지시했고, 폴리갑은 이 지시를 따르지 않았다. 190년에 빅토르(Victor) 1세는 동방교회에 부활절을 니산월(1월) 14일에 지키도록 지시했다. 불이행 시 파문을 강요했다. 에베소 감독 폴리크라테스는 이에 반대하고 독립된 권위를 주장했다. 리용의 이레네우스 감독은 이 견해에 찬성했으나 동방교회에 대한 빅토르의 독재를 비난했다.

218년 칼릭투스(Calixtus)는 마태복음 16장 18절에 근거해 자기를 '감독 중의 감독'이라 불렀다. 카르타고의 터툴리아누스는 그를 찬탈자라 불렀다. 253년 스테펜(Stephen) 1세는 북아프리카 교회에 세례의식 행하는 것을 반대했다. 북아프리카 카르타고 감독 키프리아누스는 자기 교구에서 감독은 최고권위를 가진다고 주장하며 이를 거부했다. 실베스테르(Silvester) 때 니케아 종교회의가 열렸으며, 율리우스 1세 때 사르디카 회의가 열렸다. 385년 시리시우스(Siricius)는 세상권력을 본받아 교회의 단일교구를 주장했다. 그러나 395년 제국이 동방과 서방으로 분열되면서[1] 자기 권위를 동방에 강요하기 어렵게 되었다. 안디옥, 예루살렘, 알렉산드리아 대주교들은 콘스탄티노플의 주도권을 인정했다. 이때부터 주도권 쟁탈전은 로마와 콘스탄티노플의 경합으로 바뀌었다.

402년 인노센트(Innocent) 1세는 자기를 '하나님의 교회를 통치하는 사람'이라 부르고 모든 교회문제 해결권을 주장했다. 432년 식스투스(Sixtus) 3세 때 서로마제국은 야만족 이주와 시대혼란으로 쇠퇴해갔다. 이때 아우구스투스는 통일된 기독교 세계를 그리며 「하나님의 도성」을 써 교회조직을 하나로 합치자는 의견을 제시했다. 이것은 큰 반향을 일으켜 로마의 주도권에 대한 주장을 높여 주었다. 교회는 성질을 달리하여 로마제국의 모습을 닮게 되었다.

440년 레오(Leo) 1세는, 동로마가 논쟁에 빠져 있고 서로마는 황제의 지도력이 약하여 야만인에게 패하고 있을 때 황제 발렌티니안 3세의 승인을 받아 자기가 하나님의 지시로 '모든 주교의 대주교', '모든 교회의 통치자'임을 자처하고 자기 권위에 반대하는 자는 지옥에 갈 이단자로 사형에 처하겠다고 위협했다. 그는 흉노족을 설득하여 로마 시 진입을 막았고, 반달족을 설득하여 명성을 얻었다. 어떤 역사가들은 레오 1세를 최초의 교황이라고도 한다. 레오 1세는 온 세계 감독이 모인 칼케돈 회의에서 황제승인과 레오 자신의 주장에도 불구하고 콘스탄티노플 대주교에게도 로마감독과 같은 권한을 주었다. 476년 서로마제국의 멸망으로 교회는 정치에서 자유하게 되었다. 서로마제국을 멸망시킨 여러 야만족은 교황에게 결속의 기회를 주어 교황은 서방의 유력한 존재로 등장했다.

이로 보아 교권을 둘러싼 교회감독 사이의 알력이 심한 것을 알 수 있다. 로마교회의

---

1) 395년 로마제국은 서로마제국과 동로마제국으로 분열되었다. 동로마는 알카디우스에 의해, 서로마는 호노리우스에 의해 통치되기 시작했다. 476년 서로마제국은 야만인의 침입으로 멸망했다. 서로마는 로마교황 통치 세력 아래로 들어갔다. 동로마는 1453년 터키에 의해 멸망했다.

교황권 강화는 그 교회와 감독 권위 강화로 나타났다. 로마제국 수도의 교회는 유력자와 재력이 있어 사방이 호령하는 지위를 차지했다. 베드로와 바울이 로마에서 피를 흘린 사실이 다른 도시보다 큰 영광이다. 콘스탄티누스 대제의 콘스탄티노플 수도 이전으로 로마 감독 지위가 정치적으로 더욱 무거워졌다. 레오 같은 감독이 야만인의 침입으로부터 로마의 위기를 건져준 것도 작용했다.

그레고리 1세 때 이탈리아는 서로마제국 멸망 이후 고트족에게 점령되고 그 후 동로마제국이 통치하는 비잔틴 영토가 되었다. 이는 여러 나라 왕에 대한 그레고리의 영향력을 안정시키는 결과를 가져왔고 이탈리아, 프랑스, 스페인, 영국의 교회를 완전히 지배해 기독교에로의 개종을 촉진시켰다. 교회를 정화하고, 게으르고 불필요한 주교를 해임했으며, 성직매매를 반대했다. 당시 콘스탄티노플 대주교는 자신을 전체주교라 했지만 그레고리는 이를 거부했다. 그레고리 1세는 눌린 자에게 정의를 실현하고, 가난한 자에게 자선을 베푸는 선한 교황이었다. 그는 금욕주의와 고행주의를 바탕으로 규율을 엄격하게 실행했다. 가톨릭의 제도적 의식은 신의 내적 은총이라 했다. 제도적 의식 속에는 예배순서와 그레고리 성가(Gregorian chant)가 있다. 로마 가톨릭교회를 통해 연옥을 지나 하나님 나라에까지 간다고 함으로써 연옥설을 내세웠다. 연옥설을 통해 가톨릭교회 권위를 부각시킨 그는 타인의 중보기도로 연옥으로부터 구원을 받게 된다고 주장했다.

741년 자카리우스(Zacharius)는 샤를마뉴(Charlemagne) 대제의 아버지 페핀(Pepin)이 프랑크족 왕이 되는 것을 도왔다. 752년 스테펜(Stephen) 2세는 페핀에게 요청해 군대를 이탈리아에 파견케 하여 롬바르드족을 정복하게 했다. 그 결과 교황은 중부 이탈리아 대부분을 차지하였고, 교황국가로서 현세적 통치를 시작했다. 중부 이탈리아는 후에 샤를마뉴 대제의 인준을 얻어 교회의 현세적 지배가 1870년까지 약 1,100년간 지속되어 오다가 독불전쟁 때 이탈리아 비토리오 에마누엘레 왕이 로마를 침입해 교황국가를 이탈리아에 통합시켰다.

800년 레오 3세는 샤를마뉴 대제에게 로마황제 칭호를 주었고, 대제는 로마와 프랑크 영토를 합쳐 신성로마제국이라 불렀다. 왕과 교회가 제휴한 것이다.

## 2) 모하메드고의 발흥

총독의 손자로 570년 메카에서 태어난 모하메드는 시리아를 방문해 기독교인과 유대인을 접촉하고 교회가 형상, 유물, 순교자, 마리아, 성인을 숭배하며 이단화된 것을 보고 기독교 세계의 우상숭배, 부패하고 타락한 교회를 증오했다. 610년 자신을 선지자라 선언했다. 메카에서 배척을 당하자 622년 메디나로 피신했다. 군인이 되어 무력으로 그의 신앙을 전파했다. 630년 군대를 이끌고 메카로 돌아와 360개 우상을 파괴하고 우상을 없애는 데 열중하다 632년에 사망했다. 그러나 그는 정치와 군사 등 모든 면에 실권을 장악하고 이슬람화했다. 이슬람(Islam)이란 복종이라는 뜻이다. 모하메드교(Mohammedaism)는 일신교적 원리를 바탕으로, 우상숭배와 부도덕한 세속적 행위, 그리고 율법적 형식을 거부하며 알라에 절대복종한다.

### 알라의 유래

"알라(Allah)는 위대하다." 무슬림이 늘 외치는 말이다. 이슬람에는 삼위일체가 없다. 오직 알라다. 그러면 이슬람은 어떻게 알라라는 유일신을 섬기게 되었을까?

이슬람이 있기 전 아라비아의 각 부족이나 공동사회는 각기 다양한 신들을 섬기고 있었다. 그리고 나름대로 자신의 신과 정령의 보호를 받기 위해 독특한 종교의식을 거행했다. 무함마드 당시 메카의 카바에서는 360개의 다양한 우상들이 숭배되고 있었다. 메카의 꾸라이쉬 부족과 그 인근 부족들은 모든 신 가운데 지고의 신인 알라와 그의 딸들인 알라트(Allat)와 우짜(Uzza), 마나트(Manat)라는 세 여신을 신봉했다. 세 여신이 알라의 딸이라 불린 것은 신의 위계 가운데 알라의 위세가 가장 강했고, 다른 신들은 그에 예속되었음을 보여준다. 나아가 그들은 카바라는 육면체 운석(隕石)과 그 주변에 산재한 수백 개의 돌도 숭배했다. 카바 신전에서는 매년 특정한 달에 희생제물을 바치며 함께 축제를 벌였다. 메카의 순례는 언제나 축제분위기였다.

무함마드는 이슬람을 체계화하면서 당시 지고의 신이었던 알라를 유일신으로 만드는 작업을 시도했다. 알라는 무하마드가 만들어낸 신이 아니라 아라비아의 여러 신들 가운데 가장 높은 신을 택한 것이다. 꾸란에 "알라께서는 이것들(세 여신들)에게 아무런 권위도 내리지 않으셨느니라"는 문구가 있다. 이것은 알라가 유일신으로 인정되면서 세 여신들의 위상이 크게 낮아졌음을 의미한다. 무함마드는 후에 카바, 곧 석신을 알라와 동일시하였다.

알라는 어떤 신이었을까? 알라는 중동의 달신(Moon god)이라 주장하는 학자들이 많다. 중동에서 달신은 태양신보다 월등하다. 태양을 인격화한 알라트가 알라 밑에 있는 것이 그 보기다. 초승달이 이슬람의 상징인 것만 보아도 달의 위상이 얼마나 큰가를 보여준다. 그들이 달신을 중시하는 이유가 있다. 중동에서 뜨거운 태양 빛은 식물을 말라죽게 하고, 사람을 곤비케 한다. 하지만 달은 더위를 식혀주고, 어둠을 밝혀 준다. 밤이 지난 후 풀잎에 맺힌 이슬은 식물을 소생하게 한다. 그들에겐 달이 늘 고맙다. 무함마드의 아버지 이름은 압둘라(Abdullah)였다. 이것은 '종'이라는 뜻의 '압드(Abd)'와 알라를 합한 것으로 '알라의 종' 또는 '알라를 섬기는 자'를 의미한다. 이것은 그의 아버지가 달신 알라를 믿고 있었음을 보여준다. 그 신이 바로 이슬람의 알라라는 주장이다.

칼리프(Caliph)라 불리는 그의 후계자들은 634년 시리아를 정복하고, 637년 예루살렘을 정복했으며, 538년엔 이집트, 640년에는 페르시아, 689년에는 북아프리카, 그리고 711년에는 스페인을 정복해, 기독교의 발상지인 서아시아와 북아프리카 전부를 짧은 기간에 모하메드교도의 영토로 만들었다. 예루살렘은 십자군 시대 약 100년을 제외하고 1917년 기독교 지배를 받기까지 모하메드 교도들의 성이 되었다. 732년 샤를 마르텔(Charles Martel)은 세계를 휩쓸고 있던 회교도 군대를 패퇴시킴으로써 모하메드교에서 유럽을 구했다(프랑스 뚜르 전쟁). 이 승리가 없었더라면 기독교는 완전히 침몰했을지 모른다. 아라비아인들은 622년부터 1058년까지 모하메드 세계를 지배했으며, 1058년부터는 터키가 그 뒤를 이었다. 터키인들은 아라비아인보다 잔인했다. 특히 팔레스타인의 기독교인에 대한 야만적인 처사로 십자군을 유발시켰다.

칼리프의 교권 다툼으로 회교권도 분열의 길을 걸었다. 코란 이외의 전설을 담은 순나(Sunna)를 전적으로 승인한 수니파(Sunnites), 순나를 거부하는 시아파(Shites)가 주를 이룬다. 페르시아의 신비사상과 연결된 수피즘(Sufiism)도 있다.

### 카르발라의 비극과 아슈라

수니파(Sunni), 시아파(Shiah). 이슬람 밖의 사람들이 두 종파를 확실히 구별해 내기는 결코 쉽지 않다. 수니파는 현재 이슬람 인구의 80~90%를 차지하는 다수의 주류 종파이고, 시아파는 10~20%를 차지하는 소수의 비주류 종파이다. 수니파의 대표국가는 사우디아라비아이고, 시아파의 대표국가는 이란이다.

무슬림들은 형제애로 뭉쳐 있다고 말하지만 종파가 다른 경우 보이지 않는 불신과 갈등이 크다. 그래서 상대에 대해 테러를 자행하는 사건이 자주 보도된다. 이 불신을 적나라하게 보여주는 것이 바로 아슈라(Ashura)다.

아슈라는 시아파의 최대 종교기념일이자 애도일이다. 이날이 되면 시아파 국가의 마을과 거리에서는 애통의 신음 소리로 가득하다. 그리고 무슬림 남자들은 쇠사슬을 자신의 등에 내리치면서 고행을 한다. 등에서 피가 나도 개의치 않는다. 그만큼 한이 많다.

아슈라는 아랍어로 '열 번째'를 뜻한다. 서기 680년 이슬람역 무하림월(1월) 제10일 시아파 이맘 후세인이 수니파 군대에 의해 살해된 날을 의미한다. 당시 수니파 칼리프 야지드 1세는 시아파 제3대 이맘 후세인 이븐 알리(이맘 후세인)와 추종자들을 죽이기로 결심하고, 이라크 카르발라(Karbala) 인근에 군대를 파견해 후세인의 식솔과 추종자들을 몰살했다. 이 사건이 바로 카르발라의 비극이다.

이맘 후세인은 보통 인물이 아니다. 제4대 칼리프이자 제1대 이맘인 알리 이븐 아부 탈리브(이맘 알리)와 부인 파티마 사이에서 태어났다. 이맘 알리는 예언자 무하마드가 가장 신뢰하는 사촌이고, 파티마는 무하마드가 가장 사랑한 딸이었다. 하지만 야지드도 할 말이 있다. 그는 혈족이던 3대 칼리프 오스만의 암살 사건이 해결되기도 전에 알리가 4대

칼리프로 선출되자 반발하지 않을 수 없었다. 그래서 살육을 벌인 것이다.

카르발라의 비극은 수니파와 시아파가 결정적으로 갈라서는 계기가 되었다. 이로 인해 이맘 알리와 이맘 후세인의 추종자인 시아파는 수니파의 박해를 피해 현재의 이란으로 피신했다. 시아파는 이들을 '추종'한다 해서 붙여진 이름이다. 전통적 '관습'을 중시하는 수니파는 이들의 정통성을 거부한다.

시아파 무슬림들은 카르발라의 비극으로 억울하게 숨진 이맘 후세인의 아픔과 슬픔을 자신의 것으로 받아들이며 기꺼이 그 고통에 동참한다. 이날 하루만 지키는 것이 아니라 1일부터 지키다가 10일에 절정을 이룬다.

시아파 사람들은 아슈라에 참석한 것만으로도 죄가 용서받는다고 믿는다. 이맘 후세인을 위해 흘린 눈물 한 방울은 100가지 죄를 씻어주고, 후세인을 위해 눈물 흘린 사람은 낙원에 갈 수 있다고 말한다. 오죽하면 1979년 이란의 이슬람 혁명 때 가장 많이 사용했던 말이 "매일매일이 아슈라이고, 모든 곳이 카르발라이다"라 했을까.

이슬람에는 수니파와 시아파만 있는 것이 아니다. 수니파와 시아파가 섞여 있는 수피파(Sufi) 그리고 교리가 상반되는 200여 개의 종파가 있다. 어느 종교든 종파싸움은 있다. 하지만 수니파와 시아파만큼 치열한 싸움도 찾아보기 힘들다. 그 속에 아슈라가 있다. 종교의 싸움만큼 길고 무서운 것은 없다.

## 3) 서유럽전도와 이 시대의 특징

서유럽 전도가 시작되었다. 프랑스의 경우 이레네우스가 처음 기독교를 전파했다. 군인이자 선교사인 마르탱(Martin), 콘스탄티누스 대제와 회심과 유사한 클로레(Clores) 왕의 회심, 그리고 마르텔 왕의 선교후원이 있었다. 프랑스의 전도는 하향식이라는 특징이 있다. 영국의 선교사 보니 파치우스(Boni Facius)가 독일에 전도했다. 복음의 역수출이다. 영국의 선교는 하의상향적 선교로 모범이 되었다. 세인트 패트릭스 데이로 유명해진 파트리쿠스(Patricus, Patrick)의 아일랜드 선교는 시민과 귀족에게 신뢰감을 주었다. 캔터베리의 어거스틴, 콜룸바(Columba)의 스코틀랜드 선교, 그 밖에 아이단(Aidan), 콜룸바누스(Columbanus), 영국교회사를 쓴 베아다(Beada), 천지창조 종교시를 쓴 카에드만(Caedman) 등이 영국선교에 자취를 남겼다.

이 시대 교회와 신학의 특징으로 화상예배문제와 니케아 신조 문구 문제가 있다. 787년 니케아 7회 대회의 때 화상숭배는 하나님을 숭배하는 것이라며 화상예배를 공인했다. 그런데 이것이 정치문제로 비화된다. 니케아 신조 문구 "성령은 아버지로부터 나올 뿐 아니라 <아들이신 성자로부터(filioque)>도 나온다"를 추가한 것이 문제가 된 것이다. 이 문제로 로마 가톨릭과 헬라 정교회가 갈라지는 원인이 되었다.

이 당시 이단 바울파(Paulicans)가 있었다. 이 파를 주도한 실바누스(C. Silvanus)는 바울만 신봉했다. 반케드로적이었다. 영(선신의 왕국에서 온 것)은 선하고, 물질(이 세상의 악한 세력)은 악하다는 이원론 사상을 가져 영지주의와 유사한 주장을 했다. 가톨릭의식과 화상예배를 거부했다. 박해로 순교자를 많이 배출했다.

## 2. 전성기의 로마교회

로마교회의 전성기는 800년에서 1073년까지를 가리킨다. 이 시기엔 교리적인 면에서 조직화된 시기였다.

### 1) 샤를마뉴 대제와 신성로마제국

샤를마뉴 대제는 샤를 마르텔의 손자이며 프랑크 왕이었다. 그는 현재의 독일, 프랑스, 스위스, 오스트리아, 헝가리, 벨기에, 스페인, 이탈리아 일부를 통치했다. 그는 742년에서 814년까지 46년간 통치하면서 많은 전쟁을 치렀고, 교황 레오 3세와 함께 신성로마제국을 건설했다. 샤를마뉴에서 마뉴(magne)는 대제(magnus, 大帝)라는 뜻이다. 카롤루스(Carolus) 대제, 카를(Karl) 1세라 하기도 한다. 그는 회교권으로부터 유럽영토를 회복해, 기독교기반을 다시 쌓았다. 샤프는 그를 가리켜 '중세기의 모세'라 불렀다. 교황 레오 3세는 제왕의 금관을 친히 씌워주고 로마황제의 칭호를 부여했다. 시저 대신 독일왕이 왕위에 앉아 서로마제국의 황제가 된 것이다. 현세적 문제는 독일황제가 통치하고 영적 문제는 교황이 지배하는 공동체제가 되었으나 교회도 국가적 조직을 가졌기 때문에 관할권 문제로 황제와 교황 사이에 투쟁도 있었다. 샤를마뉴 대제는 교육정책을 확장하여 르네상스 이전에 문예부흥을 일으켰다. 그는 십일조를 법제화하고, 화상예배를 반대하는 등 기독교 발전에도 기여했다.

업적보다는 이름으로 유명한 신성로마제국은 1806년 나폴레옹에게 멸망할 때까지 천년 동안 계속되었다. 로마와 독일문명 교류에 큰 역할을 했고, 여기서 근대문명이 시작되었다.

## 2) 종교 암흑시대의 등장

샤를마뉴 대제 이후 루이 1세가 그 위를 계승했다. 그다음 루이 1세의 아들 세 형제가 영토를 분할했다. 봉건주의가 급속하게 발달했고, 문예황폐 무학시대가 도래했다. 암흑시대가 온 것이다.

독일 왕 오토 1세(962~973)가 다시 신성로마제국을 회복하고 제국의 대제가 되었다. 그 이후의 역사는 신성로마제국과 신성로마교회의 교합과 충돌로 이어졌다. 황제권이 약화되면 교황권이 높아지고, 황제권이 강화되면 교황권이 약화되는 일이 반복되었다.

최초로 왕관을 쓴 교황 니콜라(Nichola) 1세(858~867)에서부터 개혁을 주장한 그레고리 7세(1073~1085)까지의 200년을 종교 암흑시대, 또는 암흑시대의 자정이라 한다. 부정과 부패와 부도덕과 유혈이 난무했기 때문이다. 857년 니콜라 1세는 교황의 현세적 권한을 5세기 앞당겨 교황권을 강화하기 위해 2~3세기 주교편지와 교령, 회의록을 크게 위조 기록한 거짓 이시도르 교령집(pseudo-Isidorian)을 효과적으로 사용해, 이를 로마교회 헌법의 기초로 삼았다. 교회는 그 교령집에 나타난 교황 최고 심판 직책을 고수했다. 동방교회 일에도 간섭해, 콘스탄티노플의 포티우스(Photius) 대주교를 파문했다. 포티우스도 이에 질세라 니콜라 1세를 파문했다.

교황권도 날로 부패해져 축첩정치, 음모살해, 성직매매(simony)가 자행되었다. 교황 셀기우스 3세의 음녀통치, 교황이 되기 위해 교황 요한 14세를 죽인 보니파스 7세, 돈을 주고 교황권을 산 베네딕트 8세, 요한 19세와 그레고리 6세, 살인과 간음, 그리고 순례자 금품강탈 행위를 일삼은 베네딕트 9세 등 당시 교황에 의한 부정과 부패는 헤아릴 수 없을 정도였다. 심지어 로마 성직자 중 성직매매, 간음을 하지 않은 사람이 없다 할 정도로 악해졌다.

## 3) 동서교회의 분리

니콜라 1세에 이어 교황이 된 아드리안 2세(867~872) 때 동방교회와 서방교회는 결국 분열되었다. 395년 제국이 분열된 뒤 로마교황과 콘스탄티노플 대주교는 서로 오랫동안 주권 다툼을 해왔지만 교회는 하나로 남아 있었다. 종교회의도 동방과 서방 대표가 참석했다. 869년까지 콘스탄티노플이나 그 근처에서 헬라어로 개최되었다. 로마교황이 스스로 기독교 세계의 지배자라 자처하자 동방교회는 869년 콘스탄티노플 종교회의를 마지막으로 갈라섰다. 이때부터 희랍정교회와 로마교회가 따로 회의를 가지며 몇 세기 동안 균열을 키워왔다. 그러다 십자군시대 교황 인노센트 3세 군대가 콘스탄티노플을 학대한 사건과 1870년 교황무오설발표로 그 균열은 더 커지게 되었다.

동서교회의 분리는 로마가톨릭과 희랍정교회로의 갈림이다. 이 분열에는 간접적인 원인과 직접적인 원인이 있다.

간접적인 원인으로는 정치, 문화, 인종, 사상, 교리 등 여러 가지를 들 수 있다. 정치적으로는 로마제국이 오랫동안 동과 서로 나누어져 있었다는 것이다. 문화적으로 동방교회는 헬라어를 사용한 반면 서방교회는 라틴어를 사용했으며, 인종적으로 동방교회는 슬라브인과 서 아시아인들로 구성되어 동양적 요소가 섞이고 내세적 경향이 현저했던 반면 서방교회는 고트인과 게르만 민족이 섞여 있고 현세적 신앙성향이 강했다. 샤를마뉴 대제에게 황제의 관을 수여한 것은 로마교회가 동로마제국을 의지하지 않는다는 것을 선언한 것과 같다. 또한 사상적으로 동로마교회는 교리중심으로 헬라의 형이상학적 신학을 형성해 왔음에 반해 서로마교회는 성령이 성부와 성자로부터 유출된다는 신학을 가지고 있었다. 성상 숭배문제에 있어서도 동방교회는 이를 반대했음에 비해 서방교회는 성상 숭배를 찬성했다.

직접적인 원인으로는 한마디로 교권싸움이다. 로마교회는 기독교 전체를 대표하고 싶어 했고, 동방교회는 강해지는 서방교회 세력에 반항한 것이다. 콘스탄티노플 대주교 이그나티우스 파면 및 지지에 대한 문제, 불가리아 교회의 소속문제를 놓고 동서교회 대립양상은 심각했다. 결국 11세기 초 서로 교황을 파문함으로써 두 교회는 완전히 갈라서게 되었다.

이 와중에도 전도는 무명 선교사들의 힘이 컸다. 특히 스칸디나비아와 슬라브 등 동부유럽전도가 왕성했다. 스웨덴, 노르웨이, 덴마크, 아이슬란드 등 스칸디나비아 전도엔 안스가르(Ansgar)와 렘베르트(Lembert)가 있다. 안스가르는 덴마크 전도에 열심이었고, 렘베르트는 안스가르의 제자이다. 슬라브 전도엔 슬라브 성경을 만든 키릴(Cyril)과 메토디우스(Methodius) 형제가 있었다. 이고르 왕 아내 올가(Olga)의 영향을 받아 그녀의 손자 블라미드르는 왕이 되자 기독교를 국교로 정했다.

## 4) 화체설 및 화상예배 논쟁

이 당시에는 교리적으로 화체설(transubstantiation)에 대한 논쟁이 가장 강했다. 성찬식의 떡과 포도주가 사제의 기도에 의해 그리스도의 살과 피로 변하게 된다는 것으로, 지지자와 반대자가 있었다. 라드베투스(P. Radbetus)는 『주의 몸과 피의 예식』이라는 책을 통해 화체설을 지지했다. 이에 반해 베렌기우스(Berengius)는 "그리스도께서 이것이 나의 살이자 피다"라고 하신 말씀은 상징적으로 해석해야 하며 떡과 포도주가 실제 살이 되고 피가 되는 것이 아니라 주장했다. 그러나 그의 반대논리도 강압에 의해 취소될 수밖에 없었다. 화체설은 지금까지도 라틴교회의 공식교리로 자리하고 있다.

화상예배도 논란이 있었다. 클라우디우스(Claudius)는 성자예배와 화상예배를 반대하고 로마의 권위를 거부했다. 아고바르드(Agobard)는 화상예배와 형식을 반대했으며, 성경의 문자와 언어는 영감에 의한 것이 아니라 주장했다. '하나님의 친구'라는 뜻을 가진 보고밀(Bogomil)은 이단 바울파와 유사하다. 이원론으로, 인간을 창조한 신 사타나엘(Satanael)과 인간을 구원하는 신 로고스(Logos)로 구분했다. 전쟁을 반대하고, 여성의 설교를 인정했으며, 금욕적 윤리를 가지고 있었다.

## 3. 로마교회의 황금기

로마교회의 황금기는 교황 그레고리 7세가 시작되는 1073년에서 교황권의 쇠퇴로 상징되는 보니파스 8세가 물러나는 1303년까지를 말한다. 이 시기에는 교회지상주의가 강조되었고, 십자군 전쟁이 있었다.

### 1) 그레고리 7세의 교황권 회복

교황들의 부패가 계속 이어지자 독일 황제 헨리 3세가 클레멘트 2세를 교황으로 임명했다. 힐데브란드(Hildebrand)가 나타나 교황의 추행을 반대하며 개혁을 부르짖었다. 그는 작고 못생겼으나 정신이 불같고 결단력이 있었다. 그는 교황의 절대성을 부르짖으며 개혁파와 손잡고 교황권을 황금시대로 이끌었다. 교황권이 강화되고, 교회도 부흥했다. 그는 여러 교황들의 행정을 직접 담당하다 자신이 교황의 관을 쓰고 그레고리(Gregorius) 7세라 하였다.

그는 성직자의 2대 죄악인 부도덕과 성직매매 등 성직자 개혁을 목표로 했다. 성직자의 독신생활을 강조했으며, 성직매매를 금지시켰다. 당시 어떤 주교와 신부들은 돈을 받고 자기 직분을 팔아 호화롭게 살았고, 왕들도 자격보다는 최고입찰자에게 교회직분을 팔았다. 교회는 수입도 생기고 재산도 많아져 이를 묵인해 왔다. 이런 문제에 철퇴를 가한 것이다.

그레고리 7세는 교황권을 강화했다. 교황은 모든 사람의 소유를 빼앗을 수도 있고 다시 줄 수도 있다 했다. 세속권력이 교회 일에 간섭하는 것도 반대했다. 오히려 교황이 국왕을 지배할 권위가 있다 했다.

주교를 임명하는 서임권을 둘러싸고 신성로마제국(독일) 황제 하인리히 4세와 충돌했다. 개혁 운동을 성취시키기 위해서는 세속 군주(황제)들로부터 성직자 서임권을 가져올 필요가 있었기 때문이다. 이 싸움에서 교황이 승리한 사건이 바로 카노사의 굴욕(humiliation at Canossa)이다.

황제에게는 성직자 서임권 철회가 황제의 권한을 위협하는 것이었고 신성로마제국 교회의 붕괴를 가져오는 것으로 간주하고 보름스(Worms)에 교회회의를 소집해 그레고리 7세를 교황으로 인정할 수 없다며 폐위를 결의했다. 이에 교황은 로마 회의에서 하인리히 4세를 파문하고 폐위를 선언했다. 맞대결을 한 것이다.

시간이 지나면서 독일의 주교들과 공작들은 황제의 반대편에 섰고, 파문을 당한 황제는 봉건 제후들의 충성조차 받을 수 없게 되었다. 하인리히 4세는 교황에게 굴복하여 항복문서를 보냈지만 교황은 황제를 불신하였다. 황제는 자신의 입지가 급속히 불리해지자 북이탈리아 알프스의 카노사성에 머물고 있던 교황을 방문해, 눈 속에서 맨발로 3일간 서서 굴욕적으로 사면을 받았다. 이것이 바로 카노사의 굴욕이다.

이 사건은, 겉으론 교황의 승리인 것처럼 보이지만 실제 정치적 측면에서 볼 땐 하인리히 4세의 승리였다. 이 사건으로 교황은 독일 제후와 동맹할 수 있는 호기를 놓치게 된 반면, 황제는 사면을 통해 적대적인 세력을 모두 무력화시킬 수 있었기 때문이다.

사면을 받은 황제는 지지 세력을 확보한 뒤 반대자를 숙청하고 로마를 공격해 교황을 폐위시켰다. 교황은 로마에서 추방되어 살레르노에서 죽었다. 그레고리 7세는 교황권을 황제권한에서 크게 독립시킨 인물이다. 그는 자신을 왕과 군주의 통치자로 불렀다. 1255년 카노사는 파괴되었다. 19세기 독일 재상 비스마르크는 교황과 대립되자 의회에서 외쳤다. "우리는 카노사로 가지 않는다."

## 2) 교회와 국가의 관계

그레고리 7세와 하인리히 4세와의 대결에서도 보았지만 교황권과 황제권은 교회와 국가가 어떤 관계를 유지해야 하는가를 잘 보여준다. 지도권과 지상권으로 대립된 이 관계는 서로의 영역침해는 바람직하지 않다. 당시 신성로마제국은 로마법을 기준으로 삼고 있었고, 신성로마교회는 교회법, 곧 캐논(cannon)법을 기준으로 삼고 있었다. 따라서 두 세력 간의 균형과 조화가 필요하다.

교황 칼리시투스와 헨리 4세가 보름스 협약을 체결했다. 감독의 임명권에 대해 교황과 황제 간의 타협점을 찾기 위한 것이었다. 교황 알렉산더 3세는 왕권을 강화하고 왕의 신권설을 주장하는 프리드리히 1세와 분쟁하다 강화조약을 맺었다. 헨리 2세는 성직자로 하여금 국왕에게 충성할 것을 맹세하게 한 클래렌돈(Clarendon) 법을 제정했다. 그러나 캔터베리 대주교 비켓트(T. Beeket)는 이 법에 반대했다.

교황 인노센트 3세는, 교황은 하나님과 그리스도의 대리자이며 교황은 태양이고 제국은 달이라 주장했다. 또한 베드로에게 교회통치권을 하나님이 주셨다고 했다. 그는 일방적인 종교재판과 고해성사제도를 만들었으며, 남프랑스 이단종파를 박멸하기 위해 군대를 동원했다. 교황 그레고리 9세와 프리드리히 2세는 시실리 섬에 대한 영토권을 놓고 분쟁했다. 교황은 황제 이상의 것이라 주장했고, 황제 권위도 하나님으로부터 받았으므로 교황의 권위와 대등하다며 이론적 싸움으로 비화하기도 했다. 성직자 과세를 놓고 교황 보니파키우스 8세와 프랑스의 필립 4세와 부딪혔다. 필립 4세는 성직자에 대한 과세를 주장했고, 교황은 과세에 반대했다. 이 대립에서 교황이 패했다. 카노사의 굴욕과는 대조적이었다.

## 3) 십자군 운동

십자군 운동(Crusades)은 이슬람교도로부터 성지를 회복하기 위한 기독교 세계의 노력을 말한다. 이에 대해서는 여러 원인이 있다.

신앙적으로는 1071년 터키군이 예루살렘을 정복한 이후 기독교인들의 성지순례가 불가능해진 데 따른 불만이 작용했다. 정치적으로는 페르디난드(Ferdinand) 1세가 이슬람에서 스페인을 회복하는 등 기독교가 이슬람교를 물리칠 수 있다는 생각이 풍미한 탓도 있다. 경제적으로는 11세기의 경제적 어려움, 곧 48년간의 흉년으로 종교적 감정이 깊어졌기 때문이다. 금욕이나 내세에 대한 의식이 강해졌다. 그러나 직접적인 원인은 교황 우르반(Urban) 2세의 십자군 원정 호소와 종군자에 대한 사면, 그리고 성지 탈환 사상이 팽배했기 때문이다. 우르반 2세(1088~1099)는 독일 황제와 계속 전쟁을 해온 인물이었다. 그는 십자군 운동을 일으켜 그 지도자가 됨으로써 교황권을 증대시켰다.

8차에 걸쳐 원정이 시행되었다. 그러나 1차만 성공하고 계속 실패했다. 5차는 소년십자군으로 이슬람군에 참패했다. 대부분 이집트의 노예가 되었다. 참전인원은 전 계층이었다. 심지어 브녀자도 포함되었다. 참전국은 스페인을 제외한 유럽 전역이었다.

- 1차(1096~1099): 예루살렘 탈환
- 2차(1147~1148): 예루살렘 함락을 지연시킴
- 3차(1189~1192): 군대는 예루살렘에 도착하지 못함
- 4차(1202~1204): 콘스탄티노플 탈환
- 5차(1218~1221): 예루살렘을 회복했으나 곧 다시 잃음
- 6차(1228~1229): 실패
- 7차(1248~1249): 목적달성 못함
- 8차(1270): 루이 9세가 이집트 맘루크 왕조 공격, 실패

이 운동이 왜 실패했을까? 무엇보다 지휘통솔력이 결여되었기 때문이다. 십자군 운동을 주도한 교황에게 군사통수권이 없어 적재적소의 병력배치나 통솔지휘가 없었던 것이다. 이해관계의 상반도 문제였다. 출전한 귀족이나 기사들 사이에 전쟁목적과 이해관계가 서로 달랐다. 초기엔 종교적 열정이 있었으나 점차 참전 열정이 식고 부도덕성, 약탈, 살육이 자행되었다. 그리고 십자군의 병력은 오합지졸인 데 반해 이슬람군은 잘 훈련되었고 지리에 익숙했다.

십자군 운동이 남긴 것도 많았다. 우선 유럽국민과 기독교회가 하나 되었고, 봉건제도가 무너지고 중산층이 일어나게 되었다. 상업의 발달을 촉진시켜 해운과 무역이 성행하게 되었다. 로마교회의 수입도 증가했다. 부유한 도시상인계급이 늘어남에 따라 헌금도 늘었다. 면죄부 판매도 교회재정을 늘리는 데 도움이 되었다. 결국 교황권은 세속적으로 강화되기에 이르렀다. 십자군은 터키군대로부터 유럽을 구하고 유럽과 동방의 교류를 시작하게 함으로써 문예부흥 터전을 마련하는 데 기여했다. 동방문화와 접촉은 서방세계의 지적, 정신적 시야를 넓혀주었다. 문화에 대한 자극은 스콜라 신학에도 영향을 주었다.

4차와 5차 십자군 운동 사이의 기간이던 1206~1227년 몽고 칭기즈칸은 5만 개 이상의 성읍을 불태우고, 500만 인구를 학살하며 지배력을 넓혀 갔다. 소아시아에서 63만의 기독교인이 학살되었다.

## 4. 교황권의 절정과 쇠퇴

교황들은 신성로마제국의 황제들과 끊임없는 내분과 싸움을 계속해 왔다. 또 대립교황(Anti-Pope)이 일어났다. 교황 인노센트(Innocent) 2세(1130~1143)는 로마의 세력 있는 집안에서 선출된 대립교황 아나클레투스(Anacletus) 2세와 무력으로 대항하면서 직분을 유지했다. 유일한 영국출신 교황인 아드리안(Adrian) 4세(1154~1159)는 아일랜드를 영국 왕에게 주어 소유권을 인정했다. 이 인정권은 다음 교황 알렉산더 3세(1159~1181)가 갱신했다. 알렉산더 3세는 네 명의 대립교황과 싸웠으며, 독일황제와 주권을 다투다 교황군대와 독일군대의 치열한 전투결과 교황은 로마에서 추방되고 객사했다.

교황 인노센트 3세(1198~1216)는 교황권의 절정에 있었다. 모든 교황 중 가장 세력이 있었다. 칙령을 내려 로마 종교회의(1215)를 했고, 자신을 가리켜 '그리스도의 대리자', '하나님 대리자', '교회와 세계의 최고지배자'라 주장했다. 세상이나 하늘, 지옥에 있는 모든 것이 그리스 대리자에게 속해 있다고 주장했다. 왕과 군주의 해임권을 요구했고, 교황을 국가최고통치자로 만들었다. 독일, 프랑스, 영국 왕들이나 유럽 모든 군주들이 그의 뜻에 복종했다. 비잔틴 황제까지 지배했다. 십자군 원정을 두 번(3차, 4차)이나 명령했다.

인노센트 3세는 교리적으로도 전권을 행사했다. 화체설을 선포하고, 비밀 참회(auricular

confession)를 베풀었다. 교황무오설을 주장했고, 베드로 후계자는 절대 가톨릭 신앙에서 떠날 수 없다고 선언했다. 그는 대헌장을 비난했으며, 라틴어 아닌 성경을 읽는 것을 금지시켰다. 이단을 근절하기 위해 이단자 조사처벌을 위한 종교재판소(Inquisition)를 설치하고 알비파(Albigenses) 대학살을 명령했다.[2] 16세기, 17세기 교황이 종교개혁을 분쇄하기 위해 학살한 것을 제외하면 그와 그 후계자 때 교회사상 가장 많이 피를 흘렸다. 어떤 이는 네로가 교황의 탈을 쓰고 다시 살아난 것으로 생각했다.

종교재판소는 일명 Holy Office라 하며 인노센트 3세가 설립했다. 교황 그레고리 9세 때 완성한 악명 높은 교회재판소다. 고발자가 누구인지 모르고 소환되어 고문을 당한 다음 비밀 소송절차와 재판장 선고에 따라 종신 징역 또는 화형에 처한 후 피해자 재산을 박탈하고 교회와 국가가 분배한다. 인노센트 3세 후 알비파는 가장 심한 박해를 받았으며 스페인, 이탈리아, 독일, 네덜란드에서도 많은 사람들이 희생되었다. 그 후 이 재판소의 주요임무는 종교개혁분쇄도구로 이용되어 1540~70년 30년 동안 교황이 발도파(Waldenses)를 전멸코자 싸울 때 90만 명의 개신교도들을 사형(고문, 화형)시켜 인류 역사상 가장 악랄하고 악마적 행위를 저질렀다. 이것은 교황들이 권력을 유지하기 위해 고안해 500년 동안 사용해온 것이다.

1216년에서 1254년까지 호노리우스 3세, 그레고리 9세, 그리고 인노센트 4세가 교황으로 있었다. 이 세 교황은 독일황제 프레드릭 2세와 전쟁을 벌였고, 그로 인해 교황권은 더욱 강해졌다. 인노센트 4세는 이단혐의자가 고백할 수 있도록 고문을 허락했다.

교황 보니파스 8세(1294~1303)에 이르러 교황권은 쇠퇴하기 시작했다. 그는 우남 상탐(Unam Sanctam) 교서에서 "모든 피조물은 구원을 받기 위해 로마교황에게 복종할 필요가 있다"라고 선언했다. 그는 몹시 타락한 교황으로, 당시 로마를 방문한 단테는 바티칸을 부패의 소굴이라 부르고, 그를 니콜라 3세, 클레멘트 5세와 함께 지옥의 맨 아래에 두었다. 프랑스 왕 필립과 싸워 패함으로써 200여 년간 독일황제와 싸워 이겨 절정에 이른 교황권이 쇠퇴하기 시작했다.

프랑스 왕 필립은 유럽의 지도적 군주가 되었고, 근대 프랑스 역사가 시작되는 계기가 되었다. 프랑스 국민은 전 세기에 교황의 알비파 학살 문제를 놓고 민족주의와 독립정신이 팽배했고, 왕은 교황권에 도전했다. 그 도전은 프랑스 성직자 세금 문제를 놓고 보니파

---

2) 가톨릭은 성결주의를 내세운 카타리파나 세례를 경시하고 예전을 무시한 알비파를 이단으로 몰아 멸절시켰다. 이들은 그래도 잘 믿어보겠다는 파들이었다.

스 8세와 시작했다. 교황 베네딕트 11세(1303~1304)가 죽자 교황청은 로마에서 프랑스 남쪽 아비뇽(Avignon)으로 옮겨져 70년간(1305~1377) 교황제도는 프랑스 도구가 되었다. 아비뇽 교황청의 교황으로는 클레멘트 5세로부터 그레고리 11세까지 7 교황이 있었다. 아비뇽 교황들은 무거운 세금부과와 성직매매로 축재하고 사치했다. 페트라크(Petrarch)는 성적으로 문제가 있는 교황청을 비난했다. 어떤 교구에서는 자기 가족을 보호하기 위해 신부에게 축첩을 강요하기도 했다.

1377년에서 1417년까지 40년 동안 로마와 아비뇽에 두 교황이 있어 서로 자기가 그리스도의 대행자라 주장하고, 상대방을 저주하고 파문했다. 1417년 교황 마틴 5세가 교황의 분열을 막았으나 추문은 교황의 권위를 크게 상실했다. 교황들의 성적 타락, 성직매매는 물론 내세를 공공연히 부인하는 교황(요한 23세, 1410~1415), 돈으로 영혼을 연옥에서 구할 수 있다고 선언한 교황(식스터스 4세, 1471~1484) 등 문예부흥 시대의 교황들은 문제가 많았다. 그 가운데서 깨끗하게 생활한 교황 칼릭스터스(1455~1458)도 있었다. 1453년 콘스탄티노플이 터키군대에 멸망됨으로써 동로마 제국은 끝이 났다.


## 5. 스콜라 철학

스콜라 철학은 중세신학의 중심이다. 스콜라(scholar)는 학교(school)라는 뜻을 가지고 있다. 이것은 샤를마뉴 대제의 궁정학교를 스콜라라 부른 데서 유래되었다. 그 후 기독교신앙과 신학을 학교와 강단에서 변증학적 방법을 적용해 해석하려는 경향을 가리켜 스콜라주의라 했다.

스콜라 철학은 크게 3시대로 구분된다. 제1기는 발생기로 9~12세기에 해당한다. 이 시기에는 교양과 지성의 조화, 즉 종교와 철학의 유기적 조화를 강조했다. 교의와 이성을 조정하고, 고대헬라철학을 기독교에 혼합시켰다. 이때는 범신론적 경향이 있었다. 스코투스 에리게나(Scotus Erigena)는 철학과 신학은 목적은 같으나 형식만 다른 것이라고 생각했고, 범신론적 입장으로 선회했다. 안셀무스(Anselmus)는 실재론적 입장에서 신앙과 이성의 조화를 내세웠고, 속죄론을 통해 하나님의 영광과 연결시켰다. 아벨라드(Abelard)는 비평적 사상가로 진보적 성격이 강했다. 성령은 신앙, 소망, 사랑, 성례에만 관계된다 하였다. 죄는 개인의 자유로운 의지에 기인하므로 원죄는 엄밀한 의미에서 원죄가 아니라고 했다.

십자가를 도덕감화설로 설명했다. 감화시켜 회개할 마음을 일으킨다는 것이다.

제2기는 전성기로 13세기 때 일이다. 당시 볼로냐 대학, 솔본느 대학, 옥스퍼드 대학이 설립되었다. 할레스의 알렉산더(Alexander of Hales)는 온건한 실재론으로서 궁극적 진리는 성경뿐이라 주장했다. 보나벤투라(G. Bonaventura)는 이성의 빛으로 창조를 설명했으며, 명상을 강조했다.

토마스 아퀴나스(T. Aquinas)는 스콜라 학파의 왕자로 『신학대전(Summa Theologia)』을 내놓았다. 그는 아리스토텔레스와 신플라톤철학, 그리고 가톨릭 교회의 교리를 통일하고 종합하였다. 인간회복은 신의 은혜로 가능하며 그 은혜는 성례전을 통해서 온다고 주장했다. 화체설을 인정했고, 교황무오설을 주장했다.

**아우구스투스와 아퀴나스의 차이**

| 구분 | 아우구스투스 | 아퀴나스 |
| --- | --- | --- |
| 신 | 인격적 체험의 대상 | 계시로만 알 수 있다 |
| 타락 | 인간의 완전타락, 선행 불가능 | 완전타락 거부, 선행 가능 |
| 그리스도 구속 | 구속사역 확신 | 그리스도 없이도 속죄 가능 |

둔스 스코투스(J. Duns Scotus)는 신의 본질을 절대 최고의지로 보았다. 신과 인간은 다 자유로운 의지를 소유하고 있다. 구원의 요건으로 회개의 필요성을 과소평가했다. 신이 보시기에 기뻐하실 행위로 공적을 쌓을 수 있다. 철학으로 설명되지 않는 신학문제는 교회의 권위에 따라 진리로 인정한다. 마리아는 원죄와 관계가 없다. 윌리엄 오캄(W. Occam)은 철학을 신학에서 분리시켰다. 교권과 정권도 분립시켰다. 오직 성경이 신자들을 속박해야 한다고 보았다.

제3기는 14세기와 15세기에 해당하며 스콜라 철학의 쇠퇴기이다. 신비주의 또는 아우구스투스로 돌아갔다.


# 6. 신비주의 운동

신비주의는 스콜라 철학과 함께 중세기 사상의 양대 조류이다. 스콜라 철학 제1기와 때를 같이 해 일어났다. 두 사상은 근본에 있어 서로 반대되는 것은 아니었다. 스콜라 철학이 뿌리는 신비사상에 의해 길러진 것이다. 스콜라 철학이 추리와 객관적 요소에 근거한다면 신비주의는 직관, 곧 체험과 독단적 느낌과 주관적 요소에 바탕을 두고 있다. 이 주관적 요소 때문에 인본주의와 범신론에 기울게 되었다.

신비주의는 크게 독일신비주의와 프랑스 신비주의로 나뉜다. 독일신비주의는 철학적이다. 하나님과 완전한 교통, 곧 신통(神通)주의를 내세운다. 하나님의 절대성과 함께 인간의 공허성, 허약성, 유한성을 강조한다. 영감으로 오는 체험을 성경보다 중시했다. 범신론으로 기울었다. 에크하르트(Eckhart)는 범신론을, 타울러(J. Thauler)는 내적 생명력을, 루이스브뢰크(J. Ruysbroeck)는 내면생활과 명상을, 수소(H. Suso)는 지혜 동경을, 벡하드스(Beghards) 단체는 자선을, 베구이니(Beguini) 단체는 공동생활을, 신우단(Gottesfreude)은 상부상조를, 공동운명형제단의 토마스 아 켐피스(T. a Kempis)는 그리스도를 본받는 건전한 신비주의를, 그 형제단의 베셀(J. Wessel)은 믿음을 통한 구원교리를 내세웠다.

이에 반해 프랑스 신비주의는 감정적이고 시적이다. 버나드는 십자가의 고통에 동참하는 건전한 신앙적 신비주의로 나갔으며 가톨릭을 개혁하기 위해 노력했다. 그리스도에게 초점을 둔 신비적 사랑을 내세웠다. 이교도 전도에 힘쓴 시토(Citeaux, Cistercian) 교단이 버나드 정신을 계승했다.


## 7. 탁발교단 운동

탁발교단(Mendicant Orders) 운동은 청빈 생활을 서약하고 구걸로 생계를 이어가는 수도원 운동을 말한다. 걸식생활을 하는 걸식수사들이 있었다. 가난을 맹세하고 걸식수도를 하는 탁발수도자(frater)라는 말에서 탁발이 유래했다. 파초미우스(Pachomius)의 헤르미트(Hermit) 수도원이 최초이다. 그다음 베네딕투스(Benedictus) 수도원, 클레르보 수도원, 프란체스코(Francesco) 수도원, 도미니쿠스(Dominicus) 수도원 등이 있다.

탁발교단이 생기게 된 것은 교회의 무사안일주의와 수도사들의 현실도피주의가 작용했다. 교회가 예배의식만 중히 여기고 설교를 가볍게 여겼으며, 재산이 축적되자 안일에 빠진 것이다. 수도사들은 금욕, 고행, 청빈 등 신앙적 경건만을 고집하는 타계주의에 빠져 백성 편에서의 전도와 구제 사업을 등한시했다.

도미니쿠스 교단은 대학에서 많은 학자를 배출했고, 대학 학문에 크게 영향을 주었다. 동양 언어를 연구해 전도자를 파송하고 선교 사업을 했다. 시토 교단은 베네딕투스 규칙을 지키기 위해 시토에 수도원을 설립했다. 갈멜산 교단(Order of Carmelitis)은 십자군 시대 이탈리아 잔류병들이 갈멜산에 세운 교단이다. 아우구스티누스 교단은 이탈리아의 몇 개 은둔자 단체를 병합한 것이다. 프란체스코 교단은 사랑과 절대 청빈으로 그리스도를 닮으며, 수도원에서 학문을 가르치면서 대학에 영향을 주는 데 힘썼다.

## 8. 중세교회의 예배 형태와 선교활동

중세교회에서 지금까지 이어지는 가톨릭의 주요 예배 형태가 마련되었다. 1439년 플로렌스 대회의에서 7성례를 공인했다. 7성례는 세례, 견신(confirmation), 성찬, 고해(penance), 혼배, 종부(도유식, extreme unction), 서품(ordination)을 말한다. 성자를 숭배했다. 성자에 대해서는 숭배(dulia), 하나님에게는 예배(latria), 성모에게는 최고숭배(hyperdulia)를 한다. 면벌부(속죄부 또는 면죄부)를 인정했다. 면벌부는 선행을 통한 죄의 용서 사상에서 나온 것으로, 후에 죄의 사면은 통회자백보다 헌금 또는 선행으로 얻는 것으로 믿게 되었다. 공덕축적설은 성인들의 공덕이 쌓여 교회에 보존되므로 교황이 이를 나누어줄 권능을 가지고 있어 죄를 사할 수 있다는 것이다. 아퀴나스 신학에 바탕을 두고 있다. 또한 이 세상 사람을 위해, 그리고 연옥에서 고생하는 사람을 위해 미사를 드린다.

이런 가운데서도 선교활동은 계속되었다. 그 가운데 레이몬드 룰리(Raymond-Lully)는 스페인 귀족으로 프란체스코파의 설교자에 감화되어 모하메드교도, 유대인 교화에 전력했다. 특히 아프리카 지역선교에 앞장섰다.

콜비노(John de Monte Corbino)는 프란체스코 교단 소속으로 원나라 때 북경에서 전도했다. 쿠빌라이 황제가 환대해 교회 세우고 6천 명에게 세례를 주도록 선처했다. 신약성경과 시편을 중국어로 번역했으며, 80세까지 전도했다.

제4부

# 종교개혁의 이해

# 제4부 종교개혁의 이해

## 1. 교황의 부패와 면벌부

    루터 당시 교황들의 문제점이 컸다. 교황 율리우스 2세(1503~1513)는 교회재산으로 교황권을 산 인물이었다. 추기경 당시 독신생활을 조롱하고, 개인 군대를 거느리며 성읍과 제후 영토를 빼앗아 군인교황이라 불렀다. 면벌부도 발행했다. 루터가 로마를 방문하고 놀랐다. 교황 레오 10세(1513~1521)는 루터 종교개혁 당시 교황이었다. 8세 때 대주교, 13세에 추기경이었고, 13세 이전에 27개의 교회직분을 가졌다. 교회직분을 돈이 들어오는 근원으로 생각했고, 교황 자리를 흥정했다. 직분을 팔고 새 직분을 만들었다. 7살 추기경도 임명했다. 세상 권력을 잡으려 왕과 제후들과 타협했고, 궁전과 종들로 가득해 유흥 방탕했다. 그러면서도 주색에 빠진 사람이나 모든 사람은 구원을 받기 위해 교황에게 복종해야 한다는 우남 상크탐을 다시 선언했고, 면벌부를 발행했으며, 이단자 화형을 하나님의 약속이라 선언했다.

    면벌부를 촬행한 것이 도화선이 되었다. 여기에는 교황청의 재정악화가 작용했다. 15세기부터 영국이나 프랑스, 스페인 등의 국가주의가 대두되었고 이로 인해 교황청의 재정이 어려워지기 시작했다. 유럽 여러 국가는 자국 이익에 눈을 뜨기 시작했고, 민족국가로서의 발판을 다지면서 경제권, 재판권, 왕권의 독립을 촉발시켰다. 이로 인해 교황청의 수입금은 줄어들 수밖에 없었다. 영국의 윌리엄 1세는 반 로마적 종교운동에 선봉을 섰다. 결국 영국교회의 독립을 인정받았다. 프랑스 왕 필립 4세는 교황청에 대한 상납을 엄금하고, 교황청을 아비뇽으로 끌어들여 왕권 지배 아래 두었다. 국왕 권력이 교황으로부터 독립하게 된 것이다. 스페인의 경우 성직자는 국왕이 추천한 인물로만 한다는 협약을 맺음으로써 국가주의적 왕권승리의 표상이 되었다. 교황청의 유일한 재정적 젖줄은 독일이었다. 교황청에 거액 상납으로 출혈 이상의 상태였다. 막시밀리안 1세 때는 독일 황실의 연수보다 10배 되는 금품이 로마로 상납되었다. 이것은 당시 독일이 약체국가로 단결하지 못한 탓이었다. 독일은 면벌부 판매의 유일한 시장으로 착취를 당했다. 교황청의 착취는 독일민족의 감정을 자극했고, 결국 개혁정신을 불타게 되었다.

면벌부는 속죄표(indulgence)라 하기도 한다. 이것은 공적설과 분배설에 근거한 것으로, 예수와 성자들이 축적한 공덕을 분양받음으로 신앙이 부족한 성도들의 죄를 용서받도록 혜택을 주어 금생과 내세에 받을 형벌을 면제해준다는 것이다. 공중회개형식(통회)이 은밀한 개인고백성사(고백)로 대치되고, 이것이 배상형식으로 바뀌면서 면벌부로 나타난 것이다. 11세기 남부 프랑스에서 면벌부가 나타나기 시작했고, 1040년 교황 베네딕투스 9세가 정식 허가했다. 15세기에는 베드로 대성당 공사비가 부족하자 이를 보충하기 위해 면벌부 판매를 강행했다. 이것이 종교개혁의 불씨가 되었다. 신학자 중 마그누스(A. Magnus), 아퀴나스 등이 공적설에 입각해 면벌부 제도를 지지했다.

당시 로마교회의 경제 윤리관은 모순이 있었다. 중세기 말 교회는 상업활동을 무시했다. 자급자족의 봉쇄적 자연경제만 주장했다. 또한 고정된 계층신분사회를 고수했다. 신분고정사회인 것이다. 상업 활동을 비난하고, 상업을 죄악시했다. 상업은 탐욕이며 상업이득을 부당한 것으로 간주했다. 아퀴나스는 이자를 불로소득으로 보았고, 하나님께 속하는 시간을 방매하는 행위로 간주했다. 상업을 이토록 금지하면서 상납확장정책을 사용하는 것은 모순이자 정책 착오이기도 하다. 이에 반해 칼뱅은 시민들의 자본금 사장을 교정하고, 이를 무역업자에게 주어 이익을 내도록 하고, 그 이익을 분배하도록 함으로써 자본주의 발달에 기여했다. 루터도 직업에 대한 소명의식을 강조함으로써 직업을 통해서도 신앙적 수행을 하도록 했다.


## 2. 루터와 종교개혁

국가정치 형태나 교회정치의 변혁을 간절히 희망하던 때 루터(Martin Luther)에 의해 종교개혁이 점화되었다. 때를 잘 만난 것이다. 종교개혁은 결코 갑자기 된 것이 아니다. 오래 축적된 종교적 불안과 불만이 폭발한 것이다. 특히 독일의 경우 종교적으로나 경제적으로 위기였다. 교황청의 낭비와 면죄부 판매, 상업도시의 침체, 농민불안이 가중되는 상태에서 인문사상이 퍼져 종교에 대한 이성의 새로운 각성이 일게 되었다. 인문주의 팽배로 비판정신이 고조된 것이다. 게다가 군주들도 교황의 절대지배와 간섭으로부터 벗어나고자 했다. 위클리프(J. Wycliffe)나 후스(J. Hus)의 개혁운동도 영향을 주었다.

종교개혁 전 루터는 공동생활형제단에서 경건교육을 받았다. 낙뢰사건 이후 아우구스투스파 수도원으로 들어갔다. 그러나 고행으로 구원에 대한 확신이나 마음의 평안을 얻을 수 없었다. 가톨릭이 행위를 강조하는 데 염증을 느껴 야고보서를 싫어할 정도였다.

교황 레오 10세가 면벌부를 발매했다. 웅변가 텟젤(Tetzel)은 기복신앙을 강조했다. 루터는 비텐베르크 교회에서 텟젤의 입성을 금지했다. 그리고 면벌부 판매 반대 설교를 했다. 급기야 1517년 10월 31일, 그는 비텐베르크 교회 게시판에 라틴어로 된 95개 항의문을 게시했다. 이것에는 면벌부 반대, 연옥 반대, 교황 지상권 반대의 내용이 담겨 있었다. 비텐베르크 교회는 루터를 후원한 선제 후 프레데릭(Frederick) 공의 영지로, 다른 지역이었다면 힘들었을 것이다. 1518년 11월 교황은 루터를 파문했다.


### 면벌부

가톨릭에서는 고해성사에서 죄를 참회하면 사제의 기도를 통해 그 죄를 용서받는다. 하지만 죄의 벌은 남게 되므로 그것을 기도나 선행으로 갚도록 한다. 중세 말 성당을 짓고 선교를 하는 데 자금이 필요해지자 헌금과 함께 면벌부(免罰符, indulgence)를 발행했다. 이것은 우리에게 잘 알려진 면죄부로, 고해성사 이후에도 남아 있는 벌의 일부 혹은 전체를 사면해 주었음을 증명하는 문서다. 면죄부보다 면벌부로 부르게 한 것은 본래 이것이 가지고 있는 뜻과 내용을 가장 적합하게 나타내고 있기 때문이다.

루터는 성 베드로 대성당 건립을 위한 면벌부 발행에 반대했다. 그는 그 폐단을 지적하는 '95개 조 반박문'을 내걸고 공개토론을 주장했다. 이것이 종교개혁의 실마리가 되었다. 트리엔트(Trient) 공의회에서 면벌부의 남용이 규제되면서 면벌부는 점차 사라지기 시작했다.

교회 운영에 돈이 필요한 것은 사실이다. 그러나 그것이 한도를 벗어나면 문제가 된다. 그런데 중세교회는 생각보다 경제 사정이 좋지 못했다. 1330년부터 200년간 대불황이 발생했다. 이른바 르네상스 장기불황이다. 금융위기, 생산능력 감소, 부동산가격 하락 등이 이어졌다. 불황 때 지금 우리가 겪는 일들을 그들이 먼저, 오랜 기간 겪었다. 게다가 이 기간에 페스트마저 확산되었다. 미래와 사후세계에 대한 두려움이 커진 교인들은 교회에 재산을 기부하기 시작했다. 고가의 미술품도 주요 기증 품목이었다. 교회가 미술품을 많이 갖게 된 것도 다 이유가 있다.

넘쳐나는 미술품을 종합적으로 관리하기 위해서라도 베드로 성당을 크게 지을 필요가 있었다. 지속적인 재산 기부로 완공에도 자신이 있었다. 그러나 불황이 장기화되면서 계획은 비틀어지기 시작했다. 재정난이 심해지자 대안으로 면벌부가 등장했다.

사제들은 이곳저곳을 방문하며 면벌부를 팔았다. 그 가운데 면벌부를 많이 판 사제에 관한 이런 일화가 있다. 그는 면벌부를 하나라도 더 팔 욕심으로 하나 더 사면 앞으로 지은 모든 벌까지 사면한다고 했다. 그런데 그 사제가 돌아가는 길에 강도를 만나 돈을 다 빼앗기고 말았다. 사제는 강도를 향해 소리쳤다.

"지옥의 맨바닥에 떨어지기를!"

그러자 강도는 면벌부를 흔들어 보이며 말했다.

"앞으로 지은 모든 벌을 사면한다 하지 않았는가!"

교회가 재물에 잘못 빠지면 이런 꼴도 당한다.

루터는 저서를 통해 자신의 신앙을 드러냈다.『독일민족의 기독교귀족에게』에서 루터는 교황의 3중 보루, 곧 교황의 속권 지배, 교황만 성경을 바로 해석한다는 주장, 그리고 교황만 공회를 소집할 수 있다는 것을 파기하도록 주장했다.『교회의 바벨론 유수』에서는 화체설을 부정하고 임재설을 주장했다. 그리고『그리스도인의 자』에서 신자는 믿음으로 구원을 얻을 수 있으며 율법 아래 있지 않고 그리스도와 새로운 관계를 가진 자유로운 사람으로서 봉사하고 덕을 쌓을 것을 주장했다.

### 루터의 기도 "내가 성경을 읽습니다"

"기도의 법은 신앙의 법이다(lex orandi, lex credendi)." 신앙의 선배들은 믿음은 기도와 서로 통한다고 보았다. 입술의 고백과 믿음의 행위가 함께 세워질 때 더 의미 있다고 본 것이다.

이 원칙은 루터에게서도 나타난다. 그는 성경을 보기 전 먼저 기도했다. 성경을 보고 난 후 그 말씀에 의지해 기도했다. 말씀이 기도의 원천이 된 것이다. 그리고 그 말씀대로 살도록 간구했다.

루터의 기도문 가운데 "내가 성경을 읽습니다"라는 것이 있다. 그는 먼저 주를 찾는다. 그리고 말씀을 제대로 읽고 이해하게 하시며, 그 말씀을 행하도록 간구한다. 그리고 오직 주님의 영광을 돌리게 해달라고 한다. 그렇지 못할 경우라면 단 한 자도 이해하지 못하게 해달라고 한다. 기도의 초점, 신앙의 초점이 얼마나 하나님께 맞춰있는가를 보여준다.

다음은 그의 기도문이다.

사랑하는 주 하나님,
주의 은총을 선사하시어서
내가 주의 말씀을 제대로 이해하게 하시고
나아가 그 말씀을 또한 행하게 하여 주소서.

그러나

주 예수 그리스도시여, 보시옵소서.
나의 탐구가 단지 주님께 영광을 돌리지 못한다면
차라리 한 자도 이해하지 못하게 하소서.

단지 내게 유익할 정도만 선사하셔서
주님께 영광을 돌리게 하소서

흔히 우리는 어떻게 기도를 잘할 수 있을까 고민한다. 기도는 잘하는 것에 목적이 있지 않다. 투박해도 진실하고, 어눌해도 하나님께 바로 가려는 마음이 중요하다. 그러기 위해서는 루터가 "내가 성경을 읽습니다"라고 한 것처럼 주님의 말씀에 더 가까이 가야 한다. "주님, 말씀하옵소서. 내가 듣겠나이다." 주님의 말씀 앞에 엎드릴 때 기도의 문이 열린다.

보름스(Worms) 국회에서 교황청은 루터를 처형할 것을 주장했고, 루터는 교황의 오류가 불변함을 말했다. 루터는 법외한, 곧 법 보호 밖에 있는 사람이 되었다. 프레데릭 공은 루터를 보호했다. 루터는 융커 게오르게(Junker George)라는 이름으로 바르트부르그(Wartburg)에 은거했다. 그는 그곳에서 독일어 성경을 번역했고, 그 밖에 12권의 책을 썼다. 칼스타트(Carlstadt)와 츠빌링(Zwilling) 등이 교직복 착용 금지, 성상 숭배 금지, 탁발 금지 등 과격한 개혁을 추진했다. 루터는 가톨릭주의와 과격주의를 반대하며 비텐베르크로 돌아왔다. 누렘부르그(Nuremburg) 국회가 열리자 교황은 루터 처형을 요구했다. 하지만 국회는 거부했다.

루터의 종교개혁이 쉬운 것은 아니었다. 에라스무스를 중심으로 한 인문주의파는 이신득의를 반대했고, 그 대신 교육과 자유의지, 그리고 도덕개혁을 추구했다. 이와는 달리 칼스타트파는 루터의 개혁이 너무 온건하다며 루터를 공격했다. 무엔저(Muenzer)는 직접 계시를 주장하며 성경 글자를 신봉하는 가톨릭과 루터파를 공격했다. 농민전쟁으로 인해 분리를 경험해야 했다. 칼스타트와 무엔저의 선동에 힘입어 농민들은 종교적 계급타파와 사회적 평등을 주장했다. 상공계급과 진보파가 가담해 12개 선언문을 채택했다. 그 속에는 농노폐지, 공민권, 목사선임권이 들어 있었다. 루터도 이를 이해했으나 "살인과 약탈의 농민무리에 대하여"라는 글에서 '무력에는 무력으로'를 주장했다. 무력 진압을 지지한 이 글은 위정자의 교회, 귀족 편을 드는 교회로 오인받게 만들었다. 농민 편에 서지 못한 것이다. 남부 독일 농민들은 재세례파로 많이 갔다. 그를 지지했던 귀족마저 외면해 가톨릭으로 돌아섰다. 게다가 루터의 결혼이 도마에 올랐다. 그는 수녀였던 카타리나 폰 보라(Katherina Von Bora)와 결혼했다. 가톨릭은 그가 결혼하고 싶어 종교개혁을 한 색마라 주장했고, 에라스무스는 비극 같은 종교개혁이 희극으로 마쳤다고 비판했다.

루터의 종교적 신념은 가톨릭과는 달랐다. 누구나 예수를 믿고 주라 시인함으로 구원을 얻는 이신득의 신앙이다(롬 1:17). 신자는 다 제사장으로 누구나 하나님께 나아갈 수 있다. 이른바 만인제사장설이다. 신행의 유일한 표준적 권위를 가진 성경이다. 그는 성경의 지상권을 주장하고 그리스도인이라면 누구나 성경을 해석할 권리가 있다고 주장했다. 그는 66권의 성경만 정경임을 주장했다. 성령의 임재와 역사, 그리스도인이면 누구나 성령의 감화와 도우심으로 성경의 이해가 가능하다. 하나님은 사랑이시며, 죄인에 대한 하나님의 구속적 사랑으로 이루어지는 것임을 확신하였다. 오직 믿음(sola fide), 오직 그리스도(sola Christus), 오직 은혜(sola gratia)이다. 성만찬의 경우 그는 "이것은 내 몸이니"라는 말씀에 따라 공재설을 주장했다. 루터파가 우세한 지역은 독일의 동북구였다.


## 3. 스페이어 국회에서 아우크스부르크 회의까지

스페이어(Speyer)에서 국회가 열렸다. 1526년의 1차 회의에서 신앙의 자유권을 결의했고, 루터파 교회는 예배를 변경했다. 1529년의 2차 회의에선 가톨릭이 우세해 1차 회의 결의를 취소하고 어떤 지방에서도 변경이 불가하다고 결정했다. 개혁파에서 같은 해 4월 19일에 반항 항의문을 제출했다. 이때부터 신교파를 '반항파'라는 뜻에서 프로테스탄트(Protestant)라 불렀다. 이것은 동부 4주가 항의서를 제출한 것이었다. 이때 터키군 수만이 다뉴브에서 침략을 엿보므로 찰스 5세는 이를 공동으로 대항하기 위해 개신교 4개 주와 화해함으로써 개신교 잔명의 기회를 얻었다.

개혁자들의 협동과 일치가 요구되자 루터와 츠빙글리가 1529년 10월에 회담을 했다. 이른바 말부르크(Marburg) 회담이다. 여기서 15조 중 14조에 일치를 보았다. 모든 면에서 일치를 보았지만 성만찬 문제에서 의견이 달랐다. 루터는 임재설을, 츠빙글리는 기념설을 내세웠다.[1] 이것이 말부르크 신조이다. 이것은 후에 쉬바바크(Schwabach) 국회에서 쉬바바크 신조로 채택되었다.

1530년 황제는 아우크스부르크에서 국회를 소집하고 신구교 간 조정을 하며 종교적 통

---

1) 루터는 신비주의 영향을 받았고, 정치적으로 구교의식을 철저히 버리지 못했다. 츠빙글리는 신비주의적이 아니다. 보다 근본적 개혁을 주장했다.

일을 모색했다. 쉬바바크 신조에 바탕을 둔 신앙고백문을 제출했다. 이것은 아우크스부르크 신앙고백둔으로 채택되었다. 내용은 개신교적이다.

생명과 재산의 위험에 직면한 개혁주의 공후들과 도시대표자들이 성탄절을 이용해 쉬말갈덴(Schmalkelden)의 수도에 모여 공수동맹을 맺고, 가톨릭의 무력에 반항했다. 터키의 슈레이만(Suleiman)이 30만 대군을 이끌고 서침을 했다. 황제는 신교도와 누렘부르그에서 화약을 맺고, 터키군을 격퇴시켰다. 이것이 누렘부르그 화약이다. 만약 터키 침략이 없었다면 개신교드가 말살될 위기에 있었다.

독일 내 신교파는 부처(M. Butzer)의 지도 아래 1536년 비텐베르크(Wittenberg) 협약을 맺었다. 이를 통해 개신교 세력이 커지고, 신교 귀의자들이 많아졌다. 가톨릭도 예수종회를 조직했고, 트렌트 회의에서 강경 보수방침을 굳혔다. 루터가 63세 되던 1548년 2월 18일 농민반란 상처를 마무리 지으러 아이스레벤(Eisleben)을 방문하던 중 심장병으로 별세했다. 그는 성경번역 외에 대소문답서, 찬송가 37편, 3대 논문을 남겼다. 1555년 9월 아우크스부르크 평화회의가 소집되었다. 신교와 구교 모두 평화적 종교화약을 맺었다. 이로써 독일 내 루터교 완전 건설, 곧 전 민족 루터화는 좌초되고, 신교와 구교는 영원히 갈라지게 되었다.


## 4. 츠빙글리와 종교개혁

종교개혁 당시 스위스는 인문주의 영향이 강했다. 신성로마제국 일부로 13개 주가 자치독립국이 되었다. 16세기 초 스위스는 비교적 자유스러운 국가였다. 츠빙글리(Zwingli)가 독일어를 사용하는 지역, 특히 취리히를 중심으로 개혁운동을 전개했다. 그리고 칼뱅이 프랑스어를 사용하는 지역, 특히 제네바를 중심으로 개혁운동을 전개했다. 츠빙글리는 남부 독일에도 영향을 주었고, 칼뱅파와 연합하였다.

츠빙글리는 루터보다 몇 주 늦은 1484년 1월 1일 스위스 농민의 가정에서 태어나 신부가 되었다. 에라스무스와도 교제했다. 속죄권, 마리아 화상, 형식적 미사, 교회 악폐를 공격했다. 그는 지적 판단으로 도덕적 접근양식을 택했다. 성경만이 권위가 있으며, 구속의 의를 지지했다. 1523년 시의회에서 공중변론회가 열렸다. 그는 이곳에서 67개 조 안건을 제시하여 대승을 거두었다. 그 안건에는 구원은 믿음으로만 얻으며, 교직자는 결혼할 것 등이 있다. 부처(M. Butzer)의 도움을 받은 그는 가톨릭의 냄새조차 없앨 만큼 근본적인 개혁을 단행했다. 그는 모든 의식을 단순화했다. 이것은 칼뱅을 위한 길을 개척하고 준비해 준 격이었다. 또한 그는 교회의 주권은 대회에 있도록 교회정치를 개혁했다. 이에 반해 루터는 독일제후 보호 아래 두었다. 츠빙글리의 개혁 진행은 그의 인격과 정치가적 기량이 발휘된 것이자 스위스 정치가 민주적인 것에 힘입었다.

1529년 그는 반개혁적 산간 5구역(가톨릭 구역)에 진군하여 카펠(Kappel) 조약을 맺었다. 그러나 1531년 가톨릭파가 반란을 일으켜 취리히로 진군했다. 츠빙글리는 이때 전사했다.

츠빙글리의 신학은 하나님 중심이었다. 그는 성경에 나타난 하나님의 절대주권적 의지와 일치할 것, 그리고 성경의 권위를 강조했다. 하나님의 뜻에 바탕을 둔 사상을 폈다. 하나님의 뜻은 그리스도를 통해 나타나며, 그 밖에도 여러 방법으로 계시된다. 구원은 오직 믿음에서 얻어지며, 신앙은 자신을 전적으로 떨쳐 버리고 오직 그리스도를 완전히 신뢰할 때 얻어진다. 성만찬의 경우 "이것을 행하여 나를 기념하라"는 말씀에 따라 기념설을 주장했다. 세례는 언약의 표시일 뿐 속죄나 대속을 포함하는 것이 아니라 했다.


## 5. 칼뱅과 종교개혁

칼뱅은 프랑스인으로 스위스에서 활동했다. 제네바는 그의 활동 중심지였다. 법학과 신학을 전공했고, 세네카의 관용론을 주해했다. 칼뱅은 볼마르(Volmar)에게서 개혁사상을 고취시켰다. 그의 변화는 갑작스러운 듯 보인다. 하지만 샤프(P. Schaff)는 "그는 로마교회에서 개신교로, 교황주의적 미신에서 복음주의적 신앙으로, 스콜라주의적 전통주의에서 성경적 단순성으로 돌아왔다"고 했다.

1533년 콥(Cop) 파리대학장 취임 연설문을 칼뱅이 작성했다. 매우 복음적이었다. 그는 하나님의 뜻에 복종하는 것을 그의 임무로 삼고 개혁의 불가피성을 주장했다. 그러나 이 연설문이 파문을 일으키자 바젤로 피신했다. 그는 『기독교강요』를 내놓았고, 1559년에 보완하여 출판했다. 파렐(Farrel)이 제네바 개혁에 협력을 요청하자 제네바로 왔다. 당시 제네바는 도덕적으로 타락했었다. 성찬만 참예하면 죄가 사해지는 것으로 생각했다. 칼뱅은 회개

없이 성찬 없다며 성찬식을 거부했다. 격분한 시의회가 그를 추방했다. 스트라스부르로 간 그는 그곳에서 로마서주석과 성찬에 관한 논문을 써 자신의 개혁주의를 변호했다.

제네바 시민의 요청으로 다시 제네바로 돌아왔다. 시민들은 칼뱅의 정책에 따를 것을 약속했다. 그는 23년간 봉사했다. 제네바는 개신교의 로마시가 되었고, 신정의 모범공동체를 건설했다. 규율을 세우고 시민의 도덕을 관리했다. 음주, 무도, 사치, 저속한 노래를 금했다.

칼뱅의 사상은 무엇보다 하나님 중심이었다. 만물은 주에게서 나오고 주에게 돌아간다. 인간은 하나님의 섭리를 배우고 그의 명령에 순종해야 한다. 그분은 우리의 통치자이다. 그의 사상은 또한 하나님 절대주권사상이다. 그분은 우리의 통치자만 아니라 진리, 도덕, 과학, 예술 등 모든 면에서 하나님의 주권이 지배한다. 인간은 그의 형상으로서 하나님과의 언약관계에 있다. 그리고 그의 사상적 특생은 예정론이다. 하나님의 예정은 선택과 유기를 포함한다. 선택은 하나님의 은혜에 따라 구원을 받는 것이며 유기는 그 자신들의 죄로 영벌을 받는 것이다.

시의회가 삼위일체를 반대하는 세르베투스(Servetus)를 화형에 처했다. 그는 의사이면서도 급진사상가였다. 그에 대한 화형을 칼뱅에게 돌리지만 사실 시의회의 결정을 칼뱅에게 돌릴 순 없다. 당시엔 교회법도 있었고, 평의회의 결정도 강했으며, 국가와 교회의 관계도 분리되어 있었다. 칼뱅을 반대하는 인물로 세르베투스 외에도 신학자 카스텔리오(Castellio)와 의사 볼섹(Bolsec) 등 정치적으로 자유파에 속한 사람들이 있었다. 카스텔리오는 교리를 반대하고, 아가서를 연애서로 보았다. 볼섹은 칼뱅의 예정론을 거부했다. 보두앵(Baudoin)이나 볼섹은 칼뱅을 가리켜 비겁자, 사람의 심정이 없는 사람, 전제주의자, 망상가, 금전욕이 강한 사람, 탐식가 등으로 비난했다. 이런 야비한 비난은 증오하는 마음에서 나온 것으로, 칼뱅이 얼마나 표적이 되었는가를 보여준다.

1540년 과부인 뷰레(Bure)와 결혼하여 9년간 생활했다. 가톨릭은 이를 두고 종교개혁을 하는 것은 결혼하고 싶어 하는 교직자들이 꾸민 연극이라고 공격했다. 칼뱅은 창조의 원리에서 결혼의 합법성을 주장했다. 그는 파렐의 우정 어린 소개도 있었지만 전 남편 소생 둘 이외에 아무 재산도 없는 과부와 결혼했다. 칼뱅은 부인과 애정 넘치는 결혼생활을 했으며, 부인은 가정 외의 일에서도 칼뱅을 도왔다. 그는 41세 때 아내를 잃었다. 하지만 아내가 죽은 뒤에도 두 아이를 잘 돌보며 살다 55세 때인 1564년 5월 27일에 소천했다.

칼뱅의 제자로 베자(Beza)와 낙스(J. Knox)가 있다. 베자는 학교 책임을 맡았다. 칼뱅은 청년기로부터 노년기까지 종교개혁자로 그때마다 우정을 그대로 유지했으며, 하나님의 뜻을 이 땅에 성취시키는 데 불러 쓰시는 동역자로 택해 주셨다는 신념을 가지고 함께 일했다. 그는 베자의 팔에 안겨, 파렐의 기도 중 조용히 눈을 감았다. 그는 유서에서 감당할 수 없는 가르침과 구원을 주신 하나님께 감사했다.

그는 『기독교강요』 외에 성경주해, 문답서, 설교문, 서한 등을 남겼다. 샤프는 칼뱅을 가리켜 주해자의 왕이라 했다. 과도한 연구로 소화기 만성질환으로 1일 1식의 고통, 편도선염, 담결석증, 수면부족 등 여러 질환을 겪었다. 프랑스의 유그노 파(Huguenots), 스코틀랜드의 개혁파(John Knox), 아일랜드, 영국의 청교도, 화란교회, 츠빙글리 영향을 받은 독일어 사용 스위스가 그의 영향을 받았다.


## 6. 영국과 스코틀랜드의 종교개혁

영국과 스코틀랜드의 종교개혁은 종교적 확신에서라기보다 정치적·경제적 요인들이 작용해 정치적 발전의 일부로 역할을 하게 되었다. 영국이 유럽의 종교개혁과 거의 무관하게 운동을 추진하여 신구교를 포괄해 국교로 삼은 반면, 스코틀랜드는 그 영향을 받아 교회 전체가 개혁되었다. 영국이 정치적 치리자를 중심으로 개혁을 시도해 가톨릭 교리를 그대로 유지하면서 부분적으로만 신교를 인정했던 반면, 스코틀랜드는 낙스라는 한 개혁자를 중심으로 교회 전체를 로마교회와 분리시켰다.

영국의 종교개혁은 헨리 8세의 국왕 수장령, 윌리엄 틴데일(W. Tyndale)의 영어성경번역, 에드워드 6세와 메리 여왕 그리고 엘리자베스 여왕의 치세를 통해 성숙했다. 헨리의 종교적 태도는 교황 대신에 자신이 교회의 수장이 된 것 이외에는 구교회 그대로였다. 엘리자베스 때는 신교 쪽으로 크게 기울었다. 이런 점은 로마교회의 지배권에 대한 정치적이고 신앙적인 반대운동이 있었고, 종교개혁 이전에 존 위클리프 같은 신학자, 토머스 모어나 에라스무스 같은 인문주의자들의 영향이 있었으며, 루터의 저서를 통해 개혁운동이 소개되었다.

스코틀랜드의 개혁운동은 종교개혁의 뿌리가 자체에 있었다기보다 영국과 유럽 대륙에서 공부한 사람들, 그리고 개혁자들의 저서를 통해 얻어졌다. 스코틀랜드는 개혁주의 순교자 조지 위시하트(George Wishart)가 화형을 당한 이후 낙스에 의해 운동이 전개되었다. 낙스는 앤드류스 성에서 활동했으며, 로마교회의 부패를 고발했다. 낙스는 잠시 제네바에 있었고, 다시 스코틀랜드로 돌아가 개혁에 힘썼다. 1560년 스코틀랜드 국회는 개신교를 국교로 정했으며, 같은 해에 칼뱅파의 신앙고백을 통과시켰다.

엘리자베스 여왕 때 청교도 운동의 전환점이 되었다. 자식이 없던 여왕이 자신의 조카이자 스코틀랜드 왕인 제임스 6세를 세워 영국을 통치하도록 한 것이다. 영국에서는 제임스 6세를 제임스 1세라 불렀다. 영국과 스코틀랜드가 합하여 유니언(Union)이 된 것이다. 이에 대해 찬반이 있었고, 민족주의자들인 스코틀랜드 사람들이 반대편에 섰다. 서약파(covenanter) 지지자들이었다. 스코틀랜드는 70% 이상 장로교인들로, 장로교회는 백성의 동의에 의해서 세워진 교회(established church)였다. 그러나 영국 청교도들은 제임스 왕이 스코틀랜드에서 오므로 좋아했다. 그러나 그것은 일방적인 짝사랑이었다. 제임스가 신앙에 기여한 것이 있다면 그것은 성경을 번역한 것뿐이다. 우리가 잘 아는 킹 제임스 역이 바로 그때 나온 것이다.

1603년 별궁인 햄튼 코트(Hampton Court)에서 회의를 했으나 결렬되었다. 이것은 2단계 투쟁의 분기점이 되었다. 찰스 때 청교도주의는 정치로서 이데올로기가 되었다. 종교가 정치에 영향을 준 것이다. 청교도 혁명이 일어났다.

햄튼 코트 결렬 후 영국 청교도는 망명파와 국내파로 구분되었다. 망명파는 메리 플라워 호를 빌려 다수가 미국으로 건너갔다. 버지니아의 제임스타운에 가고자 했으나 풍랑을 만나 플리머스에 거주했다. 국내파는 지하에서 투쟁을 했다. 1624년 찰스 1세가 즉위하자 지상으로 나왔다. 청교도 지도자들이 지방의회, 전국의회에 입후보하는 등 의회 진출을 시도했고, 하원의 경우 무시할 수 없는 수를 차지했다. 청교도들이 북쪽에서 남쪽으로 이동하게 되었다.

## 7. 스칸디나비아, 네덜란드, 프랑스의 종교개혁

스칸디나비아는 로마에서 멀리 떨어져 일찍부터 루터의 종교개혁을 받아들였고, 루터의 생활비를 보조했다. 덴마크, 스웨덴, 노르웨이 3국이 칼마르 동맹을 맺고 100년간 한 왕실 지배 아래 있었던 차, 정치적 혼란기에 루터파가 들어가 전 지역이 개신교권에 들어갔다.

스웨덴의 경우 루터의 제자 올라프 피터슨(Olaf Peterson), 라르스 피터슨(Lars Peterson), 라르스 앤더슨(Lars Anderson)이 루터파 사상을 전파하고 신약성경을 번역했다. 국왕 베스나에스(Westnaes)가 루터파의 예배 자유를 허용함은 물론, 예배를 루터풍으로 바꾸게 했다.

덴마크의 경우 크리스천 2세가 로마교회와의 관계를 끊고 루터주의로 기울었다. 루터 친구 라인하드(Reinhard)와 칼스타트가 도왔다. 한스 타우센(Hans Tausen)이 루터파를 전파했다. 43개 코펜하겐 신조를 만들었고, 신약성경을 번역했다.

노르웨이의 경우 크리스천 3세 때 루터파가 만연했고, 아이슬란드의 경우 아이나르센(Einarsen)이 루터파화에 기여했다. 그는 루터의 신약성경을 아이슬란드어로 번역했다.

네덜란드의 종교개혁은 스페인과 정치적 독립투쟁을 하는 식으로 이뤄졌다. 네덜란드는 신비주의, 공동운명형제단, 인문주의가 성행했으며 루터의 개혁사상이 환영을 받았다. 찰스 5세 만년에는 칼뱅 사상이 들어와 루터파를 능가했다. 칼뱅신학자 브레이(Guy de Bray)가 벨기에 신조를 마련했다. 이것이 네덜란드 개혁교회 신앙의 표준이 되었다. 찰스 5세 퇴위 후 필립은 신교를 반대했다. 윌리엄의 네덜란드 자유 독립운동이 일어났다. 윌리엄은 칼뱅파에 가담했던 인물로 필립이 보낸 자객에게 암살되었다. 스페인과 투쟁을 벌이다 베스트팔렌 조약에서 화란은 독립을 공인받았다. 라이덴(Leyden)에 칼뱅주의 대학이 설립되었다. 네덜란드가 종교관용정책을 펴자, 종교압박을 피해 온 사람들이 많아졌다.

### 라이덴 대학 이야기

"한 나라의 역사를 보고자 하면 박물관에 가고, 한 나라의 미래를 보고자 하면 도서관이나 학교를 가보라"는 말이 있다. 네덜란드에는 라이덴 대학(Universiteit Leiden)이 있다. 이 나라에서 가장 오래된 대학이다.

이 대학은 네덜란드 왕실인 오라녜(Oranje) 가문과 깊은 연관이 있다. 네덜란드는 독립하기 전 스페인 합스부르크 왕실의 지배를 받았다. 경제적으로나 정치적으로 스페인의 압박이 심해지자 네덜란드 북부 7개 주가 반기를 들고 일어났고, 그 후 8년에 걸친 독립전쟁이 있었다.

마지막 격전지는 전략 요충지 라이덴이었다. 이 시는 네덜란드의 두 번째로 큰 도시이자 렘브란트의 고향이다. 스웨덴 군은 이 시를 포위해 갔다. 1차 공격은 물리쳤지만 2차 공격은 진압군 수도 많고 식량도 떨어져 더 이상 버티기 어려워 투항하고자 했다. 이때 네덜란드 독립운동 지도자이자 오늘날 국부로 추앙받는 오라녜 공이 비둘기를 날려 석달만 더 버텨달라고 했다. 그 사이 제방을 터뜨려 진압군에 타격을 주고자 한 것이다. 5월에 시작된 반격작전은 10월이 되어서야 끝이 났다. 중간 중간 여러 차례 치열한 전투가 벌어졌고, 식량 부족에 시달리던 수천 명의 시민들이 굶어 죽었다. 제방을 터뜨린 반군의 작전 결과 시의 모든 것이 진흙에 묻혀 시는 막대한 피해를 입었다.

오라녜 공은 어떻게든 라이덴 시에 보상을 하고 싶었다. 그래서 그는 시민들에게 무엇을 원하는지 물었다. 보통 같으면 보상은 물론 자기들의 살 집을 마련하기 위해 물자지원을 많이 해달라고 했을 것이다. 그러나 라이덴 시민은 달랐다. 무엇보다 대학을 설립해 달라고 했다. 자신보다 국가의 미래를 생각한 것이다.

1575년 오라녜 공은 이 시에 네덜란드 최초의 대학을 세웠다. 이 대학은 그로티우스와 헤인시우스 같은 걸출한 학자들을 배출하고 유럽 최고의 명문 대학 중 하나가 되었다. 왕가의 자손들도 이 대학에서 공부했다. 베아트릭스 여왕과 빌렘 알렉산더 왕자가 이 대학교에서 공부했다.

라이덴 대학은 격전지 라이덴 시민의 희생과 자신보다 조국의 발전을 고대한 선조들의 피맺힌 열망을 담고 있다. 라이덴 대학은 그저 대학이 아니다. 역사와 정신이 살아있고, 네덜란드의 미래를 걸머진 젊은이들이 오늘도 밤새워 꿈을 키우는 곳이다. 우리에게도 이 라이덴이 필요하다.

라이덴은 네덜란드 독립운동사에 있어서 승리를 거둔 상징적 도시일 뿐 아니라 기독교사에서 잊을 수 없는 곳이다. 라이덴 대학 신학부에서 심각한 논쟁이 있었고, 라이덴에 모여 살던 청교도들이 신대륙으로 이주했다.

17세기 초 라이덴 대학에서는 칼뱅의 예정론을 놓고 신학논쟁이 격렬하게 벌어졌다. 이 대학 고수 아르미니우스(Jakob Arminius)가 "선택이 하나님의 주권적 의지에 의해 결정된다"는 칼뱅의 예정론에 반기를 들었기 때문이다. 그는 칼뱅주의 신학에 반대하는 신학 이론서를 내놓았다. 같은 대학의 신학 교수인 고마루스(F. Gomarus)는 이에 맞서 신학논쟁을 벌였다. 아르미니우스가 죽자 칼뱅파 교수들은 아르미니우스파 교수들을 축출하려 했다. 아르미니우스파의 저항도 만만치 않았다.

아르미니우스 논쟁은 도르트 회의(Synod of Dort)에서 결말이 지어졌다. 이 회의에서 칼뱅 주의 5대 원칙이 확립되고, 도르트신경(Canons of Dort)이 만들어졌다. 칼뱅주의 5대 원칙은 아르미니우스 5대 원칙에 대응하고 반박하기 위해 만들어진 것으로, 이 원칙의 영어 머리글자를 합하면 튤립(TULIP)이 된다. 튤립은 네덜란드의 국화다. 이 교리는 웨스트민스터 신앙고백서의 기초가 되었다. 칼뱅주의가 승리한 것이다.

라이덴은 또한 청교도 망명자들이 많이 넘어온 곳이다. 신대륙 이주를 주도하여 메이플라워호를 타고 대서양을 건너간 필그림 파더스(Pilgrim Fathers)의 결집지가 바로 라이덴이다. 국교회 이탈을 용납지 않은 영국왕권은 분리파를 박해하고 투옥시켰다. 제임스 1세 때 아주 극심했다. 제임스 1세는 바로 킹 제임스 역본(KJV)이 나오는 것을 허락한 왕이다. 분리파는 국왕의 훼방을 무릅쓰고 보다 자유로운 네덜란드로 이주했다. 그들은 암스테르담에서 1년 머문 뒤 1609년 대학촌 라이덴으로 옮겨 공동체를 이루며 살았다. 브래퍼드 총독은 이들을 가리켜 '나그네', 곧 순례자로 불렀다. 이것은 "땅에서는 외국인과 나그네임을 증언하였으니"(히 11:13)라는 말씀에 근거한 것이다. 이들은 본향을 찾는 자로, 이 땅에서는 나그네로 살기로 작정한 자들이었다. 이 라이덴 공동체가 신대륙으로 이주했다.
　칼뱅주의와 아르미니우스의 격전지 라이덴, 필그림 파더스들이 공동체를 이루며 본향을 꿈꾸었던 라이덴. 기독교 신앙에는 이런 역사가 배어 있다. 역사 없는 신앙은 없다. 그리스도인으로서 이 땅에서 지켜야 할 가치는 무엇인가? 우리는 무엇을 위해 사는가?

프랑스 종교개혁의 효시는 르페브르(Lefevre)다. 성경을 번역했으며, 신비주의자다. 프랑스의 종교개혁은 역시 칼뱅파가 중심이었고, 교회 수도 늘어갔다. 프란시스 1세는 관용책을 사용하기도 했지만 대체로 박해를 했다.

위그노파와 위그노 전쟁은 빼놓을 수 없다. 위그노파는 프랑스 개혁파로, 위그노는 '동맹한 동지'라는 뜻을 가지고 있다. 이들은 박해 속에서도 심야집회를 가졌다. 위그노 전쟁의 발단은, 카타리느 섭정 때 위그노파와 결탁했으나 가톨릭 수령 기이스 공이 위그노와 궁정과의 관계를 파멸시키고자 왓시를 습격한 데서 비롯되었다. 이른바 왓시의 혈욕이다. 이것이 종교전쟁으로 변모했다. 세 차례 전쟁을 거치면서 영국과 독일 개혁파의 지지를 받았다. 위그노는 예배의 자유를 얻었다.

위그노가 받은 박해는 컸다. 카타리느 섭정 때 성 바돌로메 기념절 때 파리를 중심으로 위그노파 대학살을 감행했다. 이는 위그노파를 제거하기 위한 것으로, 약 7만여 명이 학살을 당했다. 헨리 4세는 위그노에 관대하여 낭트 칙령을 발표하고, 위그노파의 예배 자유, 관직 허용, 안전보장을 약속했다. 낭트 칙령에도 불구하고 가톨릭은 예수종회를 중심으로 개혁파를 계속 압박했고, 낭트칙령을 취소시켰다. 다수의 위그노들은 신앙의 자유를 얻기 위해 영국, 화란, 프러시아, 미국 등지로 망명했다. 프랑스는 종교탄압으로 두뇌, 기술, 자본을 유출하게 함으로써 크게 손해를 보았다. 위그노는 비록 프랑스에서 뿌리를 내리지는 못했지만 위그노 정신은 계속되었다.

### 위그노 이야기

기독교한국교회문제연구회 모임에 참석해 김진홍 목사의 이야기를 들었다. 그가 감명 깊게 읽은 책 중에 일본인이 쓴 『테크모니』가 있다. 이 말은 테크놀로지(technology)와 헤게모니(hegemony)의 합성어다. 테크놀로지가 헤게모니의 주축이었다는 것인데, 그 가운데 프랑스 개신교도 위그노(Huguenot)가 있다.
프랑스는 축제를 열고 위그노들을 초청했다. 그리고 이 축제에 참여한 위그노들을 무참히 학살했다. 이것이 바로 성 바돌로메 대학살이다. 당시 위그노들은 개혁적이었고, 기술을 가진 창조적 소수였다.

영국이 그들을 받아들였다. 신앙의 자유를 보장하고 그들의 학문이 발전하도록 배려했다. 위그노들은 철제대포를 창안해 구리대포의 약점을 보완했다. 영국은 대포를 수출해 돈을 벌었을 뿐 아니라 해상권을 확보하게 되었다. 증기기관차를 발명한 와트도 위그노 출신이다. 영국은 위그노들의 기술을 바탕으로 산업혁명의 문을 열었다. 이로써 영국은 프랑스를 앞지르게 되었다.

이웃 독일도 위그노들을 받아들였다. 독일은 베를린에 난민수용소를 만들어 위그노 8만여 명을 보호했다. 독일은 그들의 기술연구를 지원했다. 위그노 중에는 성구를 만들던 기술자들이 많았다. 그들이 독일의 기계 산업과 화학공업을 일으키는 데 크게 기여했다. 독일이 고속철을 갖게 되고, 뛰어난 화학약품을 갖게 된 것은 위그노들의 힘이 컸다. 어디 그뿐이랴 스위스의 시계 산업도 프랑스에서 피해 온 위그노들의 영향이 크다. 그들 중에 시계 제조기술을 가진 뛰어난 장인이 많았기 때문이다.

위그노의 아픔을 안 영국이 훗날 청교도들을 박해했다. 청교도들은 미국으로 건너갔다. 그들의 개척정신은 자본주의 정신을 일으키는 데 기여했다. 아이러니가 아닐 수 없다.

일본인 저자는 다음의 헤게모니는 일본이 아니겠느냐 생각하며 이 책을 썼을 것이다. 하지만 김 목사는 한국개신교가 한국발전에 기여한 것을 보면 하나님의 섭리가 아니겠느냐 했다. 눈을 한국으로 돌렸다.

개신교가 한국에 들어온 지 127년이 된다. 그런데 2000년부터 개신교가 정체되고 지금은 감소추세에 있다. 오히려 교회가 사회로부터 지탄을 받고 걱정거리가 되었다. 안타까운 일이다. 그러나 김 목사는 아직도 한국 개신교에는 희망이 있다 했다. 좋은 평신도들이 많고, 그들이 복음적(성경 중심적)이고 애국적이며, 다음 세대 가운데 좋은 목사들이 많다는 것이다. 이 땅을 향하신 하나님의 뜻이 계실 것이다.

이 모임에서 위그노의 삶을 통해 다시 한 번 우리의 모습을 되새겨 보았다. 하나님의 씨앗들은 죽지 않는다. 그 씨의 DNA는 절망이 아니라 희망이다. 자라게 하시는 이는 우리 하나님이시니 든든하다.


## 8. 재세례파와 메노 시몬즈

재세례파(Anabaptist), 또는 재침례파를 16세기 종교개혁의 한 분파로 보아 이를 좌파운동이라 한다. 하지만 재세례파는 사실상 종교개혁 이전부터 독일, 네덜란드, 프랑스까지 산재한 신앙운동의 한 그룹이다. 이들을 과격파라 한 것은 이 파가 신학 문제 이외에도 정치, 경제, 사회문제에 대해 지나친 의견 표명을 했기 때문이다.

이 파의 기원으로는 콘라드 그레벨(Conrad Grebel)을 들 수 있다. 그는 츠빙글리의 개혁운동에 참여했으나 그의 엄격한 성경주의와 고백교회 건설을 츠빙글리가 거부하자 이탈하였다. 또한 로마법인 유스티니안법이 적용되어 정부에서 세례를 다시 받는 자에게 탄압을 가했다. 그레벨이 죽자 홉마이어(Hubmaier)가 계승하였다.

박해에도 불구하고 덴크(Denk)는 뉘른베르크에, 홉마이어와 후트(Hut)는 아우크스부르크에, 호프만(Hofman)과 프랑크(Frank)는 스트라스부르에, 카스퍼(Kasper)는 뷔르템베르크에, 야리스(Jaris)는 바젤, 후터(Hutter)는 오스트리아, 얀 마티스 등은 뮌스터 등에 침투하였다. 서구 대부분에 퍼진 셈이다.

재세례파는 무엇보다 유아세례를 반대했다. 어렸을 때 세례를 받았다 해도 성인이 되면 다시 받아야 한다. 이런 주장으로 인해 재세례파라는 이름을 얻게 되었다. 이 파는 박해 때 절개를 지키지 못한 목사에 의한 세례는 다시 받아야 할 것을 주장했다. 411년 아우구스투스에 의해 이단으로 정죄된 바 있어 반 아우구스투스 사상을 가지고 있다. 이들은 인간의 자유의지와 그리스도 모방생활을 중시한다. 재세례파는 국가와 교회의 절대적 분리를 주장한다. 따라서 국가에 대한 납세와 병역의 의무를 거부한다. 이들은 불가견적 교회만을 인정한다. 말씀보다 체험중심이며, 초대 교회를 추구하여 고백교회라 부르기도 한다.

1527년 아우크스부르크에서 총회를 개최하고 재세례파 교회를 조직하고, 재세례파 강령이라 할 쉬라이타임 아티클(Schleitheim Articles)을 공포했다. 그 내용은 세례는 신앙고백을 한 신자에게만 행해야 하고, 그리스도인은 속세에서 떠나야 하며, 무기를 가지거나 세상정치에 관여해서도 안 되고, 맹세를 해서도 안 된다.

네덜란드 신부였던 메노 시몬즈(Meno Simons)는 가톨릭교회와 종교개혁자들에게 실망을 느끼고 재세례파와 관계를 맺었다. 그는 신앙이 독실하고 조직력이 뛰어나 재세례파의 수령이 되었으며, 지금까지 존속하는 메노나이트(Menonites)의 사상과 교리를 주창한 인물이 되었다. 그는 거듭난 기독교인을 강조하였고, 모든 교리를 성경적인 입장에서 해석하는 등 복음적이었다. 그는 재세례파의 광적인 흐름을 규제하여 근면과 방정한 품행을 가르쳤다.

재세례파는 성경해석이 옳지 않아 이단으로 여겨져 왔다. 하지만 그들은 신앙의 자유와 불굴의 정신을 보여 종교적 불관용이라는 당시 정책을 철폐시키는 데 공헌했다. 그들의 사상과 경건은 퀘이커교도와 침례교에 영향을 주었다.

### 재세례파는 왜 핍박을 받았나

16세기 중반 재세례파는 극심한 핍박의 중심 대상이었다. 종교개혁시기에 독일, 네덜란드, 스위스 등지의 급진 개혁주의자들로, 경건한 그리스도인들이었다. 그레벨과 만쯔(Felix Manz) 등은 루터가 종교개혁 시에도 유아세례관을 버리지 못하고 그대로 갖고 있는가 의

문을 갖고 있었다. 또한 유아세례를 주장한 츠빙글리와 이 문제를 놓고 격하게 토론도 벌였다. 스위스 형제단들이라 불린 그들은 시에서 내린 유아세례 명령에 굴복하지 않고 1525년 유아세례를 부정하며 침례를 베풀었다. 이것이 재세례파의 시작이다. 재세례파는 그들이 붙인 이름이 아니라 재세례파를 부인하는 자들이 붙여준 별명이다.

재세례파는 거듭난 신자만의 세례를 주장하고 유아세례를 거부했다. 성경에 어린이들이 주님께 내게 오는 것을 용납하라는 가르침은 있지만 어린이들에게 세례를 베풀라는 기록은 없다. 유아세례는 성경에도 없는 일이므로 비성경적이라는 것이다.

교회사에서 유아세례는 긴 역사를 가지고 있다. 니케아 종교회의에서 콘스탄티누스는 세례를 구월이라 규정하고, 신하들로 하여금 강제로 세례를 받게 했다. 아우구스투스가 유아세례 주장을 받아들였고, 교황은 유아세례를 법으로 규정했다. 루터는 종교개혁 이후에도 이것을 그대로 가져왔다. 종교개혁자들도 유아세례에 관한 한 생각을 같이 했다.

재세례파는 유아세례를 받은 성인들, 이교적 전통이나 풍습을 그대로 지켜온 혼합기독교인들, 그리고 조직교회에서 나온 기독교인들을 성경과 성령의 역사로 거듭나게 한 후 다시 침례를 받게 했다. 유아세례를 인정하지 않은 것이다.

이로 인해 재세례파는 많은 핍박을 받았다. 특히 로마 가톨릭으로부터 가장 많은 핍박과 순교를 당했다. 그 수가 5천만을 넘는다니 핍박의 규모가 얼마나 컸는가를 보여준다. 정말 그랬을까 싶다. 루터파, 츠빙글리파, 칼뱅파도 핍박에 동참했다. 현재 재세례파에 대한 박해가 잘못되었다는 성찰도 일고 있다.

그들은 과연 어떤 사람들이었을까? 정직하고 화평을 추구한 사람들이었다는 것이 일반적인 평가다. 음식을 절제하고 대부분 술을 삼갔다. 탐욕을 부리지 않았고, 오만하지 않았다. 신성모독이나 험악한 언어를 사용하지 않았으며 온유했다. 그래서 사람들은 그들을 가리켜 산상수훈의 가르침에 일치한 삶을 살려 한 사람들이라 했다. 평화주의자였다는 말이다.

그들은 성령의 검과 진리의 말씀만을 유일한 무기로 삼았다. 성경만을 교회와 생활의 유일한 표준으로 삼은 것이다. 종교개혁자보다 먼저 성경을 신행의 유일한 권위로 받아들였다는 점에서 높은 평가를 받고 있다. 구약보다 신약에 더 많이 의존했다는 평가도 있다. 그들은 성경을 자기 스스로 해석할 수 있는 자유를 허락했다. 개인이 성령의 조명을 통해 성경해석이 가능하다고 본 것이다. 성경해석권을 사제에게만 부여한 가톨릭으로선 눈엣가시일 수밖에 없다. 또한 신자는 모두 믿는 바대로 살 권리를 가지고 있다고 주장했다.

재세례파는 국가와 교회를 엄격히 구분했다. 이로 인해 국가에 대한 납세와 병역의 의무를 거부한 것은 문제가 될 수 있다. 교회는 거듭난 자들의 자발적인 모임으로 침례와 성경의 엄격한 규율을 지킨다. 개교회가 그들의 목사, 직원들을 두고 관리할 수 있다. 초대 교회를 본뜬 공동생활도 인정한다.

교회사를 보면 많은 재세례파 사람들이 핍박을 받고 목숨을 잃었다. 기득권 세력들은 그들의 주장을 과격하다며 정치적으로 종교적으로 단죄했다.


## 9. 가톨릭의 종교개혁과 예수종회

개신교의 종교개혁에 영향을 받아 가톨릭교회에서도 종교개혁 혹은 반종교개혁이 일어났다. 이것은 로마교회가 내적으로 교회 자체의 혁신을 도모하고, 외적으로는 적의 공격을 막고 개신교 개혁자들의 활동을 저지하는 데 있었다.

15세기 대주교였던 키메네스(Ximenes), 플로렌스의 안토니우스(Antonius of Florence), 로렌조 지우스티니아니(Lorenzo Giustiniani), 시에나의 카터린(Catherine of Siena) 등에 의해 도덕적이고 지적인 교직향상을 위한 운동이 일어났다. 그 후 16, 17세기에 걸쳐 로마교 내의 개혁과 각 종교단체들의 발흥, 세계선교운동, 교리확립 등 다양한 운동이 일어났다.

가톨릭의 부흥운동은 스페인이 주도적 역할을 했으며 많은 신비가들과 종단들이 일어나 문화, 교육 발전에 영향을 주었다. 르네상스와 인문주의 발상지였던 이탈리아의 개혁운동은 스페인보다 조금 늦게 진척되었다. 이탈리아의 그 중심종단은 사랑의 수도회였다. 이 단체들은 교황의 허가를 받았으며 모두 경건, 독신, 헌신, 자선, 봉사로 초대 교회의 형태로 돌아갈 것을 주장하였다.

로마교회 부흥 요지는 교직자들의 생활과 교구혁신, 신교에 권위 있게 대항하는 일, 교회의 정치와 제도를 재조직하여 새로운 정황에 맞도록 하는 일이었다. 이 일에 예수종회와 그에 의한 종교재판의 역할은 크다. 교황 바오로 3세(1534~49)는 개신교의 적이었다. 그는 찰스 5세를 군대에 보내 싸우게 만들었다. 그 당시 예수종회가 출현했다. 예수종회는 루터의 탈퇴에 대한 로마의 보복기관으로, 스페인 사람 이그나티우스 로욜라(Ignatius Loyola)가 시작했다.

그는 교황 중심의 가톨릭교회를 변호하고 확장하기 위해서, 그리고 빈곤과 순결의 생애를 위해 그의 동지들과 함께 교황의 재가를 얻어 이 단체를 설립하였다. 그들은 순결, 빈곤, 순종, 선교를 맹세했다. 그들의 윤리관은 목적만 정당하면 그 수단은 어떻든 관계없다는 개념주의, 어떤 일이든 생각에 그럴듯한 것이면 그것이 바로 선이라는 개연주의(probabilism), 그리고 사람이 비록 맹세했어도 참말만 할 수 없다는 적당주의였다. 그들은 교황에 절대복종하고 가톨릭에 대한 이방세계(개신교, 이슬람교, 이단) 정복을 목적으로 삼았다. 표어는 "하나님의 더 큰 영광을 위하여"였지만 불법, 사기, 부도덕, 비행, 살인 행위를 자행했다. 종교재판을 실시하기 위해 무력을 사용했다. 프랑스에서 성 바돌로메 대학살을 주도했으며, 유그노를 박해해 낭트 칙령을 폐지하게 만들었다. 이것은 프랑스혁명의 요인으로 작용했다. 그들은 스페인, 네덜란드, 남부 독일, 보헤미아, 오스트리아, 폴란드 등지에서도 학살을 자행했다. 이 방법으로 남부 유럽서 종교개혁을 중단시켜 교황권을 파멸에서 간신히 구했다. 교황 그레고리 8세(1572~85)는 성 바돌로메 대학살 소식을 듣고 감사 미사를 드렸다. 우르반 8세(1623~44)는 예수회 도움으로 보헤미아에서 신교도를 전멸시켰다. 예수종회는 귀족의 고백을 듣기 좋아했고, 정치상의 비밀을 탐지하여 세력 확장을 기하기도 했다.

그러나 예수종회는 두 가지 점에서 기여했다. 하나는 예수종회의 엄한 규율은 도덕상 품행이 좋은 자와 나쁜 자를 구별하게 만들어 엄격히 실행하도록 함으로써 신교 경건파에 영향을 주었다는 것이다. 다른 하나는, 선교사를 파송하여 전도에 힘썼다는 점이다. 특히 프란시스 자비에르(Francis Xavier)는 인도와 일본에, 마테오 리치(Mateo Ricci)는 필리핀과 중국에 선교했다.

교황 클레멘트 14세(1769~74)는 예수회를 영원히 폐지시켰으나 교황 비오 7세(1800~20)는 예수회를 재건했다. 무오한 교황이 영원히 폐지시킨 것을 무오한 교황이 재건한 것이다.


## 10. 종교재판과 종교회의

종교재판으로 이단 심문(Inquisition)이 있었다. 이것은 반종교개혁의 방법의 하나로, 로마교회의 법정을 말한다. 이는 이단을 발견하여 그를 근절시키는 데 목적을 두었다. 이단 심문소가 이탈리아 신교도 억제에 효과가 있자 프랑스, 스페인, 독일 등지에도 세웠다. 두려움과 겁을 주어 가톨릭교회 울타리 안에 남아 있게 했다.

반종교개혁의 또 하나의 형태는 종교회의를 통해 개혁을 이룩하려는 것으로, 로마교회는 대화를 통해 신교를 회유하였다. 강온정책을 병행한 것이다. 종교회의로 하게난(Hagenan), 보름스(Worms) 회의 등을 들 수 있다.

트렌트(Trent) 회의는 신교세력이 급격해지자 찰스 5세의 주선으로 교황 바오로 3세가 소집하였다. 18년간 계속된 이 회의에서 찰스 5세는 가급적 신교와 타협을 원했으나 교황 측은 신교도를 박멸하는 데 목적을 두었다. 가톨릭은 이 회의를 통해 교직자의 지적 향상, 교리 확정, 윤리 향상, 수도원 개혁, 전도 및 선교운동이 활발해졌다. 그러나 그들의 권위주의는 계속 신교를 용납지 않았다.

## 11. 30년 종교전쟁

1618년에서 1648년 사이에 벌어진 30년 전쟁은 17, 18세기 종교전쟁 중 가장 규모가 크다. 이 전쟁은 종교적 문제뿐 아니라 정치, 경제, 왕권의 문제가 복합되어 일어났다.

루터가 죽자 슈말칼텐 전쟁이 일어났다. 전쟁의 징후는 신교제후들이 슈말칼텐에 모여 구교에 대항하는 동맹을 맺었고, 찰스 5세가 개혁당을 압박한 데서 비롯되었다. 전쟁은 두 차례 있었다. 전쟁 후 아우스부르그 신조가 선포되었다. 신교주의를 용납하되 로마교회의 신앙과 풍습을 유지한다는 내용이었다. 이 신조는 별로 지켜지지 않았다. 찰스 5세가 퇴위했다. 멜랑톤파와 루터파의 화협신조가 있었다. 그리고 도나워드 사건이 일어났다. 황제 직속도시로 루터파 교도가 많이 살던 도나워드에 있는 로마교 수도원에서 화체순시 행렬 절을 벌이자 이를 비난하는 신교도 측과 이를 보호하려는 황제가 신교를 억압한 사건이다. 이것은 30년 전쟁이 일어나기 전의 사건들이다. 30년 전쟁의 조짐들이다.

30년 전쟁은 신구교의 공존을 위한 전쟁이다. 독일에서 발단했지만 각국의 대내 문제들이 얽혀 유럽의 전쟁으로 확대되었다. 먼저 대내 문제를 살펴보자. 1555년 아우크스부르크 화의가 제대로 지켜지지 않자 가톨릭은 재산을 더 이상 점거할 수 없었고, 칼뱅파에게는 관용이 베풀어지지 않았다. 당시 서구 정치체제는 강한 집권국가 형태였는데, 신성 로마제국 황제 선출 문제로 통일이 어렵게 되자 각 나라는 황제의 권한을 약화시키고 독립적 권리를 강화하고자 했다. 발트해 진출을 놓고 각 나라들이 첨예하게 대립했다. 특히 독일과 프랑스 왕조 간의 해묵은 경쟁의식이 작용했다. 전쟁의 직접적인 발단은 보헤미아의 개혁교도들이 합스부르크의 가톨릭 통치자에 대항한 데서 비롯되었다. 보헤미아 내 두 도시에 개혁교회당을 짓게 되자 가톨릭은 교회당을 헐도록 압력을 가했다. 그러자 개혁교회는 무기를 들고 일어나 프라하를 공격했다.

전쟁은 4단계로 진행되었다. 첫째는 보헤미아-팔츠 전쟁으로, 틸리(Tilly) 장군이 보헤미아를 공격하여 보헤미아 군을 대패시켰다. 둘째는 덴마크 전쟁이다. 이는 덴마크가 독일 신교도를 원조하고 북해 항구를 장악하기 위해 독일을 침입한 것이다. 셋째는 스웨덴 전쟁이다. 스웨덴이 독일의 신교를 원조하고, 발트제해권을 얻고자 했다. 넷째는 스웨덴-프랑스 전쟁이다. 프랑스가 합스부르가를 억제하기 위해 스웨덴에 군사원조를 하고 스페인을 공격한 것이다.

1648년 베스트팔렌 조약(Westphalia treaty)을 맺고 30년 전쟁을 종식했다. 베스트팔렌 조약은 신구교를 공존시키고, 영지를 규정해 네덜란드와 스웨덴의 독립을 승인했다. 이 조약에 따르면 '국왕의 영토에는 그의 종교(cuius regio eius religio, whose religion his religion)'라는 원칙이 담겨 있다. 영주의 신앙에 따라 주민의 신앙이 결정된 것이다. 이로써 신구교가 양립되었다.[2]

30년 전쟁 결과 개혁당을 압복시키기 곤란하고, 로마교회 또한 다 옛날로 되돌릴 수 없음이 입증되었다. 오랜 전쟁으로 독일 등지의 농지가 황폐해지고, 도시는 파괴되었으며, 인구의 3분의 2가 격감되었고, 봉건 제후의 분열이 촉진되었다. 이로 인해 독일의 통일과 근대화가 지연되었다. 전쟁으로 초토화된 토지와 수많은 인명피해는 말할 수 없는 비극을 가져왔다. 이 전쟁의 결과로 국제적 외교관계 수립을 촉진시켰다.

## 12. 개혁기의 신학과 신앙형태

기독교개혁시대는 종교개혁의 기점인 1517년에서 베스트팔렌 조약이 맺어진 1648년을 말한다. 신구교 간 분쟁과 투쟁은 종교전쟁으로까지 발전해 마침내 조약을 맺음으로 대단원의 막을 내리게 되었다.

이 기간 구교는 중세 봉건신학을 답습했다. 신교의 영향을 받아 트렌트회의에서 신조를 확정하는 정도에 그쳤다. 신교는 신관이나 성부, 성자, 성령문제에 있어서 구교와 동일한 점이 있지만 성경관, 교회관, 구원관, 말세론 등에서 차이를 보였다.

### 트렌트회의와 가톨릭의 구원관

종교개혁자들은 가톨릭교회가 성경에 기록된 진리의 말씀을 떠나 배도했다고 주장했다. 그들은 '오직 성경'을 표어로 내세웠다. 기록된 말씀을 유일한 표준으로 삼은 것이다. 그러나 가톨릭의 입장은 달랐다. 성경을 따르되 교부들의 일치된 의견에 따라 교회가 내린 해석에 준해야 한다는 것이다. 이것은 트렌트 공의회(the Council of Trent)의 주된 내용으로 개신교와 가톨릭이 어떻게 다른가를 극명하게 보여준다.

이 회의는 독일황제 찰스 5세의 제의에 따라 교황 바오로 3세에 의해 소집되었다. 황제

---

2) 베스트팔렌 조약은 가톨릭이 루터파와 칼뱅파를 인정하는 것이었다. 여기에 형제파, 곧 모라비안과 보헤미안이 합한 형제교회가 빠져 있었다. 형제파는 가톨릭 우세로 박해를 받자 유럽 각지로 흩어져 방랑하게 되었다.

는 회의를 통해 신구교 모두 공감하는 교리로 통일을 이루고 서구기독교가 힘을 합쳐 터키 회교 세력에 대항하고자 했다. 하지만 교황은 가톨릭 교리를 확정해 종교개혁 세력을 이단으로 규정하고 이를 박멸하기 위한 종교재판 수단으로 삼고자 했다. 황제파는 결국 교황파에 말려들고 말았다.

18년간 세 차례 회의를 거쳐 확정된 교리는 종교개혁자들의 주장과는 완전히 반대되는 것이었다. 대표들 가운데는 성경을 유일한 권위의 표준으로 삼아야 한다는 사람들도 있었지만 성경과 전통을 동시에 받드는 교리가 필수라는 주장에 밀렸다. 다음은 주요 결정사항들이다. 이것이 결국 가톨릭의 주요 교리로 자리를 잡게 되었다.

- 성경과 전통은 동등한 권위를 가진다.
- 성경해석권은 교회에만 있다.
- 원죄는 세례로 사함을 받으며 구원은 믿음과 행위를 통하여 얻는다.
- 성례는 7가지이며 이 은혜의 방편을 잘 이용함으로써 죄를 용서받을 수 있다.
- 제사장은 신부만이며 미사는 희생의 제사다.

트렌트 회의는 성경에 대한 권위, 은혜와 믿음으로 얻게 되는 구원, 신자의 만인 제사장 교리에 이르기까지 종교 개혁자들의 주장을 모두 거부했다. 그리고 개혁주의 교리를 따르는 자들을 가차 없이 정죄하고 이단으로 몰았다. 그리고 개혁주의 교리와 그 추종자들에 대해 수없이 저주를 쏟아냈다. "누구든지 예수 그리스도의 은혜와 믿음만으로 구원을 받는다고 확신한다면 영원히 저주를 받을지어다." 이 저주는 지금까지 하나도 철회되지 않고 있다. 가톨릭은 개신교 사상을 배척하기 위해 금서목록까지 작성했다. 그 목록에는 루터와 칼뱅의 모든 저서가 포함되었다.

바티칸 2공회는, 전통(거룩한 유전)과 성경은 하나님의 유일한 신탁이라 선언했다. 전통과 성경이 모순될 때 가톨릭은 전통을 택할 만큼 전통에 무게를 두었다. 그 결과 개신교와 가톨릭 사이에는 메우기 어려운 간격이 생겼다. 구원에 관한 한 더욱 그렇다.

개신교나 가톨릭 모두 구원을 강조한다는 점에서 같다. 하지만 구원관은 서로 확연히 다르다. 개신교의 구원관은 예수 그리스도께서 십자가에서 이루신 은혜로운 사역과 그 믿음에 바탕을 두고 있다. 그러나 가톨릭은 이보다는 교회에 대한 복종을 통해서 주어지는 구원이다.

죽으면 천국에 갈 수 있는가? 기독교인이라면 궁금한 사항이다. 개신교인들은 구원에 대한 확신을 자주 언급한다. 하지만 가톨릭 신자들은 어렵다. 확신을 가지고 말하면 스스로 파문과 저주를 초래하기 때문이다. 왜 그럴까? 답은 트렌트 회의에서 선포된 저주 문에도 있다. "만약 누구든지 속죄를 얻기 위하여 주저함이 없이 확신을 가지고 용서를 받았다고 말하는 자는 저주를 받을지어다." "만약 누구든지 신자의 견인(한번 구원을 받으면 그 구원은 영원하다는 것)을 확신하는 자는 저주를 받을지어다."

이 저주문은 사실 종교개혁자들의 주장을 부정하며 그들을 저주하기 위한 것이었다. 그 저주를 통해 자신들의 교리를 확고히 하면서 종교개혁자들과 거리를 두었다. 무엇보다 가톨릭은 구원을 위해 필요한 사역은 그리스도께서 십자가로 이미 이루신 것이 결코 아니며, 죄인이 그리스도를 믿는 단순한 믿음만으로 구원받는 것이 아님을 확실히 하고 있다.

가톨릭에 있어서 구원은 행위와 의식과 교회에서 지정하는 고난을 일생 수행하며, 심지어 연옥에까지 가서도 계속해야만 하는 과정이다. "만약 누구든지 칭의의 은혜를 받은 후에 회개한 자들에게는 죄책이 면해졌으며 영원한 형벌의 빚이 탕감되었다고 말하며, 하늘 문들이 열리기 전에 이 세상에서나 연옥에서 갚아야 할 벌들이 다 소멸되었다고 말하는 자는 저주를 받을지어다.” 이에 반해 개신교는 연옥의 존재를 부정한다.

가톨릭은 구원을 위해 성례를 강조한다. “만약 누구든지 로마 가톨릭교회의 성례가 구원을 위하여 필요하지 않다고 말하거나 성례 없이도 사람이 믿음만으로 의롭다는 은혜를 하나님으로부터 받을 수 있다고 말하는 자는 저주를 받을 지어다.” 오직 믿음으로 구원을 얻는다고 말하지 말라는 것이다.

가톨릭은 구원을 위해 선행이 필요하다고 한다. “교회 내에서 가장 상고로부터 선행은 죄인들의 구원을 위해서 하나님께 봉헌되어왔다. 거룩한 백성들의 기도들과 선행들로 인하여 참회자는 씻음과 죄 사함과 구속함을 받았다.” 다시 말해 ‘오직 믿음’만은 결코 아니라는 말이다.

“어떻게 구원을 얻는가?” 이는 기독교 신앙의 가장 중요한 핵심 내용이다. 하지만 기독교가 구원의 종교라 해서 양쪽 모두 같다고 하면 잘못이다. 이 문제에 관한 한 가톨릭과 개신교는 확연히 다르다. 달라진 근본 이유는 무엇일까? 개신교는 성경만을 기준으로 삼은 반면에 가톨릭은 전통을 중시했기 때문이다.

이상은 가톨릭과 개신교의 구원관이 어떻게 다른가를 보여주고 있다. 가톨릭과 개신교는 이 문제를 놓고 종교개혁시대뿐 아니라 지금도 대립하고 있다.

신교는 위경의 권위를 부정하였고, 교회와 예전에 의한 은혜 방법에 반대했다. 성경을 각 개인이 해석할 수 있는 권리를 주장했다. 신부의 특별권을 배척했으며, 모든 신도들은 동일한 권리를 가진다고 보았다. 연옥설, 면죄부, 화체설, 형식적 미사를 부정했다.

예배에서 구교는 여러 개의 악습을 제거했다. 신교는 라틴어 대신 지방언어의 사용을 허락했고, 성경공부, 설교, 교육을 강화했다. 미사도 폐지했다. 성찬과 성수주일을 중시했다. 불필요한 성일을 없애고, 성물이나 성상 숭배도 배격했다. 죽은 자를 위한 기도와 성지순례, 그리고 영묘제를 폐지했다.[3] 유아세례를 실시했다.

신앙생활에 있어서 구교는 도덕상 악행자를 구별하고 엄히 다스렸다. 특히 예수종회의 역할이 컸다. 이것은 신교에도 영향을 주었다. 신교는 형식에 벗어나고자 했고, 목사의 결혼을 허락했으며, 권징을 강화했다.

---

3) 영모제는 죽은 자의 사진이나 유물 그리고 그림을 걸어 놓으면 영이 온다는 생각아래 영묘를 돌보는 것을 말한다.

제5부

# 근세교회의 이해

# 제5부 근세교회의 이해

## 1. 근세교회시대의 특성

근세교회사는 30년 전쟁이 끝나는 1648년에서 과학이 발전하고 신대륙이 발견되며 영토가 확장되는 새 시대(New Age, Neuzeit)가 시작된 1848년까지를 말한다. 그 이후는 최근교회사에 해당한다. 1789년 프랑스 혁명이 있었다.

근세교회시대의 특성은 여러 가지다. 무엇보다 중세시대 이념이 막을 내렸다. 교회에 근거를 두었던 통일적 문화시대를 벗어난 것이다. 국가와 교회가 분리되고, 세속문화와 종교이념이 분리되고, 기독교분파들도 자유를 누렸다. 다양화 시대가 열린 것이다.

정신적 발전의 주도권을 교회가 아닌 세속문화가 갖게 되었다. 쉬미트(K. D. Schmidt)에 따르면 개인주의와 세속주의 시대이다. 개인주의는 인본 중심의 자율 시대가 열린 것을, 세속주의는 탈 종교화, 곧 대중적인 세속문화가 주도하는 시대가 열린 것을 말한다. 교회에서 해방되고, 교회에 도전한 시대이다.

자연사상이 풍미했다. 구아르디니(R. Guardini)에 따르면 자연은 자체 안에 휴식하는 자연이다. 하나님의 피조물이 아니고, 스스로 존재하는 자연이다. 자연은 어머니로, 경외의 대상이 된 것이다. '자연적'이라는 단어가 유행처럼 붙게 되었다. 자연신학, 자연윤리, 자연경제, 자연법 등. 이때 '자연적'은 기본적인 규범에 맞는 것이다.

세속화 과정과 함께, 종교화(sacralizing)의 과정이 따랐다. 양극화(polarization) 경향이 심화된 것이다. 경건주의와 계몽주의, 부흥운동과 관념주의, 보수주의와 자유주의로의 양극화다. 교파도 분립되고 초교파 교회운동도 발생했다. 유럽은 주로 국가교회로 머물렀지만 미국은 교회와 정치가 분립되었고, 교파교회의 자유를 누렸다. 교회가 교회 밖의 문화와 대결하게 된 것이다.

이러한 특징은 교회사의 여러 과제를 남겼다.

먼저 세속화 문제와 교회의 취약점의 원인을 규명할 필요가 있었다. 교회의 취약점을 동시에 강점을 동반한다. 세속화로 어려움이 있었지만 지리상의 발견과 교통수단의 발달은 기독교 전파의 길을 열었다. 유럽의 교회가 약화된 것은 힘든 일이었지만 선교지인 제3국 미국에선 교회가 번창하게 되었다.

기술화의 문제다. 기계화는 인간의 가치문제를 새롭게 깨닫게 해주었다. 대기업화, 대중화는 대교회의 역할이 무엇이어야 하는가를 가르쳐 주었다. 이 문제는 현재에도 적용되는 것이다.

### 파스칼: 인간의 존엄은 사유에 있다

블레즈 파스칼(Blaise Pascal, 1623~1662)에겐 여러 칭호가 붙는다. 기하학과 확률이론의 기초를 세운 수학자이자 물리학자, 계산기를 고안한 발명가, 철학자, 그리고 신학자. 과학과 철학, 그리고 신학을 꿰뚫은 인물이었다는 말이다. 그런 인물이라면 노숙할 것이라 생각되는 데 의외로 서른아홉에 요절했다.

유작으로 너무나도 유명한 그의 명상록『팡세(Pensées)』가 있다. 죽은 지 8년 만에 빛을 본 이 책은 사실 미완이다. 죽기 전 그는 기독교를 변증하기 위해 비망록을 작성하고 있었다. 그런데 이 책을 마무리하지 못한 채 죽자 미완의 책으로 출간된 것이다. 미완은 언제나 남은 것을 더 생각하게 하는 마력이 있다.

이 책은 프랑스 청년들이 전쟁에 나갈 때 성경과 함께 소지품 1호로 꼽힐 만큼 인기를 모았다. 포연이 자욱한 가운데서도 이 책을 읽었다. 과연 무엇이 담겨 있기에 손에서 그 책을 놓지 못했을까 궁금하다.

이 책은 무엇보다 기독교변증에 있어서 아우구스티누스와 쌍벽을 이루고 있다. 그만큼 높이 평가를 받았다. 그렇다고 젊은이들이 기독교변증에 심취할 이유는 없을 것이다. 이 안에는 삶과 죽음의 본질이 무엇인가에 대해 심각하게 물으며 답하고 있다. 깊은 성찰이 담긴 책이다. 그래서 명상록이다. 파티에서 돌아오던 길에 센 강 다리에서 떨어져 죽을 위기에 처하자 "죽음 앞에서 인생이란 무엇인가"를 고민했다는 일화가 있다.

그는 인간에 대해서 이렇게 단언한다. "인간은 자연에서 가장 연약한 한 줄기 갈대일 뿐이다. 그러나 생각하는 갈대. 한 방울의 물로 그를 죽이기에 충분하다. 그러나 인간은 그를 죽이는 것보다 더 고귀하다. 우리의 모든 존엄성은 사유로 이루어져 있다. 우리가 스스로를 높여야 하는 것은 여기부터다. 그러니 올바로 사유하도록 힘쓰자. 이것이 도덕의 원리다." 연약한 갈대지만 생각하는 갈대요, 인간의 존엄은 사유에 있다. 그러므로 바르게 생각하며 살자는 말이다.

신학적으로 볼 때 파스칼은 하나님을 추상화하는 것을 싫어했다. 그에 따르면 하나님은 철학적인 하나님이 아니라 아브라함, 이삭, 그리고 야곱의 하나님이다. 바로 우리의 하나님이라는 말이다. 그는 마음을 강조했다. 사람은 마음으로 하나님을 느끼고 체험한다. 그리고 성경은 우리에게 진리를 가르쳐 주고 우리를 겸손케 하는 살아 있는 책이라 했다.

그는 결핵으로 죽었다. 병상에서 그는 자신을 염려하는 사람들에게 말했다. "그리스도 인에게 있어서 병은 아무 문제가 안 됩니다. 병은 비록 고통을 주지만 모든 육신의 안락과 쾌락을 끊게 합니다. 죽음을 기다리지요. 하지만 그 가운데서 평생 동안 저를 괴롭게 한 모든 정욕을 끊습니다."

병은 저주가 아니라 모든 욕심과 정욕을 내려놓게 하고, 겸손케 한다는 것이다. 그는 자신을 위르려는 사람들에게 오히려 위로하는 사람이 되었고, 염려와 근심으로 사는 이 땅의 많은 사람들에게 하늘의 평안을 심어주었다. 그의 위대함이 여기에 있다.


## 2. 근세유럽의 국가와 교회

근세유럽은 기독교국가와 회교국 터키와의 동맹 가능성을 보였다. 십자군 사상은 자취를 감추고, 문화토착화 현상이 나타났다. 스콜라주의 국가관 대신 자연법에 근거한 국가관이 등장했다. 이에 관련된 사상가로 보댕(J. Bodin), 그로티우스(H. Grotius), 홉스(T. Hobbes), 로크(J. Locke), 푸펜도르프(S. Pufendorf) 등이 있다. 이들은 국가를 국민과 정부 간의 계약에서 으는 자연적 산물로 보았다. 예를 들어 그로티우스는, 인간은 본래 자연적으로 자유로우며 독립된 존재로 모든 국민과 국가 간의 관계는 계약관계라 했다.

이에 대해 신학자들은, 무엇보다 인본주의적 국가관에 바탕을 두고 있고, 국가의 목적과 과업을 세상적으로 보아 종교적 우위성이나 하나님의 권세를 없애려 했으며, 국가가 영적 생활 영역도 지배하려 했다고 비판했다. 관용은 민주주의 산물로 사상 및 종교의 자유를 초래했고, 프랑스나 미국에서 보듯 정치와 교회가 분리되었다.

국가와 교회와의 관계도 다양했다. 이탈리아는 교황세력(Sacerdotium)과 황제의 권력(Imperium) 사이에 충돌이 거듭되는 가운데 교회국가(church-state)가 발전했다. 플로렌스는 문예부흥의 중심이 되었다. 미켈란젤로, 다 빈치 등이 활동했다. 그들은 건장한 남성으로서의 모세, 예수, 다윗을 그렸다. 플로렌스는 토스카나(Toscana) 언어를 사용했으며 <신곡>을 쓴 단테(Dante), 낭만파 시인 페트랄카(Petrarca),『데카메론』을 쓴 보카치오(Boccacio) 등이 문학을 통해 이탈리아 언어 통일에 기여했다.

스페인은 정교일치를 취했다. 르네상스와 종교개혁도 스페인 교회와 문화에 별 영향을 주지 못했다. 인디언들에 대한 기독교화(Conquista Espiritual) 정책을 택했고, 그들을 자발적

봉사자로 만들어 경제를 수탈했다. 인디언을 멸종위기로 몰아넣었던 북미와는 대조적이었다.

프랑스의 경우, 루이 12세는 하나의 왕, 하나의 믿음, 하나의 법, 한 분이신 하나님으로 통일을 주장하며 신교를 탄압했다. 헨리 4세는 낭트 칙령을 발표하고 신교에 대한 관용정책(Tolerance edict)을 폈다. 그러나 중산층 시민계급으로 칼뱅의 신학을 따른 위그노 신자들의 개종을 촉구했다. 결국 낭트칙령을 폐지하고 신교도들을 추방했다.

영국의 헨리 8세는 영국교회를 국가교회로 만들었다. 엘리자베스 1세 때 영국교회는 영 제국주의 확립에 기여했다. 당시 영국교회는 선민사상을 가지고 있었다. 영국은 선택된 이스라엘로 본 것이다. 캔터베리 대주교 휫기프트(J. Whitgift)는 교회는 곧 국가라고 주장했다. 카트라이트(T. Cartwright)는 이에 대해 반대하며 칼뱅주의적 교회관을 피력했다. 1642년 청교도 혁명이 일어났고, 1689년에 권리장전(Bill of Rights)이 마련되었다. 크룸비데(Krumwiede)는 청교도율법주의는 영국인의 생활을 히브리화했다고 주장했다.

네덜란드는 칼뱅주의 신교국가였다. 개혁파 교회는 특전과 신앙의 자유를 누렸다. 신교 대학을 설립해, 학문과 예술을 발전시켰다. 스위스는 왕국으로부터 교회와 국가 분리 요청을 시행했다. 계몽사조 영향을 받아 초교파적 스위스협회를 결성했다. 망명객이 늘어가면서 제네바는 가톨릭화되었다.

독일은 30년 전쟁 결과 신구교가 양립되었다. 뮌스터(Münster)와 오스나브뤼크(Osnabrück) 평화조약으로 가톨릭이었던 왕국이 신교와 구교로 나뉜 것이다. 남부는 가톨릭, 북부는 루터교, 네덜란드 근방의 개혁파교회도 인정했다. 영주의 신앙에 따라 주민의 신앙이 결정되던 것도 종식되었다. 이런 지역적 교회관계가 19세기와 20세기까지 존속되었다. 가톨릭은 왕국에 충성하는 교회정책을 유지했다. 오토 1세부터 왕국교회(Reichskirche) 정책을 유지했다. 페브로니안주의(Febronianism)가 나타났다. 이것은 가톨릭의 탈교황지배운동이자 국민주의 운동이다. 교황을 상징으로 하고, 행정은 국가(주교) 단위로 할 것을 주장했다. 독일교회가 민족주의로 나간 것이다. 20세기 초까지만 해도 신부는 영주나 제후로부터 봉급을 받았다.

폴란드의 시지스문드(Sigismund) 3세 때 교회는 가톨릭이었다. 예수종회 활동을 통해 반종교개혁이 있었지만 관용적이었다. 타르타, 브란덴부르크 등에서의 '피의 홍수전쟁' 후 완전 가톨릭화되었다.

러시아는 희랍정교 신앙을 가졌으면서도 정치적으로는 유럽전통, 곧 로마제국전통에 끼어들려 했다. 차르 대관식 때는 비잔틴 예배의식으로 치러졌다. 니콘(Nicon) 때 희랍정교 전통에 따른 예배의식을 단행했고, 교회자립을 위해 노력했으나 실패했다. 오히려 국가가 교회를 지배하게 되었다. 피터 대제는 부분적으로 관용을 선포하고, 성상 숭배 반대자를 처형했다. 예수종회도 추방했다. 종교는 국가기관의 한 부서로 종속되었고, 국가가 교회를 장악했다. 결국 러시아는 서구문화권과 격리되었다.


## 3. 계몽사조

16세기와 17세기의 신구교 전쟁이 끝나 절대주의 국가가 대두되면서 교회는 정치로부터 물러서고, 교회의 영향력과 지배를 벗어나려는 문화운동이 싹트기 시작했다. 이 운동에는 과학지식과 역사 및 철학적 비판이 가세했다. 이것이 계몽사조(Enlightenment)로 나타났다. 이것은 일종의 지적 반동으로, 교회의 초자연적인 세계관을 버리고, 인간 중심의 새로운 세계관과 인생관을 가지는 사상운동의 과정이다.

계몽사조의 특징은 지성주의(intellectualism)다. 그리고 현세적 문화를 즐기는 것이다. 이 사조는 극도의 낙관주의 성격을 띤 것으로, 낙관주의는 공리주의(utilitarianism)를 불러왔다. 계몽사조는 개혁주의 성향을 띠어, 혁명에 대한 의욕을 고취시키고, 종교 대신 도덕을 강조했으며, 중국문화를 이상화하고 동경했다.

계몽사조는 나라마다 다양한 형태로 전개되었다. 네덜란드의 경우 구로티우스(H. Grotius)가 자연신학, 자연법, 역사와 문법에 의한 성경해석학을 발전시켰다. 데카르트(R. Descartes), 스피노자(B. Spinoza), 베일(P. Bayle) 등이 네덜란드로 망명해 활동했다. 범신론과 자연신론을 주창했다. 데카르트는 계시신앙과 자연종교를 분간하지 않았다. 그는 "나는 생각한다, 고로 나는 존재한다(Cogito, ergo sum)"라고 말함으로써 신 인식도 자기 인식에서 출발시켰다. 칼뱅도 하나님에 대한 인식과 자기에 대한 인식을 말하고 있으나 전제와 출발점에서 그와 다르지 않다. 스피노자는 신은 곧 자연(deus sive natura)이라 주장해 범신론으로 갔다. 그는 종교를 사랑과 경건한 감정에 국한시켰고, 성경에 대해 역사적 비판을 가했다. 그리고 철학을 신학으로부터 분리시켰다. 베일, 베케르(B. Bekker) 등은 마술신앙을 배제하고,

구마행위(exorcism)를 자연적으로 설명했다.

영국은 반신학적 자연신론(deism)에 섰다. 로크(J. Locke)는 경험철학의 시조로, 이성과 계시의 조화를 시도했다. 계시를 합리화했다. 톨랜드(J. Toland)는 본래 이성적인 기독교가 유대교와 희랍의 신비종교철학으로 왜곡되었다고 주장했다. 로크와 톨랜드는 합리주의적 형이상학자로 통한다. 흄(D. Hume)은 경험세계를 초월한 사실은 학적으로 용납될 수 없다며 합리주의적 형이상학 체계를 폐기했다. 그는 인식론적 경험주의, 실증주의 입장에 섰다. 기본(E. Gibbon)은 기독교의 로마제국에 대한 영향을 자연적 과정의 결과로 서술했다.

프랑스는 무신론적이었다. 반교회적, 반종교적 색채가 농후했다. 보댕(J. Bodin)은 자연신론 쪽에 섰다. 볼테르(Voltaire)는 무신론자는 아니었지만, 신은 이론적으로 증명할 수 없으나 실제적으로 믿어야 한다며 신앙과 이성을 분리시켰다. 그는 가톨릭을 비판했으며, 반교회적이었다. 백과사전파(Encyclopedists)는 이성주의, 반종교주의, 극단적 형이상학적 유물론에 섰다. 디데로(Diderot)와 달랑베르(d'Alembert)는 회의주의와 무신론으로 기울었다. 라메트리(Lamettrie)는 인간을 기계적 인간(L'homme machine)으로 보았다. 이 파는 계몽사상을 보급하는 데 기여했다. 루소(J. J. Rousseau)는 백과사전파에 반대했다. 그는 "자연으로 돌아가자"라고 주장하며 자연종교를 내세웠다. 자연종교는 자연적이고 더럽혀지지 않는 마음의 느낌으로, 문화·국가·재산·사유화가 이를 더럽혔다고 주장했다. 그는 이성주의 입장이 아니었다.

독일은 비교적 온건한 편이었다. 라이프니츠(G. W. Leibniz)는 기독교와 관념주의 철학의 종합화를 시도했다. 신앙을 기계적 자연과학으로 설명하려 했다. 모나드(monad)를 하나님으로 간주했으며, 예수를 훌륭한 선생으로 보았다. 그는 로크와 유사한 점이 있다. 토마시우스(C. Thomasius)는 교회의 고문행위 금지를 주장했다. 볼프(C. Wollf)는 공자를 존경해 물의를 빚었다. 그러나 이것은 중국에 대한 관심이 높아졌음을 보여준다.


## 4. 독일의 계몽사조와 자유신학의 탄생

독일의 계몽사조와 관련된 신학적 특이성으로는 자유주의와 연결되어 있다는 점이다. 독일의 계몽주의 신학이 이른바 자유주의 신학의 모판이 된 것이다. 독일 계몽주의 신학은 18세기 후반 독일의 대표적 신학으로, 인간의 합리적 이성으로 모든 것을 설명할 수 있다는 계몽사상을 바탕으로 한 인간 중심의 신학이다. 인간에 대한 극도의 낙관주의는 공리주의를 불러왔고, 종교 대신 도덕을 강조하게 되었다. 경건주의에 맞서는 이 신학은 경건에서 깊이가 결여되어 있다. 계시를 인정하면서도 그 의미를 약화시켰다. 계몽주의와 자유주의를 연결하는 비판신학으로 발전했다.

이 신학은 3단계로 발전해왔다. 1단계의 대표적 학자로 부데우스, 파프, 모샤임 등을 들 수 있다. 부데우스(J. F. Buddeus, 1667~1729)는 할레 대학 도덕철학교수로, 합리적인 신 인식을 주장하며 무신론에 대항했다. 그는 학적인 기독교의 역사 이해의 길을 열었다.

파프(C. M. Pfaff)는 계몽사조의 산물인 백과사전식 방법을 신학에 도입했고, 교회 안에서 사상의 다양성을 용인했다.

모샤임(J. Ludwig von Mosheim, 1693~1755)은 새로운 교회사 서술의 아버지다. 그는 편견 없는 역사조망을 했다. 그에 따르면 교회사는 신성한 역사(historia sacra)가 아니라 사람을 보다 신앙심 있게, 현명하게 만들려는 인간의 일이다. 교회기구를 국가로 유추해 볼 수 있다. 그는 종래 선악대결의 교회사관을 지양하고, 원인과 결과로 사건을 설명함으로써 일반 역사방법을 채택했다. 교회사를 교리에서 분리시켰으며, 사료에 근거한 전문적 학문으로 발전시켰다.

바움가르텐(S. J. Baumgarten, 1706~1757)은 경건주의에서 계몽사상으로 옮겨가는 데 교량 역할을 했다. 과학적 방법으로 성경주의적 경건을 강조했다.

2단계는 신 신학(新神學, Neologie)이 중심을 이룬다. Neologie는 Neue Theologie의 합성어로, 자유주의 신학개념이 담긴, 최초의 역사적 의미를 가진 신 신학이다. 이 신학은 이성과 계시의 조화를 깨뜨린다. 계시에 근거한 교리를 무가치하다고 비판했다. 원죄, 마귀, 지옥형벌, 속죄, 칭의, 성만찬 등 여러 교리에 대해서도 부정적 비판을 가했다. 대표적 학자들로 스팔딩, 제루살렘, 셈러, 라이마루스 등이 있다.

스팔딩(J. J. Spalding, 1714~1804)은 교리를 파괴하는 일은 하지 않고, 자유사상과 싸우며 복음을 계몽사상으로 이해하려 했다. 자연종교는 복음의 빛이 인간정신을 계몽하는 곳에서 배울 수 있다. 그는 교리보다 기독교 본질, 그리고 도덕을 강조했다. 그는 유물론자 라메트리를 반박했다.

제루살렘(J. F. W. Jerusalem)은 신 신학의 실천신학 대표자이다. 신 신학에 따라 교의를 비판했다. 그에 따르면 하나님의 형상은 약속으로 인간복지에 실현되는 것이다. 타락은 성경의 전역사(urgeschichte)이자 도덕적 교훈의 시다.

셈러(J. S. Semler, 1725~1791)는 신 신학의 대표적 주자다. 자유신학(Liberale Theologie)이 그의 책 이름에서 유래되었다.

계몽주의와 합리주의의 교량 역할을 한 그는 이성과 계시의 조화를 깨뜨렸다. 즉, 계시에 근거한 교리를 무가치하게 본 것이다. 급진적인 그의 사상은 원죄·마귀·믿음을 거부했으며 칭의·성만찬 등에 문제를 제기했다. 그는 초대 교회의 순수성을 부인했다. 계몽사상의 논리에 따라 완전은 미래에 이루어진다. 교리란 시간과 공간의 조건에 따라 결정된다. 교리의 상대성을 내세운 것이다. 그는 정통 교리에 구애받지 않고 성경 자체를 연구했다. 성경을 둘러싼 울타리를 제거해야 한다고 보았기 때문이다. 그는 문서비평과 저자문제 비평을 했다. 구약과 신약의 차이를 문서비판을 통해 말하고, 베드로후서와 계시록 저자 문제를 들고 나왔다. 그는 교회의 신앙고백과 전통적 경건에 대해서도 비판했다.

셈러는 특히 세 가지를 구별해야 한다고 했다. 첫째는 하나님의 말씀과 성경의 구별이다. 성경 가운데 도덕적 완성과 참된 내적 축복을 말하는 본문만 하나님의 말씀으로 보았다. 둘째, 종교와 신학의 구별이다. 종교가 기독교 신자의 참된 경건을 내용으로 한다면, 신학은 일반적이고 과학적인 방법으로 지식을 설득하고 가르치는 전문적 신학자를 양성하는 것으로 역사적·비판적 성경연구의 자유를 구가한다. 끝으로, 공적인 종교와 사적인 종교를 구별한다. 기독교의 본질은 하나님의 사랑을 통해 한 정신 아래 하나로 연결되어 도덕성을 실현하는 것으로, 불가시적 교회이다. 대부분 신자들이 사적 종교, 곧 경건을 완전한 상태로 유지하지 못하기 때문에 국가가 인정하는 예배와 교훈의 질서를 갖춘 가시적인 교회가 필요하다. 교회는 보조역할을 한다. 그는 라이마루스의 극단주의를 비판했다.

라이마루스(H. S. Reimarus, 1694~1768)는 자연신학을 지지했으며, 학회에서 아주 급진적인 용어를 사용하며 "기독교는 거짓에서 탄생했다"라고 주장했다. 제자들이 예수의 시체를 훔치고 거짓말을 했고, 예수는 정치적 메시아였으나 허무하게 죽자 제자들이 비정치적 메시아로 선전했다는 것이다. 이것을 레싱(G. E. Lessing)은 이 글의 일부를 익명으로 하고, 「볼펜뷔텔 단편」(Wolfenbüttel Fragmente)이라는 제목으로 출간해 독일 교회에 부정적 영향을 주었다.

3단계는 구 합리주의와 구 초자연주의로 이어진다. 18세기 중엽에서 말기까지는 합리주의와 초자연주의가 독일신학의 주류를 이뤘다. 합리주의는 칸트의 영향을 받았으며, 구 합리주의자로 교회사가 헨케(Henke), 주경신학자 파우루스(Paulus), 교회사가 스피트러(Spittler)가 있다. 구 초자연주의는 튀빙겐 학파로 스토르(Storr)와 라인하드(F. V. Reinhard)가 있다. 이 두 사상은 서로 반대되는 것처럼 보이지만 유사점이 많다. 플랑크(Planck)의 합리주의적 초자연주의, 아이크혼(Eichhorn)의 초자연적 합리주의가 그 보기이다. 레싱은 문예비평가로 기독교를 도덕종교로 이해했다.

계몽주의 신학자들이 한 일로는, 개혁적 의욕으로 교회의 실천면에 눈을 돌린 것이다. 설교, 찬송가, 예배 인도서를 시대정신에 맞게 수정했으며, 새로운 신앙고백서도 만들었다. 이 신학에 맞서 경건주의와 정통주의의 반대도 일어났지만 비합리주의 운동, 신비주의, 비의교, 미신 등도 일어나게 되었다.


## 5. 낭만주의와 경건주의

계몽주의에 대한 반발로 낭만주의 운동이 일어났다. 경건주의와 그 밖의 비합리적 운동도 같이 일어났지만 관념론, 낭만주의, 고전주의 등이 계몽주의에 반발했다. 낭만주의는 감정에 호소하며 심미적 성격을 띤다.

경건주의는 이성적 계몽주의에 대한 감성의 반동으로 일어난 운동이다. 17세기와 18세기 사이 개신교회, 특히 루터파 교회에서 일어난 종교운동이다. 이 운동은 무엇보다 정통주의(orthodox)에 반발하여 일어났다. 가톨릭이든 개신교든 교회법, 제도, 형식화된 예배의식에 불만을 품고 영적인 갈급함이 컸다. 독일 남서 지역에서 경건주의가 성행했다. 낭만적 문예운동인 질풍노도(Strum und Drang) 운동에 영향을 받은 경건주의자들의 경우 심미적 색채가 강했다. 하만(J. G. Hamann)은 경건주의 색채를 띠면서 계시 기독교를 추구했으며, 우어스페르거(Ursperger)는 철저히 계몽사상을 반대해 경건한 동지를 규합해 독일 기독교 협회를 조직했다.

경건주의 형성에 영향을 준 인물로는 루터를 비롯하여 여러 사람이 있다. 루터는 개인적인 신앙경험(감정), 주관성, 구원에 대한 개인적 확신을 강조하였다. 아른트(J. Arndt)는 사랑을, 쉬벤크펠드(C. Shwenkfeld)는 중생을, 오시안더(A. Osiander)는 신비와 영적 생활을 강조했다. 영국 청교도 사상가로서 성도의 생활을 강조한 에미스(W. Ames), 중생을 강조한 테일러(T. Taylor)와 훼트리(W. Whately)도 영향을 주었다.

경건주의자들은 초대 교회의 신앙생활을 사모하고, 신비주의적 영적 신앙(spiritualism)을 강조했다. 초대 교회의 생동성, 사랑, 능력을 통해 온전함(perfectionism)을 추구했다. 경건주의자들은 혁명적이면서도 보수적이었다. 혁명적이란 정통주의를 반대했다는 의미다. 그리고 보수적이란 계몽사조를 반대하고, 전통을 존중하며, 위정당국의 비위를 거스르지 않으며 교회 안의 신앙운동을 자제했음을 의미한다. 그들은 중생, 완전한 새 창조, 새 피조물, 새 사람, 하나님의 자녀, 내적이며 은밀한 마음의 소유자를 강조했다.

경건주의는 여러 특징이 있다. 첫째, 무엇보다 내적 종교성, 마음의 경건을 강조했다. 신앙적 자기반성이다. 둘째, 경건의 실천(praxis pietatis)을 내세웠다. 실제 일(구제)하는 데서 신앙이 표현되어야 한다. 셋째, 비현세적이고 금욕적이다. 종말론적 기대를 강조했다. 넷째, 교회 안에 머물면서도 국가교회를 멀리하고 중생자끼리 집회를 가졌다.

개혁주의 교회의 경건주의자들로 꼽히는 코케우스(J. Cocceus), 일명 코크(H. Koch)는 성경 전체를 영의 양식으로 삼았고, 구원사와 인간교육에 적용했으며, 계약신학과 함께 재림을 기대하고 선교의 긴박성을 내세웠다. 보에티우스(G. Voetius)는 그리스도인의 생활규범을 규정했다. 틸린크(W. Teellinck)는 감정을 강조하고 아름다움, 친절, 주님의 사랑으로 가득찬 새 생활을 강조했다. 경건의 실천에서 신비주의로 기울었다. 테르스티겐(G. Tersteegen)은 찬송가를 지었다.

경건주의 대표는 그 누구보다 루터교회 교인들이었다. 대표적인 인물로 스페너(P. J. Spener, 1635~1705)를 들 수 있다. 루터교 목사인 그는 여러 성경연구 모임을 주도했고, 책도 펴냈다. 성경모임들로 '콜레지아 피에타티스(Collegia Pietatis)', '콜레지아 필로비블리쿰(Collegia Philobiblicum)', '콜레지아 브빌리카(Collegia Biblica)'가 있다. 콜레지아 피에타티스는 스페너가 프랑크푸르트에서 목회하면서 1670년에 정기적으로 가진 열심 있는 경건한 성도들의 집회였다. 콜레지아 필로비블리쿰은 경건을 실행에 옮기기 위한 성경반이다. 프랑케 등과 함께 성경반을 조직했고, 영적 성장을 위해 상부상조했다. 스페너는 이를 '교회 내의 작은 교회들(Ecclesiola in Ecclesia)'이라 했다. 콜레지아 브빌리카는 스페너가 라이프치히에 있을 때 프랑케(A. H. Francke) 등 여러 젊은 석학들과 함께 가진 성경연구모임이다. 1690년에는 신학적 논쟁 결과로 이들은 라이프치히를 떠나야 했다. 프랑케가 라이프

치히 대학의 교수방법과 커리큘럼을 비판하자 신학계에서 강하게 반발했다. 할레에 그들 중심의 새로운 대학을 설립했다. 할레는 경건주의 온상으로 발전했다.

스페너는 1675년『피아 데시데리아(Pia Desideria)』, 곧 경건한 욕망을 펴냈다. 그는 이 책의 부제를 '경건을 동경함'이라 붙였다. 원래 아른트의 설교집 서문으로 쓴 글이었으나 교계로부터 지대한 관심을 끌게 되었고, 경건주의 창시자라 알려지게 되었다. 그는 이 책에서 교회의 부패상을 지적하고, 믿음과 행위를 강조했으며, 기도와 성경공부 그리고 생활의 순결을 강조했다. 그는 교회를 개선하기 위해 6가지를 제시했다. 첫째는 그룹성경공부와 대화 있는 설교이다. 둘째는 만인제사장들인 평신도들의 적극적 교회생활이다. 셋째, 지식이 아니라 실천을 통해 실증되는 기독교여야 한다는 점이다. 넷째, 기도와 모범, 사랑으로 신앙 논쟁을 한다. 다섯째, 실천과 연결된 신학이다. 끝으로, 신앙을 길러주는 설교다.

프랑케는 중생과 성령, 회개를 위한 투쟁(Buβkampf)을 강조했다. 거듭난 자의 성장, 그리스도와의 연합, 그리고 신의 성품에의 참여를 촉구했다. 그는 개개인의 변화를 통해 세계를 변화시킬 수 있다고 보았다. 스페너와 차이가 있다면 중생에로의 준비과정에서의 율법 역할을 강조했다는 점이다.

진젠도르프(N. L. Zinzendorf)와 브뢰더글마이네(Brüderglmeine)는 감리교 창시자 요한 웨슬리에게 영향을 줄 만큼 이름 있는 경건주의자였다. 진젠도르프는 구약 365쪽의 '로순겐(Losungen)'과 신약 365쪽의 '레르텍스트(Lehrtext)'으로 매일의 양식을 삼게 했다.

아놀드(G. Arnold)는 자신의 책,『편견 없는 교회 및 이단 역사』를 통해 가톨릭이나 개신교 모두 바벨탑(Babel)이라 주장했다. 초기에 그는 신비적 영성주의 노선을 따랐다. 교회는 한 사람, 한 사람 거듭난 사람이 모인 것이라 봄으로써 철저한 개인주의적 입장을 폈다. 교회 없는 기독교, 개인적인 기독교를 내세운 것이다. 그는 교회와 펠로십을 무의미하게 보았다. 즉, 내적인 이해 없이 교회에 가고 성찬에 참여하는 것은 우상숭배이며, 손으로 지은 교회를 부정했다.

벵겔(J. A. Bengel)은 경건주의 성경신학자이다. 계시록을 시간으로 계산해 1835년을 재림일자로 예언하기도 했다. 주경신학자인 그는 성경해석의 원리로 세 가지를 제시했다. 첫째, 성경은 서로 연결된 하나님의 구원의 집이다. 둘째, 성경 그 자체가 내용의 큰 증명이다. 셋째, 루터의 교의고백이나 교의로 성경의 독립성을 속박해서는 안 된다.

외틴저(F. C. Oetinger)는 신비적 자연철학(pansophie)을 통해, 피조물의 조화가 성령을 통해 이뤄진다 했고, 하나님을 의사로 구체화했다.

결론적으로 경건주의는 이론적 지성주의를 배격하고 개인적 체험신앙을 강조했다. 합리주의적 급진신학을 비판하고 살아 있는 신앙, 또한 성경의 기본교리를 강조해, 계몽사조의 합리주의와 관념론에 대항했다. 그리고 제도적인 국민교회에 속해있는 것만으로 만족하지 않고 회개와 성령 충만한 자들이 교회 안에서 따로 모임을 가진 것이 특색이다. 20세기까지 계속되었다. 신학적 불균형과 교회관의 결함에도 불구하고 독일 보수 세력으로 존속했다. 긍정적인 것은 열매 있는 신앙생활을 강조했고, 사회봉사(diakonie)를 열심히 했다는 점이다.

경건주의는 여러모로 영향을 주었다. 주경신학자 벵겔, 칸트, 레싱이 이 영향을 받았고, 독일문학발전에 도움을 주었다. 모라비안 일파와 진젠도르프로 하여금 외지선교운동을 일으키게 해, 복음전파에 기여했다. 18세기에는 영국의 요한 웨슬리에게 영향을 주어 감리교회 형성과 전도, 신앙적으로 부흥하고 발전케 했다. 미국의 경우 칼뱅주의자 요나단 에드워즈와 합세해 신생국가의 교회부흥에 영향을 주었고, 무디의 전도에도 힘을 실어주었다.

그러나 경건주의가 가진 약점도 만만치 않다. 경건주의의 체험에 대한 강조는 주관주의, 신비주의로 전락게 할 위험이 있다. 경건주의는 감정을 지나치게 강조해 지성의 역할에 타격을 주었다. 정치, 사회, 노동 분야에 대한 기독교인의 의무를 등한시하게 만들었다. 종종 교리를 무시하고 실제적인 것을 지나치게 강조했다. 교리에 대한 무관심은 WCC의 에큐메니컬 발달에 한 몫을 차지했다. 역사적으로 교회 내의 작은 교회를 배태하는 경향, 소란과 영적 교만에 빠질 위험이 있었다. 그리고 성경 읽기와 기도, 교회출석을 그리스도인의 생활 전부인 것처럼 생각하게 하는 경향이 있었다.

낭만주의 신학자로 라바터(J. K. Lavater)는 종교적 감정을 강조했고, 클라우디아스(M. Claudias)는 정감에 찬 마음의 경건을 주장했다.

낭만주의 운동엔 정통주의도 한몫했다. 궤제(J. M. Goeze)는 라이마루스의 「볼펜뷔텔 단편」에 대항했다. 헤르더(Herder)는, 예수는 도덕 설교가 아닌 하나님의 능력을 소유한 중보자라 했다. 그는 성경의 심미성을 구약에서 발견하고 신 경험을 말했다. 그에 따르면 기독교는 인간성(humanity)의 종교로, 낭만주의로 이끄는 전초적 신학이다. 칸트(Kant)는 계몽사상을 극복했다. 그는 계시를 이성으로 확인한 볼프(Wolff) 학파의 영향을 받았다. 그는 판에 박힌 형이상학을 분쇄하고 교의의 이념적 내용을 자기 나름의 사변으로 설명했다. 신앙의 자리를 얻기 위해 지식을 지양하도록 했으며, 신은 실천이성의 요청이라고 주장했다.

고전주의는 낭만주의 같이 심미적이나 낭만주의보다 형식을 더 갖춘 것이다. 괴테(Goethe)나 쉴러(Schiller)의 작품에서 볼 수 있다. 휴머니티를 통해 희랍사상과 기독교를 반영했다. 종교나 도덕보다 심미적 교육을 통해 이상에 도달한다.

낭만주의는 감정과 환상을 바탕으로 한 심미적 세계관이 특징이다. 차차 종교에 관심을 가지면서 신비주의로 유도한다. 피히테(Fichte), 티에크(Tieck), 쉬레겔(Schlegel) 등이 낭만주의에 영향을 주었다. 스피노자 영향을 받아 일원론(monism)으로 기울었고, 심미적, 신비적 범신론 신앙이 나오게 되었다. 심미적 성향 때문에 자연 가톨릭에 더 가까워졌다. 쉬레겔은 마리아 숭배를 미화했다. 슐라이어마허(F. E. Schleiermacher)는 가톨릭에 기울지 않으면서도 종교를 인간경험과 감정에 근거한 것으로 설명했다. 반기독교적 낭만주의에 대한 변증이기도 하다.

칸트 이후의 관념론(이상주의)은 피히테, 쉘링, 헤겔에서 나타난다. 이들은 칸트의 이율배반적인 물건 그 자체(Ding an sich)를 극복하고 초월적 관념론, 형이상학적 사색을 했다. 일원론이고 저몽사상을 과소평가했다는 점에서 교회의 교의와 가까워 보이지만 기독교에 대한 이해는 또 다른 형태의 합리주의적 시도에 불과하다.


## 6. 계몽사조 이후의 독일 신학

18세기 후반 계몽사조가 독일 신학에 막대한 영향을 미쳤어도 많은 사람들은 합리주의적 신앙 또는 전통주의나 경건주의 신앙을 가졌다. 경건주의 운동, 관념론, 종교적 열정이 다시 불타올랐다. 1814년 나폴레옹 전쟁 몰락 이후 계몽주의에서 기독교, 정통주의로 되돌아가는 경향을 보였다. 관념론, 낭만주의, 사변주의 신학, 부흥신학, 비판신학 등 다양하다. 경건주의적 부흥운동은 호팩커(L. Hofacker) 등에서 보듯 회개운동으로 이어졌다.

낭만주의의 경우 슐라이어마허를 들 수 있다. 그는 칸트, 헤겔과 동시대 인물로 낭만주의 대표신학자이다. 그는 경건주의적 루터교 가정에서 신앙교육을 받았다. 쉬레겔 등 낭만주의자들과 교제를 가졌고, 이것은 시대적 변천과 결부되었다. 『종교에 대하여』라는 책을 통해, 종교는 인간경험에 근거하고 있음을 역설했다. 초월적인 존재자에 대한 의존감정으로 환원한 것이다. 이것은 19세기 신학으로 넘어가는 하나의 분기점에 해당하는 작품이다. 그는 「개신교회 기본교리에 따른 개신교 신앙」에서 죄, 은혜, 생, 부활 등을 하나님께 의존하는 삶으로 모호하게 표현했다.

사변주의 신학은 쉘링(Schelling)과 헤겔의 사변철학의 영향을 받았다. 슐라이어마허와는 달리 계몽사상의 주지주의(intellectualism)로 되돌아갔다. 도브(K. Daub)는 신의 계시로 인간 정신에 내재하는 신의 이데아를 사변으로 파악했다.

부흥신학(Eerweckungstheologie)은 초자연주의를 종교적으로 심화시키고, 역사를 낭만주의로 이해했다. 낭만주의적이며 경건주의적인 초자연주의 신학을 낳았다. 네안더(A. Neander)는 "신학을 하는 것은 마음이다"라며 마음신학(Pektoraltheologie)을 주장했다. 그는 낭만주의 영향을 받아 환희와 예술을 교회사에 담았고, 기독교 역사를 통일적인 생의 발전으로 서술했다. 경건주의 입장에서 교회사를 쓴 것이다. 토룩(A. Tholuck)과 베크(J. Beck)도 부흥신학자이다.

비판신학은 계몽주의 신학을 이어받아 합리주의를 고수했다. 파우루스(H. Paulus), 스트라우스(D. Strauβ), 바우어(F. C. Bauer) 등 자유주의 신학자들은 교의신학과 주경신학에 치중했다. 스트라우스는 『예수전(Leben Jesu)』을 써, 인간으로서의 예수를 연구했다. 이것은 예수 전 연구의 효시이다. 그는 여기서 복음을 신화로 간주하고, 신인의 역사적 실재를 부인했다. 후에는 다윈에게 매료되어 무신론적 유물론을 주장했다. 바우어는 튀빙겐 학파의 주도자다. 이 학파는 자유주의적이고 비판적이었다. 리츨(A. Ritschl)도 한때 이 학파에 속했다. 바우어는 초대 교회사에 관심을 두고 복음서 비평에 힘써 신약, 교회사, 교리사 연구에 새로운 전기를 마련했다. 그는 헤겔의 정반합 변증법을 교회사 연구에 도입했으며, 초대 기독교를 역사적 산물로 간주했다. 즉, 초대 기독교 첫 세대의 유대적 기독교를 테제로, 이방의 기독교를 안티테제로 해서 제3세대, 곧 2세기에 영지주의라는 공동의 적을 만나 화합해 사도행전과 요한복음이 나온 것을 진테제로 간주했다. 또 다른 바우어(B. Bauer)는 복음서는 문서에 의한 저작으로 간주하고, 구전을 부인했으며, 그리스도의 역사성도 부인했다.

그 밖에 정통주의가 있었다. 에르란겐(Erlangen) 학파가 이에 속한다. 이 학파는 복고적 신학(Restorative Theologie)과 루터교의에 충실한 고백신학(Konfessionalistische)을 가지고 있었다. 뷔빙겐 학파와 보수신학을 절충하는 중재신학(Vermittlungstheologie)도 등장했다. 주로 슐라이어마허 학파 중 우파가 이에 속한다.

## 7. 리츨과 그 이후의 신학

리츨은 자유주의의 아버지로 통한다. 조부는 슐라이어마허다. 리츨과 그 이후의 신학은 신학적 사변보다 역사적 연구를 강조했다.

리츨은 교의학의 원천을 복음이라 하고, 자연신학을 거부하고 성경(신약)을 강조했다. 교회에 바탕을 둔 신앙을 말했으며, 기적을 승인했다. 성경 비판을 허용했지만 비평문제에는 보수 쪽에 섰다. 그는 객관을 중시해 형이상학, 신비주의, 경건주의에 부정적 입장을 취했으며 동정녀 탄생이나 부활에 무관심했다. 그는 예수 전 쓰는 것을 반대했다.

리츨은 신개신교주의(Neo-Protestantismus), 즉 문화개신교주의(Kulturprotestantismus)를 통해 아주 대표적인 자유주의 형태를 보였다. 이에 따르면 하나님 자신을 알 수 없고, 오직 믿음으로 하나님의 실제적 실재를 인식할 뿐이다. 그리스도의 신성과 인성, 죄에 대한 인식도 피상적이다. 예수는 사랑을 구현한 모범적 인간이며, 사랑의 법 아래 살면 하나님 나라를 실현한다고 주장했다.

헤르만(W. Herman)은 리츨, 슐라이어마허, 토룩으로부터 영향을 받았다. 종교를 개인적 경험으로 인식했으며, 신학과 신앙을 분리했다. 비판은 비판이고, 신앙은 신앙이라는 것이다. 비판이 신앙에 영향을 줄 수 없다. 신앙은 실제에 근거한다. 예수와의 만남이 중요하다.

쉬라터(A. Schlatter)는 보수적 석학으로, 신약과 후기 유대교를 연구했다. 프랑크(R. Frank)는 내적 체험을 강조했고, 제베르그(R. Seeberg)는 기독교를 긍정적으로 표현했다.

1880년 이후에는 역사 연구가 성행했다. 역사적인 것과 비역사적인 것을 구별하고, 비역사적인 것을 신화와 동일시했다. 군켈(H. Gunkel), 아이크호른(A. Eichorn), 부세(W. Bousset), 그레스만(H. Gressmann) 등 종교사학파는 주변종교의 신화가 이스라엘에 미친 영향을 연구했다. 군켈은 양식(formen), 제의적 기능을 담당한 문학양식(Gattungen), 사화(Sagen)를 구약내용 분석에 사용해 양식비평사(Formgeschichte)의 길을 열었다. 양식이라는 단어는 오베르베크(F. Oberveck)가 처음 사용했다. 양식사를 연구한 켈러(M. Kähler)는, 성경은 교회가 행한 설교집으로, 복음서는 전기가 아니며, 따라서 예수 전 연구는 무의미하다고 주장했다. 역사적 예수 신학을 반대한 것이다. 그는 보수적이면서도 비판적이었다. 시바이처(A. Schweitzer)는, 복음서는 메시아적 자의식 이해 정도에 그친 것으로 전기가 아니라 했다. 레데(W. Wrede)는, 역사적 예수는 제자들이 예수를 메시아로 믿은 데서 온 부활절 현현이라 주장했다. 문서설의 주창자 벨하우젠(J. Wellhausen)은 셈족어를 연구한 교수로, 오경과 역사들이 문서(Quellen)를 자료로 해 쓰인 것이라 했다. 하르낙(A. von Harnack)은 교회사 분야 연구를 통해 기독교 교의는 희랍정신의 산물로 보았다. 종교사학파에 속한 트뢸치(E. Troeltsch)는 기독교를 서양문화 속의 종교로 간주하고, 기독교 유일성을 부인했다. 기독교를 일반 역사 속에 둠으로써 기독교를 상대화한 것이다. 나아가 그는 현대 역사는 계몽사조와 더불어 시작했으며, 그 이전 것은 전근대적이라 했다.


## 8. 영국의 기독교

종교개혁 당시 아일랜드만 가톨릭으로 남고 잉글랜드, 웨일스, 스코틀랜드가 개신교가 되어 'United Kingdom'으로 연합되었다. 18세기에 잉글랜드에서는 앵글리칸(Anglican)이 국교회로 발전했고, 스코틀랜드에서는 장로교회가 형성되었다. 감리교회, 침례교회, 그리고 회중교회도 발전해 개혁주의에 영향을 주었다. 앵글리칸 교회는 산업혁명으로 인한 사회문제를 해결해주지는 못했지만 부흥운동이 공백을 메웠다. 앵글리칸은 칼뱅주의에 바탕을 둔 개혁주의와 감독정치를 했다. 영국교회는 성경의 권위와 믿음으로만 구원을 얻는 것이라고 강조했으며, 만인제사장주의, 개인적 신앙체험, 십자가와 부활에 대한 확신, 그리고 선교를 강조했다.

유럽에서는 계몽주의가 교회를 지배했으나 영국에서 자연신론(deism)이 일부 지식층에 그쳐 보수성이 강했다. 그러나 영국신학은 합리주의적 신앙에서 완전히 벗어나지는 못했다. 그 예가 관용주의(latitudinarianism)이다. 이것은 보수와 계몽주의의 중간, 국교와 비국교도인 중간, 즉 포용적이다. 이것은 18세기 흡스와 자연신론에 대항해서 나왔다. 교의에서 후퇴하여 성경으로 돌아가면서도 다분히 합리주의적 성향을 띠었다. 아르미니안과 유니테리언이 나왔다. 유니테리언의 대표는 설교가이자 자연연구가인 프리스틀리(J. Priestley)다. 관용주의의 대표적 신학자로는 버틀러(J. Butler)가 있다.

신비주의와 비의교(秘義敎, occultism)도 성행했다. 비의교는 폐쇄적이고 의식적이었다. 스톡홀름의 스베덴보리(Swedenborg) 비의교 교회조직을 가지고 있어서, 이 신봉자들을 '스벤덴보리안(Swedenborgian)'이라 한다. 경건주의와 관계를 가진 종교단체는 사회사업과 선교를 했다. 그 예로 크리스천 지식 촉진회(Society of Promoting Christian Knowledge)가 있다.

요한 웨슬리와 조지 휫필드(G. Whitefield)를 중심으로 한 부흥운동이 일어났다. 감리교가 주축이 되어 초교파 복음적 대중운동이 시작되었다. 이 운동은 경건주의적 교회 내의 교회모임인 크베티켈(Kovetikel)과 앵글리칸 교회 영역을 넘어 성장했다.

부흥운동은 여러 운동을 동반한 운동이었다. 무엇보다 신앙의 생활화 운동이었다. 봉사(diakonie)로서 환자 돌보기, 기아 구제, 병원 설립이 있었다. 레이크스(R. Raikes)는 주일학교 교육을 일으켜 학생들에 대한 종교교육에 대한 관심을 높였고, 윌버포스(W. Wilberforce)는 노예제도철폐운동을, 하워드(J. Howard)는 감옥개선에 앞장섰다. 금주운동도 벌어져 1930년대 미국은 국회에서 금주를 결의했다. 부흥운동은 에큐메니컬 운동이었다. 런던선교회(London Mission Society) 등 여러 선교회가 조직되었고, 훗날 WCC 조직화에도 영향을 주었다. 부흥운동으로 새로운 교파가 탄생되기도 했다. 기존 교파는 내적으로 충실하려는 움직임을 보였다. 그리고 이 운동은 의식을 간소화하는 등 기존교회의 가톨릭적 유산을 불식시켰다.

부흥운동은 여러 운동들을 파생시켰다. 그 대표적인 운동이 감리교운동이다. 이 운동에 있어서 요한 웨슬리는 빼놓을 수 없는 인물이다. 그의 어머니 수잔나는 19남매를 신앙으로 길렀다. 타른 교육과 함께 뚜렷한 가치관과 책임관을 심어주었다. 형은 동생의 교육을 책임지도록 했다. 이것은 그가 옥스퍼드 대학에서 교수로서 학생모임을 인도하는 데서도 나타났다. 첫교도적으로 엄격한 신앙생활을 강조하자 사람들은 그와 그의 추종자들을 가리켜 '방법주의자들(Methodists)'이라는 별명을 붙였다. 이것이 감리교(Methodism)라는 명칭이 되었다. 그는 미국 조지아 선교사로 활동하기도 했다. 그는 모라비언들(Herrnhuter)이 풍랑을 만나도 죽음을 두려워하지 않고 찬송하고 기도하는 신앙심, 루터의 로마서 주석을 읽는 것, 서로 형제처럼 지내는 것을 보고 감명을 받았다. 그는 독일로 건너가 진젠도르프를 만나 많은 것을 배웠다. 그러나 교회운영에 대한 의견 차이와 성화에 힘쓰지 않는 것을 보고 교제를 끊었다.

웨슬리의 신학의 기본은 중생의 회개를 경험하는 칭의와 청교도 전통의 성화였다. 그는 '성경은 성경으로 해석한다'는 벵겔의 영향을 받았지만 그가 강조하는 종말론은 따르지 않았다. 그는 칼뱅의 점진적 성화와는 달리 즉각적이고 완전한 성화를 주장했다. 「웨슬리의 교리적 표준서설」을 쓴 브르워시(N. Bruwash)는 웨슬리의 신학을 다음과 같이 묘사했다.

- 희랍 그리스도인과 아르미니안주의가 주장한바, 하나님 사랑의 너비를 파악함과 아울러 아우구스투스와 함께 인간의 죄의 깊이를 말했다.
- 로마 가톨릭과 함께 선행의 필요성을 주장했으며, 믿음을 강조하는 개신교의 중요성을 인식했다.
- 교회주의자(Churchman)와 더불어 은혜 수단의 중요성을 주장했다. 동시에 복음주의적인 신비주의자들과 함께 내적 은총의 독특한 역사를 이해했다.
- 영국 신비주의자들의 내적 성결과 그리스도인 완전(perfection) 교리를 복음주의적 원리 위에 세웠다.

웨슬리는 후계자들이 이런 그의 신학적 유산, 곧 메소디즘이 지속되기를 바랐다. 그는 "세계는 나의 교구"라는 슬로건 밑에 변혁을 꿈꿨다. 그의 동생 찰스는 100여 편의 찬송가를 지었다.

횟필드는 웨슬리와 함께 부흥운동을 폈다. 미국 조지아에서 전도했고, 학교와 고아원을 세웠다. 앵글리칸 교회가 강단에 서지 못하게 하자 브리스톨에서 노천 설교를 시작했다. 감리교운동이 시작된 것이다. 그러나 예정론에 관한 의견 차이로 웨슬리와 결별했다. 횟필드는 칼뱅의 예정론에 선 반면 웨슬리는 아르미니안적 만인구원론 입장에 섰다. 그는 말씀 연구, 변화체험, 복음사역 투신을 중시했다.

감리교 운동은 요한 웨슬리가 창립해 조직화한 것이다. 모라비언을 본받아 속회(classes)를 조직하고, 회원 간에 영적 교제를 갖도록 했다. 웨슬리는 감리교 운동이 앵글리칸 교회와 결별하는 것을 원치 않아 앵글리칸 교회의 공적 예배시간에는 집회를 갖지 않았다. 하지만 그가 죽고 난 후 앵글리칸 교회에서 분립되었고, 1인 지도체제를 지양하고 100명의 설교자 연회가 지도기관이 되었다. 그러나 감리교는 자유민주적 경향을 배제하고 1인 체제로 갔다. 평신도 설교자를 세워 전도하게 하고, 신앙소책자를 펴냈다. 감리교 운동은 영적 부흥과 함께 사회문제에 관심을 가져, 노예제도에 반대하고, 노동자에 접근했다. 노동지도자와 노동당이 감리교운동으로부터 탄생했다.

부흥운동에 영향을 받아 기독교 사회운동이 확산되었다. 선교회가 조직되고, 대영성서공회가 설립되었다. 윌버포스는 노예제도 폐지(Abolition)운동을 폈으며, 미국보다 먼저 노예제 폐지를 결의했다.

부흥운동은 복음주의(Evangelical) 운동을 확산시켰다. 이 운동은 일종의 초교파 운동으로, 영국 내 복음주의는 물론 저교회파(low church party)도 포함된다. 할데인(Haldane) 두 형제를 통해 이 운동이 일어났고, 회중교회적 독립교회가 형성되었다. 첼머스(Chalmers)의 스코틀랜드 독립교회, 런던의 복음주의 연합(Alliance)이 조직되었다.

부흥운동은 옥스퍼드 운동을 낳았다. 이것은 앵글리칸교회의 고교회파(high church party)에서 앵글로-가톨릭의 옥스퍼드 운동을 통해 혁신을 꾀한 운동이다. 고교회파는 의식을 주장하며 덜 개혁적이다. 저교회파에서 목사라 부르는 반면 고교회파에서는 신부라 부른다. 따라서 이 운동은 종교개혁이 아니라 이전의 교회생활과 예배의식을 회복했다. 개신교와 가톨릭의 중간노선에 섰던 뉴먼(J. H. Newman)은 앵글로-가톨릭에 있다. 아예 가톨릭으로 개종했다. 퓨세이(Pusey)는 감독의 사도직 계승과 성찬의 제사적 성격을 논했다. 이 사상을 퓨세이즘(Puseyism)이라 한다. 향, 성수, 고해의 의식뿐 아니라 건축도 미술도 음악도 복고식을 선호했다. 이 운동은 귀족층과 노동자층에 파고드는 데 성공했다. 병원, 고아원, 선교 및 교육기관도 설립했다. 레오 13세가 앵글리칸교회 헌당식 참석을 거부했고, 결국 가톨릭 세 종지부를 찍었다.

부흥운동은 자유주의 교회운동을 낳았다. 소수의 무리가 넓은 의미의 교회(broad church)를 형성했다. 자유주의 성향을 가진 이들은 개신교 바탕에서 자유주의, 이성적 기독교를 지향했다. 콜러릿지(Coleridge), 아놀드(Arnold), 킹슬리(Kingsley)는 기독교를 자연과학과 역사과학에 조화시키려 했다. 이들의 사상은 '옥스퍼드 에세이(Oxford Essays)'에 나타난다.

부흥운동은 새로운 교파운동도 낳았다. 비국교들의 종교자유를 인정하자 새 교파가 발생한 것이다. 어빙파(Irvingianer)는 스코틀랜드 장로교 목사이자 부흥사인 어빙(E. Irving) 추종자들이다. 어빙은 방언과 예언을 했다. 교회로부터 치리를 당하자 가톨릭 사도교회(Catholic Apostolic Church)를 세웠다. 일종의 계시 종파이다. 플리머스 형제회(Plymouth Brethren)

는 그리스도의 재림을 바라며 형제들끼리 모이는 종파로, 다비(Darby) 이름을 따 다비스트 (Darbysts)라 한다. 이 파는 교회기구나 조직을 부정한다. 플리머스는 이 단체가 시작된 곳을 의미한다. 구세군(Salvation Army)은 감리교 설교가 부스(W. Booth)가 군대조직에 따라 교회를 조직화한 것으로, 대도시에서 전도와 구제 활동을 했다.

### 영국 교회가 행복했던 이유

기차를 타고 가던 날, 옆자리에 한 중년 남자가 앉게 되었다. 그런데 그는 어느 산이나 도시를 지날 때마다 먼 곳을 향해 합장을 하는 것이었다. 왜 그러냐고 물었더니 저 너머에 있는 절을 생각하며 합장을 한다는 것이었다. 조금 전에 합장했던 절엔 어느 스님이 계신다며 그에 대한 칭찬이 끊이지 않았다. 절이 크든 작든 어느 절이든 그 모두가 부처의 절이자 자기의 절처럼 생각된다 했다. 자기가 다니는 절만 절이 아니란 말이다.

이야기는 영국으로 돌아간다. 설교가 스펄전이 담임하던 교회의 교인이 만 명이 되었다. 몰간이 담임하던 교회도 8천 명이 되었다. 마이어가 담임하던 교회는 한참 뒤져 있었다. 당신이 마이어라면 어떤 마음이 들었을까?

마이어는 스펄전과 몰간의 교회를 축복했다. 주님이 얼마나 그 모습을 기뻐하셨을까. 마이어가 담임하던 교회도 성장하게 되었다. 교회는 질시와 미움으로 성장하는 것이 아니라 서로 격려하고 축복함으로 성장한다. 스펄전 당시 영국엔 몰간, 그리고 마이어 목사 등 훌륭한 목사가 있어 행복했다.

이 두 이야기는 나에게 많은 깨달음을 주었다. 지금까지 신앙생활을 해왔지만 한국교회에 필요한 것이 바로 이것이 아닐까 싶다. 한국교회는 생각보다 다른 교회에 대한 질시가 심하다. 그럼에도 불구하고 이처럼 성장한 것이 기적이다. 앞으로 한국교회가 더 성장할 수 있는 비결은 한 가지. 이웃교회에 대한 질시는 그만두고, 이웃목사에 대한 판단은 중지하고, 오직 주님의 마음을 갖는 것이다. 교단이 다르다고 미워할 이유는 없다. 교회가 다르다고 무시할 이유도 없다. 이웃 교회를 축복하라. 이웃 교회 목사를 축복하라. 그 모두 주님의 교회 아니던가. 그 마음을 가지고 서로 격려하고 사랑하면 주님이 기뻐하실 것이다.

## 9. 미국의 기독교

미국의 기독교사는 유럽 교회사와 관계에서 봐야 한다. 유럽에서 이주했기 때문이다. 스페인계는 대부분 가톨릭으로, 중미와 남미뿐 아니라 미국의 남부에 영향을 미쳤다. 파렴치한 방법으로 가톨릭화했고, 교회가 제국주의에 앞장섰다.[1] 프랑스계는 북미, 미시시피계곡, 캐나다, 루이지애나 등지에 가톨릭과 프랑스 문화를 심어주었다. 영국 이주자의

---

1) 남미에서 예외는 브라질이다. 포르투갈이 개척했고, 거친 수단을 사용하지 않았기 때문이다.

경우 비국교도들, 특히 회중교회는 매사추세츠 주에, 앵글리칸 교회는 버지니아 주에 자리를 잡았다. 회중교회는 교회가 국가를 지배해야 한다는 생각으로 교회 정치체제(church polity)를 강조한다. 앵글리칸 교회는 하이처치견해를 가지고 있으며 국가교회제도를 따랐다. 델라웨어는 루터교 스웨덴 사람들이 모였고, 펜실베이니아는 윌리엄 펜이 퀘이커, 모라비안, 루터란 교회 교인들에게 처소를 제공함에 따라 이들이 모였다. 뉴 암스테르담은 현재의 뉴욕으로 개혁파 네덜란드인들의 보금자리가 되었다.

부흥운동에도 불구하고 로크나 흄의 영국 자연신론이 미국에 만연했다. 특히 유니테리언 주의가 득세했다. 보스턴의 앵글리칸 교회인 킹스 채플이 유니테리언으로 넘어갔다. 유니테리언주의(unitarianism)는 아르미니안의 보편주의(universalism)와 유사성이 많다. 아르미니안은 칼뱅주의관을 부인한다. 전적 부패, 예정설, 그리고 제한된 은혜도 거부한다. 그들은, "하나님은 너무 선하기 때문에 인간을 벌할 수 없다"고 말한다. 성선설, 낙관, 완성에의 가능성, 인간의지, 만인구원설을 믿는다. 유니테리언은 "인간은 너무 선하기 때문에 저주를 받을 수 없다", "인간은 완전해질 수 있다"고 주장한다. 삼위일체를 반대한다. 그래서 유니테리언이다. 아르미니안과 유니테리언은 다소 설명이 다르긴 하지만 내용은 비슷하다. 따라서 아르미니안 주의는 유니테리언으로 가는 대로라 할 수 있다. 팔머(E. Palmer)는 회중교회를 버리고 유니테리언이 된 대표적인 인물이다. 그는 당시 보수주의자들과는 달리 프랑스 혁명을 지지했다.

미국 침례교는 1631년 윌리엄(R. William)이 세웠다. 브라운대, 로데 아일랜드 신학교를 세웠고, 1800년에 주류를 이뤘다. 현재 남침례교가 가장 우세하다.

장로교는 스코틀랜드와 아일랜드 이민으로 급성장했다. 1611년에 버지니아에 교회를 세웠고, 매키미(F. Makemie)가 대서양 연안에서 전도했다. 정종분리이면서도 미국 독립을 위해 크게 이바지했다. 중앙집권적 행정체제를 싫어한다. 필라델피아 노회를 조직했고, 1729년 웨스트민스터 신앙고백과 대소요리문답을 채택했다. 부흥운동에 대해 올드 사이드는 냉담한 데 반해 뉴 사이드는 지지로 갈라졌다 연합했다. 회중교회와의 연합문제로, 회중교회를 의심하고 칼뱅 노선을 고수한 구파(Old School)와 연합을 지지한 신파(New School)로 대립하다 교회가 둘로 갈라졌다.

감리교는 1784년 영국보다 앞서 교회를 조직했다. 미국 독립 후 교세가 늘어났다. 순회 전도와 평신도 활동을 강화했다. 노예문제로 남북이 갈라졌다.

에피스코팔(Episcopal) 교회는 앵글리칸 교회이다. 1578년 플레처(Fletcher) 목사가 버지니아에 교회를 세웠다. 1689년 보스턴에 킹스 채플이 세워졌다. 1873년 성찬 및 사제직 의견 차이로 하이 앵글리칸에 반대하는 소수가 개혁 에피스코팔 교회를 세웠다. 1870년 여자 집사 안수문제로 반발해 북미 앵글리칸 처치가 생겼다.

루터교는 1623년 맨해튼에 네덜란드 루터교회를 세웠고, 1638년에 델라웨어에 스웨덴 루터교회를 세웠다.

보수적 칼뱅주의 교회인 개혁파 교회는 식민지 당시 네덜란드계, 독일계, 헝가리계 등 40개 그룹이나 있었다. 퀘이커 교도는 매사추세츠에서 푸대접을 받았다. 이에 비해 루터파, 모라비안, 개혁파 교인들은 펜실베이니아에서 종교자유를 누렸다.

미국은 국가와 교회의 분리를 주장했다. 그러나 미국은 기독교 사회로 발전했다. 교파 교회는 사회공동체의 중심이 되었다. 수백 개의 군소교파가 있지만 때로는 일부에서 통합 움직임도 있었다. 미국 교회들은 평신도 운동을 활발하게 전개했으며 선교, 사회제도의 개혁, 그리고 노예제도 반대에 앞장섰다. 사회적으로 부패가 만연하자 알코올 및 천민자본주의 물결을 반대하고, 종교교육의 강화를 주장하기도 했다.

로마 가톨릭은 미국 독립 시 극히 소수였다. 그들은 학교를 세우고 교파를 초월해 학생을 받았으며, 지주나 노예 가리지 않고 포용했다. 미국인의 반가톨릭 감정을 불식시킬 필요가 있기 때문이었다.

18세기에 대부흥운동(Great Awakening, American Revivalism)이 일어났다. 1차에 이어, 2차, 그리고 무디를 거쳐 현재의 빌리 그레이엄까지 이어진다는 주장도 있다. 1725년에서 1775년의 미 부흥운동은 계몽사조와 대치하는 가운데 널리 파급되었다. 1763년에 절정에 달했다. 이 운동은 13개 식민지로 하여금 유대를 공고히 하고, 국가의식을 높이는 데 큰 역할을 했다. 미 부흥운동의 주역들은 17세기 초부터 미국 개신교가 강조해 온 성경의 권위와 종교적 진리에 대한 개인적인 순응의 면을 더 극대화했다. 이 운동은 청교도들의 주제였던 회개, 중생, 성화를 강조했다. 미국적 특색이 있기는 하지만 유럽 부흥운동의 영향을 현저히 볼 수 있다. 영국의 부흥운동, 유럽의 경건운동, 미국의 부흥운동이 서로 영향을 주고받았다.

미국 부흥운동 전 미국의 교회는 이민들의 증가로 자연 증가했다. 종교에 관심을 가진 사람들은 18세기 초에 어딘지 모르게 교회가 쇠퇴해진다고 느꼈다. 식민지 초기 시대에 정신적, 영적인 것보다 물질을 더 귀히 여기는 경향이 다분했다. 교구(parish) 제도는 방대한 개척지를 따를 수 없었고, 이로 인해 독립교회가 성하게 되었다. 민족중심의 교회들은 그리스도의 복음에 충실하기보다 모국의 언어와 문화 보존에 더 관심을 보였다. 계몽사상이 특정지역에서, 특히 교육을 받은 사람 가운데 만연했다. 교회에 출석하지 않는 사람들이 많아져 교회와 세속 양면으로부터 도전을 받았다. 이런 상황에서 1720년대에 부흥운동이 여러 지역에서 동시에 시작된 것이다. 중부식민지에서 일어나 뉴잉글랜드, 남부식민지에 번졌다. 코네티컷 주만도, 휫필드 전에도 여러 타운에서 동시에 일어났다.

제1차 부흥운동은 뉴잉글랜드 중심으로 일어나, 뉴잉글랜드 신학이 자라는 촉진제가 되었다. 이 운동의 주요인물로는 요나단 에드워즈(J. Edwards)와 두 제자 벨라미(J. Bellamy)와 홉킨스(S. Hopkins)가 있다.

요나단 에드워즈는 복음주의 운동(evangelicalism)으로 교파를 막론하고 교회를 각성시켰다. 그는 예일대 출신 부흥설교가로 회중 교인이었다. 청교도 출신 목회자로 고등교육과 선교를 강조했다. 복음주의 운동은 엄격한 칼뱅주의 전통에서 어느 정도 이탈하는 성향을 띠었지만 그와 그 제자들은 칼뱅주의에 충실했다. 그래서 그를 가리켜 '일관성 있는 (consisted) 칼뱅주의자'로 불린다. "인간의 구원은 오직 하나님의 은혜로만"이라는 그들의 가르침은 원죄 가능성과 영원의 확실성을 부인하는 자연신론에 대항하는 강한 무기가 되었다.

제2차 부흥운동은 여러 지방에서 동시에 시작했고, 중생체험과 감정주의적 특징을 가진다. 이때 대표적인 인물로는 요나단 에드워즈의 손자(T. Edwards), 테일러(N. Taylor), 타일러(Tyler), 네틀톤(Nettleton), 비처(Beecher) 등이 있다. 캠핑 집회, 켄터키 부흥회로 유명하다.

부흥결과 교인 수는 늘어났으나 교회가 분열되는 아픔이 있었다. 스톤(B. Stone)의 새 빛 (New Light)파는 칼뱅의 무조건적 선택교리에 회의적이었고, 다른 신조를 무시하고 오직 성경만을 신경으로 삼았다. 캠벨(T. Campbell)은 '예수의 제자들'이라는 조직을 만들었다. 그는 유아세례를 부정하고 침례를 주장했다. 스톤과 합동했다. 목사 안수문제로 인한 분열도 있었다.

피니(Finney)는 회개 체험(conversion experience)을 한 뒤 신학을 하고 도시부흥운동을 전개했다. '새 방법(New Measure)'이라는 새로운 회개 방법을 도입하여 부정적인 비판을 받앞다. 이 방법에 따르면, 회개를 강력히 설교하고 회개하는 사람을 공중 앞에 내세워 회개 토록 하는 것이다. 무디(Moody)는 성령의 불을 강조했다. 이들은 회개와 성령을 강조했지만 신학적으로는 미흡하다는 평가를 받았다.

18세기에 자연신론이 미국 교회에 미친 영향을 과소평가할 수 없다. 자연신론, 합리주의 유물론사상, 독일의 자유주의 사상이 미국에도 영향을 주었다. 특히 아르미니우스(J. Arminius)의 저서가 인기를 끌었다. 그는 인간의 전적부패, 제한적 은혜, 예정론 등 칼뱅의 여러 사상을 거부했으며, 사람이 자신의 결정을 따라 하나님께 나아갈 수 있다고 보았다.

유니테리언주의는 '자유적(liberal)'이라는 명칭을 더 좋아했다. 이 사상은 삼위일체를 부인하고, 인간은 완전해질 수 있다는 극단적 견해를 가지고 있다. 채닝(W. E. Channing)은 "그리스도는 보통 인간보다 우월하나 삼위 가운데 한 분이라는 것은 받아들일 수 없고, 성경은 다른 책과 마찬가지로 인간의 이성으로 읽어야 한다"고 주장했다. 에머슨(R. W. Emerson)은 "예수는 자기 신성을 말한 적이 없다. 인간이 혼을 가졌다고 말했을 뿐이다", "예수는 생의 모든 것이 기적인 것으로 말했다"고 했다. 그는 초월주의(transcendentalism) 입장에서, 신개념은 아프리오리(apriori), 즉 경험 이전의 것으로 우리 이성으로는 신을 인식할 수 없다고 주장했다. 그는 '초월 클럽(Tr. Club)'을 창설해 계몽사상에 대항하려 했으나 낭만적 관념주의에 빠졌다. 하버드 대학은 유니테리언의 본거지가 되었다. 이에 맞서 보소 칼뱅주의자들은 앤도버(Andover) 신학교를 세웠다.[2]

부흥운동으로 교회활동과 실제 생활에 대한 관심이 높아지게 되었다. 교회활동은 선교열이 커졌고, 협동선교를 위해 통합계획(the plan of union)이 마련되기도 했다. 실제 생활에 관해서는 구제, 사회개혁, 교육, 노예제 폐지운동 등이 있다. 감리교와 침례교는 부흥운동을 잘 마무리해 교세가 크게 높아졌다. 이에 반해 장로교는 교리 보존과 내분, 그리고 분리로 인해 교회가 성장하지 못했다.

### 정교분리와 미국교회

미국하면 다들 기독교 국가라고 말한다. 하지만 이것은 틀린 말이다. 미국은 정치와 종교를 분리시켜 한 번도 국교를 가진 적이 없다. 그래서 미국교회는 정교분리정책과 힘든 싸움을 해 왔다. 교회가 쇠퇴하고 있다는 말들을 많이 하지만 그동안 미국교회가 쌓아 온 노력을 결코 무시해서는 안 된다.

---

[2] 예일 대학은 요나단 에드워즈의 손자 T. 에드워즈가 총장으로 있어 부흥운동 영향 아래 있었다. 예일대는 신학교를 증설했다.

미국의 개척자들은 강한 종교적 신념을 가지고 있었다. 그들은 구약의 히브리인들처럼 새로운 국가를 창설하기 위해 하나님이 선택한 특별한 사람이라는 생각을 하게 되었다. 이 신념이 미국인들을 하나로 단결시켰다.

개척자들이 미국에 도시를 세울 때 기꺼이 성경에 나오는 이름을 땄다. '살렘(Salem)', '실로(Shiloh)', '가나안(Canaan)' 등은 그 예다. 이것은 성경이 그들의 삶에 얼마나 중요한 비중을 차지했는지, 그리고 그들이 미국을 어떤 국가로 만들려고 했는지를 보여준다. 성경과 종교연구가 자연 미국교육제도의 중심이 되었다. 어린이들은 성경 읽는 법부터 배웠다. 일반 가정에서도 성경 한 권쯤은 다 가지고 있었다.

한 여론조사에 따르면 미국인들은 성경의 내용을 신뢰한다. 미국인 세 사람 가운데 한 사람 이상이 성경에 있는 모든 것을 사실로 믿고 있다. 그런데 문제는 성경의 내용에 대해 모르는 사람들이 증가하고 있다는 것이다. 십계명 가운데 4계명 이상을 들 수 있는 사람은 조사대상의 절반도 되지 못했다. 응답자의 절반 이하가 성경의 가르침을 생활신조로 삼고 있다고 하였다. 이 조사결과는 성경뿐 아니라 기독교가 더 이상 미국교육의 중심이 아님을 보여주었다. 미국이 변하고 있는 것이다.

현재 미국의 공립학교에서는 성경을 가르치고 있지 않다. 1962년 대법원은 종교와 정치를 확고하게 분리하기 위해 법으로 학생들이 학교에 있는 동안은 성경을 낭독해 듣게 하거나 기도할 수 없게 했다. 보수적인 종교단체들은 대법원의 이 같은 조치를 비난하고 국회로 하여금 공립학교에서 기도를 허용하도록 촉구하기도 했다. 레이건 대통령도 종교단체들의 입장에 지지를 표했다. 하지만 이 법은 그대로 유지되고 있다.

정교 분리는 근래에 있었던 것은 아니다. 미국이 영국의 식민지로 있을 때 개신교가 강세를 보였다. 그 이유는 미국의 13개 식민 주 가운데 9개 주가 법으로 그들 지역에 개신교회를 세우도록 했기 때문이다. 하지만 이 법안은 미국이 영국으로부터 독립한 뒤 폐기되었다. 미국 헌법을 초안했던 사람들은 교회와 정치를 분리하는 조치들을 취했다. 결혼 주례도 목사보다 관청의 관리들이 하는 사례가 늘었다.

종교와 정치의 분리는 많은 국가들이 채택하고 있다. 국민들이 각자의 종교적 신념 때문에 차별을 받아서는 안 된다는 생각 때문이다. 종교와 정치가 분리되지 않았을 때 빚어지는 여러 문제점들을 생각해볼 때 분리정책이 꼭 나쁜 것은 아니다. 하지만 분리되었다고 해서 신앙의 열기가 식어간다면 그것은 바른 신앙이 아닐 것이다.

미국의 개척자들은 신앙의 자유를 찾아 미국에 왔다. 종교적 확신을 가지고 영적으로 강한 미국을 만들어왔다. 하지만 종교와 정치의 분리가 제도적으로 강화되면서 지금은 그 정신이 퇴색되고 있다. 성경과 멀어지면서 성경의 내용도 잊고 있다. 교회에 출석하는 수도 줄어들고 있다.

그러면 미국은 신앙적으로 죽었는가? 아직은 아니다. 지금도 성경은 미국에서 가장 많이 팔리는 책이고, 어느 나라보다 더 많이 성경을 발행하고 있다. 그리고 그 어떤 주제보다 성경을 다룬 책들이 많이 출간되고 있다. 선교사를 제일 많이 파송하고, 세계 도처 난민지역에 적극적으로 도움을 주고 있다. 이것은 기독교문화가 미국에 그만큼 깊이 뿌리박혀 있음을 입증한다. 교인 수가 줄어든다 해도 성경의 가르침에 철저한 교회, 성령을 사모하는 교회일수록 오히려 그 수가 늘어가고 있다. 미국 교회는 종교와 정치의 분리정책 가운데서도 선방하고 있다. 미국인들이 하나님을 버리지 않는 한 하나님도 그들을 버리지 않을 것이다.

# 10. 가톨릭교회

17세기와 18세기에는 절대주의(absolutism)와 함께 민족교회(national church) 운동이 성행했다. 아우구스티누스의 얀센주의(Jansenism) 운동과 프랑스 신비주의적 쇄신운동을 탄압했다. 영성주의(spiritualism)를 억제한 것이다. 그러나 문예사조의 영향이 더 크게 미쳤다.

1682년 프랑스에서 교직자 선언문(Decleratio cleri gallicani)이 공표되었다. 그 내용은, 교황은 영적 권리를 소유하며 세상권력을 소유하지 않는다. 왕과 제후를 지배할 권리가 없다는 말이다. 교황은 교회공의회에 복종해야 하며, 프랑스는 프랑스 관례법에 따라야 한다. 교황의 신앙문제 결정은 전체 교회가 합법적으로 받아들여져야 효과가 있다.

그러나 교황의 생각은 달랐다. 교황 클레멘트 11세(1700~1721)는 자기 승인을 얻어야 왕들이 통치할 수 있다고 선언했고, 심지어 성경을 읽지 말라는 교서를 발표했다.

독일의 경우 1785년에 교황사절관(München Nuntiatur)을 반대했다. 교황 세력의 침투에 대비해 엠저(Emser) 협약을 결의하고 교구 내 주교 자치권을 주장한 것이다. 그 협약이 통과되지는 못했다. 교황을 교회의 상징으로서의 대표자, 곧 명예직으로 인식했다. 1793년 독일 교회국가주의를 내건 페브로니안주의(Febronianism)가 등장했다. 트리에르 부감독 논타임(Niklaus von Nontheim)이 페브로니우스(Febronius)라는 이름으로 '교회법과 로마 감독의 합법적 권세'를 번역했다. 주로 민족교회 개념을 내세운 것이다.

오스트리아의 황제 요셉 2세는 계몽사조에 힘입어 교회개혁을 위해 노력했다. 개혁의 요지는 주요셉주의(Josephism)로 요약된다. 교회의 재산권 회수, 수도원 감옥 폐지, 많은 종교축제일 폐지, 국가의 허락 없이 교황의 공공건물 사용 금지를 내용으로 담고 있다. 이탈리아 토스카나의 공작 레오폴드(Leopold)도 오스트리아를 본받았다. 바이에르의 막스밀리안 3세도 교회개혁을 위해 노력했다.

분리된 개신교와의 재결합을 모색하려는 움직임도 있었다. 페브로니우스는 신교도들을 향해 교황을 인정하고, 엠저 협약을 조건으로 받아들이도록 하면서 연합을 주장했다. 1773년 교황 클레멘트 14세는 가톨릭의 방해요인인 예수종회를 폐쇄했다. 원래 교황 충성파였으나 미움을 받은 것이다.

프랑스에 혁명이 일어나고, 가톨릭교회 정화 작업이 시작되었다. 1790년 국민회의는 십일조를 폐지하고, 국가에 의한 교직자 급료 지급도 중지했다. 로마로부터 독립, 교직자의 준법과 교회보직도 선거를 하도록 했다. 성직자들이 반발했다. 1795년 나폴레옹은 종교의 자유를 선언했고, 교황권으로부터 아비뇽과 베나생(Venassin)을 강탈했다. 가톨릭교회를 약화시킨 것[1]다.

1798년 교황국가가 박탈되었다. 교황 비오(Pius) 6세가 체포되어 바렝스(Valence)에서 사망했다. 성서공회 반대교서를 발표하고 예수종회를 재건하려 했던 교황 비오 7세도 체포되어 로마를 더나야 했다. 교회국가는 비엔나 회의를 통해 영토가 축소되었다. 1803년 독일 레겐스부르크에서 열린 국가회의는 고위성직자의 정치적 특권을 박탈했다.

문예사조를 통해 가톨릭교회는 정치 지배를 받고 재산과 특권을 상실했다. 18세기 가톨릭은 최악의 세기였다. 그러나 영적 지도력을 발휘하는 계기가 되었다. 19세기에는 그 지위와 영향력이 회복되었다.

19세기는 가톨릭의 탈세속화, 영화의 시대였다. 민족교회 사상이 혁명을 통해 어느 정도 완화되고, 교황추대 사상이 고조된 것이다. "교황 없이 기독교 없다"는 기치 아래 교황은 주교들 위에 무한한 권세자로 인정을 받았다.

교황 레오 12세(1821∼1829)는 종교자유, 관용, 성서협회, 성서번역을 비난했다. 그리고 가톨릭 이탈자는 다른 죄가 없어도 영생을 얻지 못한다고 선언했다. 비오 8세는 양심의 자유, 성서협회, 프리메이슨주의(Freemasonry)를 비난했다. 그레고리 16세(1831∼1846)는 교황 불가류설을 주장했고, 성서공회를 비난했다. 교황들이 성경번역과 보급을 비난한 것은 성경에 대한 해석권을 제한했기 때문이다.

교황 비오 9세(1846∼1878)는 1870년 이탈리아가 통일이 되면서 교회국가를 잃었다. 교황국가가 없어진 것이다. 754년부터 교황은 로마를 수도로 정하고 이탈리아 대부분을 다스린 교황국가의 정치적 통치자였다. 비오 9세는 프랑스군대 만 명의 도움으로 로마를 통치했다. 1870년 독불전쟁으로 프랑스군이 소환되자 이탈리아 왕 비토리오 에마누엘레는 로마를 침입하고, 교황국가를 이탈리아에 편입시켰다.

그러나 같은 해 교황은 바티칸 공회를 열어 교황의 우위권과 교황무오를 결의했다. 교황의 우위권은 베드로의 우위성이 교황에게 계속 전승되고 있으며, 교황이 전체 교회 위에 직접 치리권을 가진다는 것이다. 교황은 교회와 국가의 분리를 비난하고, 가톨릭 신자들에게 국가통치자보다 교회의 머리에 복종하라 명령했다. 그는 양심, 예배, 언론, 출판의 자유를 비난했다. 교황무오는 교황이 교회를 위해 결정한 것은 변할 수 없고, 교회 동의를 필요로 하지 않는 것이다. 이것은 교황불가류설 또는 교황무오설이라 한다.

교황무오설(Infallibility)은 인노센트 3세(1198~1216) 이래 많은 교황들이 주장해온 것이다. 그러나 피사회의(1409), 콘스탄스회의(1414), 바젤회의(1431)는 교황이 회의에 복종해야 한다고 선언했다. 1854년 비오 9세는 종교회의를 거치지 않고 자기 특권으로 이 문제를 관철하기 위해 마리아 순결성에 대한 교리를 발표했다. 마리아의 순결성과 신성을 선언한 것이다. 성서공회도 비난하고, 신교는 기독교형식이 아니라고 비난했다. 그리고 로마가톨릭의 모든 교리는 그리스도께서 말씀하시는 것을 세상에 있는 그의 대행자들이 기록했다고 주장했다. 마리아 순결에 대한 교리가 수락되자 용기를 얻은 그는 1870년 바티칸 회의를 소집하고 자기의 무오설을 선언하고 명령대로 투표하게 했다. 교서에는 "하나님의 계시로, 교황이 권위를 가지고 신앙과 도덕의 교리를 정할 때는 오류가 없고 이렇게 정해진 것은 개정할 수 없다"고 했다. 동방교회에서는 이를 교황제도의 최대모독이라 했다.

가톨릭의 자의식이 강화되면서 자유 민족국가와 충돌했다. 교회와 국가가 마찰을 일으키게 된 것이다. 예를 들어 비스마르크는 가톨릭을 탄압했다. 프랑스는 국가와 교회를 완전 분리시키고, 교회를 문화단체의 하나로 간주하고 보조를 끊었다. 교회가 가난해지자 오히려 영적으로 부요해졌다. 이것이 이른바 '문화투쟁(Kulturkampf)'이다.

가톨릭은 현대사상, 곧 민족주의, 자유주의, 사회주의, 공산주의를 다 거부하여 그만큼 어려움이 있었다. 그러나 이 때문에 사상의 혼돈 속에서 선과 질서의 보루로 여김을 받았다. 1879년 레오 13세는 토마스 아퀴나스를 가톨릭의 표준 신학자로 선포했다. 이로써 가톨릭은 통일된 인생관과 세계관을 갖게 되었다.

제6부

# 선교의 이해

# 제6부 선교의 이해

## 1. 개신교가 가톨릭보다 선교에 늦은 이유

16세기와 17세기 가톨릭은 개신교로 인해 잃은 양보다 선교를 통해 얻은 양들이 더 많을 정도로 선교에 대한 열의가 높았다. 신교가 가톨릭보다 선교 사역에 늦은 이유는 여러 가지이다.

첫째, 개혁자들의 선교사상에 문제가 있었다. 무엇보다 예수님의 지상명령을 원 사도에 한정시켰다. 전도는 예수님 당시 제자들에 한정된 문제로 본 것이다. 또한 하나님의 주권에 대해 오해가 있었다. 선교는 하나님의 주권에 해당하는 문제이고, 하나님이 다 알아서 할 것이므로 전도할 필요가 없다는 생각이 있었다. 그리고 세상 끝 날이 곧 온다는 묵시주의가 팽배했다. 100년 내 다 끝난다는 생각이다.

둘째, 신교의 교세가 약했다. 교세가 약한 데다 개혁자들끼리 성찬 문제 등 교리 논쟁에 치중했다. 독일은 30년 전쟁으로 경제적 손실이 컸다.

셋째, 해양권을 가톨릭 국가가 제압하고 있었다. 스페인과 포르투갈은 상인과 함께 선교사를 투입하여 식민지를 기독교화했다. 그러나 신교가 강세였던 영국이나 네덜란드는 동인도회사를 진출시켰다. 선교 이상을 품긴 했지만 선교보다는 돈벌이에 치중하느라 선교의 열매를 거두지 못했다. 아시아의 경우 가톨릭 국가 스페인은 필리핀을 가톨릭화했다. 이에 비해 신교의 네덜란드는 인도네시아를 통치했지만 회교국이 되었다.

끝으로, 가톨릭의 일사불란한 종교적 질서와 신교의 개인주의적 활동이 대비된다. 가톨릭은 반종교개혁운동을 일으켰고, 교육과 선교를 강화했다. 특히 교황에 절대 충성한 예수종회의 역할이 컸다. 그 회의 자비에르(F. Xavier)의 경우 인도와 일본 전도를 했다. 일본의 경우 영주가 믿으면 다 믿었다. 가토 기요마사(加藤淸正)는 임진왜란 때 십자가 군기를 들고 왔고, 일본에 끌려간 조선 여인이 성녀 줄리아가 되기도 했다. 이에 비해 신교는 만인제사장설을 내세우며 개인 중심으로 활동해 성과가 적었다.

## 2. 개신교의 선교운동

개신교의 선교 시도는 실패의 연속이었다. 1555년 칼뱅이 4명의 성직자와 프랑스 유그노를 리우데자네이루에 파견했다. 박해를 받는 개신교도를 위해 그리고 선교지를 개척하기 위해서였다. 그러나 실패했다. 1622년 네덜란드의 동인도회사의 독려로 라이덴 대학 안에 신학교를 세워 선교사를 양성했다. 1년간 존속했고, 12명의 선교사를 파송했다. 그러나 언어조차 배우지 못하고 5년 만에 철수했다. 1661년 친우회(Society of Friends) 소속의 조지 폭스(G. Fox)가 3명의 선교사를 중국에 파송했다. 그러나 목적지까지 가지도 못했다. 1664년 루터교 선교사 유스티니안 벨츠(Justinian von Weltz) 남작이 선교운동을 일으켰다. 선교에 헌신하도록 외친 것이다. 사람들은 그를 정신병자로 취급했다.

그러면 개신교의 선교운동은 어디에서 일어났을까? 그것은 경건주의와 연관이 있다. 1648년 베스트팔렌 강화조약으로 30년 전쟁이 끝난 후다. 당시 교회는 국가교회들(state churches)로 형식주의에 빠져 생명력이 없었다. 그에 대한 반발로 경건주의 운동이 일어난 것이다.

특히 스페너는 루터교 목사로 자기 교인들의 힘없는 영적 음률을 높이기 위해 주일 성경공부와 기도회 운동 등 영적 생활을 보다 체계화하였다. 그는 "참 종교란 머리에 있는 것이 아니라 가슴에 있다"는 모토를 가지고 있었고, "전도의 열정이 없는 한 설교의 비전이 있을 수 없고, 개인적 경건 생활이 없는 한 전도의 열정이 있을 수 없으며, 진지한 회심체험이 없는 한 개인적 경건 생활도 없다"는 명언을 했다. 그는 1694년 할레(Halle) 대학을 세웠다. 이 대학은 경건주의 교육센터가 되었다. 6천 명을 교육시켰다. 18세기에 이 학교는 선교본부가 되었다. 스페너는 자신의 역할을 프랑케에게 넘겨주었다.

1705년 개신교회 역사상 첫 선교회인 덴마크-할레 선교회(the Danish-Halle Mission)가 할레 대학에서 조직되었다. 선교이론의 기본바탕을 제공해왔던 이 대학이 실제 선교의 기치를 든 것이다.

18세기 선교의 또 다른 주역은 모라비안 선교회(Moravian Mission)다. 이 선교회는 교육에는 관심이 없고 현장에 직접 뛰어드는 선교를 했다. 바울식으로 천막을 만들며 선교를 한 것(tent-maker mission)이다. 모라비안 교회의 기원은 발도(Waldo)파와 모라비안 주동자인 후스(J. Huss) 추종자들이 박해를 피해 1467년 연합형제단(United Brethren)을 조직하고 복음을 전파한 데 있다. 이들은 가톨릭의 반종교개혁으로 거의 소멸되었다. 크리스천 다비드(Christian David)에 의해 1722년 삭소니 지역으로 이사를 했다. 진젠도르프 백작의 도움으로 도피처 헤른후트(Herrnhut)에서 활동했다. 헤른후트는 '주님의 보호하심(Lord's Watch)'이라는 뜻을 가지고 있다. 진젠도르프는 할레 대학에서 공부한 열정적 경건주의자였다. 후에 모라비안 교회 지도자가 되고 감독이 되었다. 그리고 세계선교를 지도했다. 그는 "나에게는 하나의 열망밖에 없다. 그것은 주님이요, 그분뿐이다"라는 유명한 말을 했다. 모라비안 선교회는 1732년 버진 아일랜드의 세인트 토마스 섬에 사는 흑인을 위해 선교사를 파송했으며, 1732년에서 1760년 사이 226명의 선교사를 파송했다. 1797년 네덜란드 선교회가 조직되었다. 그리고 19세기 유럽에 16개의 선교회가 조직되었다.

선교 확산은 복음각성운동과도 직결된다. 17세기와 18세기 영국의 영적 부흥운동의 선두자인 요한 웨슬리와 조지 휫필드, 유럽대륙의 스페너·프랑케·진젠도르프, 미국의 요나단 에드워드 모두 선교의 지도자들이었다. 그들은 복음의 각성운동을 선교로 연결시켰다. 성령으로부터 권능을 받고 선교하도록 한 사도행전 1장 8절의 원리가 그대로 적용되었다.

1792년 영국의 윌리엄 캐리(W. Carey, 1761~1843)의 인도 선교로 근대선교가 시작되었다. 물론 그 이전인 1649년 뉴잉글랜드 복음 선교회가 인디안 선교를 위해, 1698년 기독교 이해증진회가 교육과 문서 선교를 위해, 그리고 1701년 고교회파의 해외 복음 선교회와 저교회파의 교회선교회가 선교를 위해 존재했다. 그러나 캐리가 근대선교의 아버지라 불리는 것은 선교에 개혁을 일으켰기 때문이다.

캐리가 인도 선교를 하게 된 것은 당시 식민지가 확장되고 있었고, 무역이 발달해 영국과 네덜란드가 동인도회사로 진출했으며, 증기기관차의 발달로 바다 여행이 신속해졌으며, 영국에서 선교 열의가 일어난 역사적 배경을 가지고 있다. 선교문헌이 발간되고, 1746년에는 선교 사업을 위한 7년 기도대회가 열렸다. 구두공장 견습공이었던 캐리는 18세에 회심하고, 침례교인이 되었다. 26세에 안수를 받았다. 라틴어, 히브리어, 헬라어, 프랑스어, 이탈리아어, 화란어 등 여러 언어를 독학했다. 그는 『쿡 선장의 마지막 항해』를 읽으며 선교사가 되기로 결심했다.

캐리는 1792년 『이교도의 회심을 위해 수단을 사용하는 그리스도인의 책임에 관한 조사』라는 87쪽짜리의 책을 썼다. 그는 이 책에서 선교를 호소했다. 이것은 선교역사에 있어서 '루터의 95개 조항'과 같다. 이것이 근대선교의 기점이 되었다. 같은 해 5월 30일 그는 노팅엄에서 열린 침례교 교역자 연합회에서 설교를 했다. 본문은 사도행전 54장 2~3절, "네 장막 터를 넓히며". 그는 선교에 대해 설교를 했다. 설교 후 13명이 선교회를 조직했고, 13파운드 2실링 6펜스를 모았다. 부인은 반대했지만 그는 선교현장에 뛰어들었다. 그는 1793년 6월 13일 부인과 네 명의 아들, 그리고 동료를 데리고 인도선교사로 떠났다. 그는 그곳에서 약 40년간 선교사로 활동했다.


### 가방

아우슈비츠 수용소 정문 위엔 "노동이 너희를 자유롭게 하리라(Arbeit macht frei)"라는 문구가 쓰여 있다. 유대인들은 이곳에서 새롭게 정착할 줄 알았다. 그러나 그곳은 죽음이 기다리는 곳이었다. 정문 구호는 속임수였다.

지금 그 수용소엔 8만 컬레의 가죽구두, 가죽가방, 안경, 장애인 보조기구들이 전시되어 있다. 이미 주인을 잃은 물건만 남았다. 귀중품은 이미 다 빼앗겼다. 남겨진 구두와 빈 가방이 보는 이의 가슴을 미어지게 한다. 슬픈 역사다. 죽어간 이들은 그 안에서 하나님을 원망하기도 하고, 찬양하기도 했을 것이다. 만감이 교차한다.

영국 WEC 선교본부는 올드 캐슬(old castle)을 기증받은 곳이다. 그곳 지하실엔 지금 100여 개의 가방이 있다. 선교사들이 놓고 간 가방이다. 가방은 지금도 주인을 기다리고 있다. 하지만 가방 주인 대부분은 이미 하늘나라에 가 있다. 그들은 선교지에서 주님을 위해 충성하고 헌신했다. 남겨진 가방 안에 무엇이 담겨 있을까 궁금하다. 주님을 향한 고백이 절절할 것 같다. 미련 없이 세상을 떠난 그들 아닌가.

어떤 형식의 죽음이든 우리도 가방을 남겨두고 떠날 것이다. 사람들은 그 가방을 보며 어떤 느낌을 가질까? 정말 중요한 것은 주님과 나, 이웃과 내가 어떤 관계를 가지고 있었는가 하는 것이리라.

이 가방을 내려놓으며 우리는 과연 주님께 뭐라고 말할까? "이 세상에서 그렇게 애지중지하던 가방입니다. 놓치지 않기 위해 날마다 꼭꼭 붙잡았던 가방입니다. 하지만 지금 모두 주님 발 앞에 내려놓습니다. 이젠 이 가방 주님 것입니다. 용서해주세요. 주님 감사합니다. 주님 사랑합니다." 그 가방 안에 주님을 향한 사랑과 감사, 그리고 이웃을 향한 사랑과 감사를 가득 채울 수 있다면 인생은 결코 헛되지 않을 것이다.

미국은 19세기 선교를 주도했다. 1802년 밀스(S. Mills)가 선교의 비전을 보았다. 그는 윌리엄 칼레지에서 공부하면서 선교를 위한 기도 그룹을 만들었다. 그들이 기도하던 중 폭풍우를 만나자 마른 풀 더미로 피신해 계속 기도했다. 훗날 이들을 가리켜 '건초 그룹'이라 한 것은 이 때문이다. 이 건초 그룹이 앤도버 신학교에 등록했다. 이 신학교는 당시 자유주의적인 하버드 대학에 반대해 세운 학교로 선교사의 온상이 되었다. 밀스는 뉴잉글랜드 지방 선교 운동을 벌여 선교문제연구회를 조직했다. 이 연구회는 신학교에서 선교운동을 하는 것을 사명으로 삼았다. 연구회에서 아시아와 아프리카 선교운동이 일어났다. 한국의 선교사로 온 아펜젤러와 언더우드도 여기서 연구했다.

1885년 4월 5일 미국 북장로회와 북감리회가 각각 조선에 파견한 선교사인 언더우드와 아펜젤러가 제물포항에 도착했다. 이들은 각기 다른 교단에 속해 있었지만 조선의 쇄국정책이 풀리면서 의료와 교육 분야에 선교사 입국이 허용되자 조선 선교를 지원한 것이다. 일본에서 만난 그들은 상선 비쓰비시호를 타고 나가사키 항을 출발해 부산을 거쳐 제물포에 도착했다. 당시 아펜젤러의 나이 26살이었고, 언더우드는 25살이었다.

이들은 조선 정부의 전도금지 방침이 느슨해지자 서울 정동에 나란히 교회를 세웠다. 1887년 9월 27일 언더우드는 정동 선교사 자택에서 14명의 신자와 함께 예배를 드리면서 현재의 새문안교회를 세웠다. 아펜젤러 역시 그해 10월 정동에 벧엘예배당, 곧 현재의 정동제일교회를 세웠다. 이 두 교회는 한국 장로교와 감리교의 모교회이다.

그러나 교회가 세워진 것으로 치면 황해도 장연군 대구면 송천리에 세워진 소래교회가 이 두 교회보다 앞선다. 이 교회는 이 두 외국인 선교사들이 도착하기 이전인 1883년 5월에 한국인 교인에 의해 세워졌다. 설립의 주역은 중국을 오가며 인삼장사를 했던 서상륜, 서상조 형제였다. 서씨 형제는 1880년대 초 만주에 와 있던 스코틀랜드 장로교 선교사 로스와 맥킨타이어를 통해 영접했다. 1882년 번역된 한글 성경을 숨겨 들어오던 이들이 검문에 걸려 투옥됐다 탈출한 뒤 친척이 살고 있던 황해도 장연으로 옮겨와 소래교회를 세운 것이다.

서씨 형제는 이 마을뿐 아니라 서북지방에 개신교를 전하는 데 크게 기여했다. 1887년 초 언더우드가 조선인을 상대로 선교활동을 본격화하자 그를 찾아와 세례를 받고 새문안교회 설립에 주축이 된 교인들이 바로 소래교회 출신이었다. 서상조는 1901년 문을 연 평양장로회신학교에 편입해 최초의 한국인 목사 7명 중 한 사람이 되었다.

## 3. WCC

WCC는 세계교회협의회(World Council of Churches)의 약자다. 19세기는 선교의 세기였다. 그러나 그 선교는 교파 교회를 만든 것이 특징이었다. 일종의 자기 교회 이식 작업 특성이 강했다. 예를 들어 한국에 들어온 장로교 선교의 경우 북장로교(프린스턴 신학교)와 남장로교(컬럼비아 신학교, 개혁신학교)가 지역을 나누어 활동했다. 선교 현장에서 문화충격을 소화하는 문제가 발생했다.

선교전략 연구모임의 필요성이 대두되고, 드디어 1910년 영국 에든버러에서 대회가 모였다. 이것이 바로 1차 회의다. 당시 대회장은 모트(J. Mott)였다. 이 대회의 목적은 모든 다른 교파들이 얼굴과 얼굴을 맞대고 선교사업과 당면문제를 협의하는 것이었다.

이 대회에서 토의한 내용은 비기독교 세계에서의 복음전도 방법, 선교지 교회의 문제, 국민생활을 기독교화하는 데 있어서의 교육문제, 선교와 정부의 관계문제, 타 종교와의 관계에서 선교 메시지, 그리고 교회연합을 위한 협력과 추진이었다. 한마디로 복음 전도에 치중하자는 것이었다.

토의 결과 세 가지 운동으로 확산되었다. 국제선교협의회(IMC), 신앙과 직제, 그리고 생활과 사업이었다.

국제선교협의회는 1921년 레이크 몰론크(Lake Molonk)에서 창립했다. 목적은 여러 나라 국내선교기관의 활동을 돕고, 국제 및 종족 관계에 있어서 정의를 추구하는 그리스도인의 힘을 하나로 묶는 데 있었다. 1928년에 열린 예루살렘회의에는 한국에서 신흥우, 김활란 등 주로 감리교에서 대표로 참석해 선교론을 다뤘다. 이어 1938년의 탐바람 회의, 1947년의 휘트비 회의, 1952년 빌링겐 회의, 1958년 가나회의가 있었다.

신앙과 직제(faith and order)는 1927년 로잔에서 창립되었다. 목적은 교회분열의 신학적, 교리적 문제를 연구하여 교회일치에 대한 신앙적 근거를 마련하는 것이었다. 교회론을 연구하여 교회가 할 일이 무엇인가를 과제로 삼았다.

생활과 사업(life and work)은 1925년 스톡홀름에서 창립되었다. 목적은 이 세상에서 그리스도인의 사회적·정치적 책임, 곧 정의구현책임을 느끼고 이 세상에서 그리스도인으로서 봉사와 윤리적 책임을 강조하기 위한 것이었다.

WCC 총회 역사를 보면 신앙과 절제, 생활과 사업이 WCC의 핵심임을 알 수 있다.

1차 총회는 1948년 8월 23일에서 9월 4일까지 암스테르담에서 열렸다. 주제는 인간의 무질서와 하나님의 계획이었다. 주제 강연은 칼 바르트가 했다. 회원은 146교단으로, 351명의 대표가 참가했다. 30개 교단이 제3세계였다. 한국대표로는 일제 때 기독교조선교단 통리를 지낸 깅관식이었다. 이곳에서 교회 간, 신학 간(자유와 보수) 깊은 차이, 국제질서의 재편성, 세속화 운동을 토의했다. 사회에 대한 신학적 차이로, 자유진영에서는 목적의 윤리를, 보수 쪽에서는 영감의 윤리를 내세웠다. 영감의 윤리란 자연법 대신 성경을 윤리의 기반으로 삼자는 것이었다.

2차 총회는 1954년 에반스톤에서 열렸다. 주제는 예수 그리스도는 세상의 소망이었다. 163개 교파가 참가했고, 한국에서는 명신홍과 김현정이 참여했다.[1] 시대적으로는 전후재건문제, 냉전문제, 제3세계문제, 실존주의철학 등 여러 문제가 산적해 있었다. 토론은 이런 시대의 책임사회에 맞춰졌다.

책임사회는 인간이 자유로우며 동시에 정의와 공공의 질서에 대한 책임을 지는 사회이다. 이 사회에서는 정치권위나 경제세력이 그 실력을 행사함에 있어서 하나님에게 책임을 지고, 동시에 그에 의하여 복지가 좌우되는 시민들에게 책임을 지는 사회이다.[2] 하나님에 대한 책임과 사람에 대한 책임이 동시에 강조된 것이다. 현실 문제를 타개하기 위해 프로세스를 강조하기 시작했다. 책임사회의 조건으로, 양심과 종교적 실천의 자유, 공동체 결성과정에 참여하는 자유(결사의 자유), 사실에 접할 수 있는 자유(보도의 자유), 그리고 개인의 의견을 말할 수 있는 자유를 강조했다.

3차 총회는 1961년 뉴델리에서 열렸다. 주제는 예수 그리스도는 세상의 빛이었고, 198개 교단이 참가했다. 이 대회에서 복음을 전하는 선교의 성격보다 봉사적 차원에서 더 많은 관심을 보였다. 토론주제는 신속한 사회변화와 그에 대한 그리스도인의 책임이었다. 이에 관한 연구과제로 정치적 독립과 민주주의, 산업과 도시개발, 도시와 농촌생활이었다. 서구교회와 국가들이 제3세계의 신속한 변화에 책임을 져야 할 것도 주문했다. 록펠러(J. Rockefeller) 재단의 기부가 있었고, 러시아정교회와 희랍정교회가 WCC회원이 되었다. 특히 KGB 요원이 대표로 참석해 공산주의 침투 발판이 마련되었다.[3] 사회질서, 국제질서에 교회의 관여문제도 언급되었다.

---

1) 귀국 후 명신홍은 WCC와 손을 끊으라 보고했고, 김현정은 WCC를 찬성함으로써 한국기독교를 분열케 만들었다.
2) 복음 전도는 단지 복음을 전도(preaching gospel)하는 것뿐 아니라 정의를 실천하는 것(doing justice)도 포함해야 한다는 사상이 대두되었다.
3) 일본공산당에서도 당원을 동지사 신학교에 입학시켜 공산기지화하려 한다는 우려도 낳았다. 이렇듯 각국 공산당의 기독교계 침투 움직임은 보수적인 한국교계로 하여금 우려를 낳게 했다.

3차와 4차 회의 사이에 교회와 사회 국제회의가 1966년 제네바에서 열렸다. 주제는 우리 시대의 기술적, 사회적 혁명에 있어서 그리스도인의 역할이었다. 이 회의에서 빈국과 부국 사이의 격차 철폐, 국가는 내부에 모든 권력자들을 통제해야 한다는 토의가 있었다. 제3세계 국가의 신민족주의(독립)는 전쟁으로 유도했던 과거의 민족주의(일본, 히틀러)와 다르다는 사실과 현존질서에 내포된 광대한 음성적 폭력의 제거문제도 논의되었다. 이 회의에서는 개혁을 혁명이라는 단어로 바꿨고, 미국대표들은 제3세계에 대한 미국의 압제를 자복하고 사죄할 것을 요구했다.

4차 총회는 1968년 7월 스웨덴의 웁살라에서 열렸다. 주제는 "보라 내가 만물을 새롭게 하노라"(계 21:5)였다. 235개 교파에서 904명이 참가했다. 인종차별, 평화, 사회정의, 제3세계 발전문제가 토의되었다. 그 당시 관심은 갱신, 발전, 세계평화였다. 교회는 항상 갱신되어야 한다.

4차와 5차 중간에 방콕대회가 1973년에 열렸다. 주제는 오늘의 구원이다. 영혼구원만 아니라 사회적 구조악에서의 구원이다.[4]

5차 총회는 1975년 11월과 12월 286개 교파 747명이 참석한 가운데 나이로비에서 열렸다. 주제는, 예수 그리스도는 해방하고 연합하게 한다는 것이었다. 이 총회의 특성은, 적도 이남에서의 최초의 총회였고, 여성·평신도·청년 대표 할당제가 도입되었으며, 가톨릭·불교·힌두교·이슬람·유대교에서 옵서버로 파견했고[5], 제3세계 교회가 회원의 반수를 초과했다는 것이다. 토론은 해방에 초점을 맞췄고, 남미 해방신학을 집중적으로 거론했다. 살아있는 신학(living theology)과 행동신학(doing theology)이 되어야 할 것과 이론탐구 활동을 벗어나기 위해 공동체 추구를 하도록 했다. 공동체 추구는 인간의 수평적 관계를 강조한 것이다.[6]

6차 총회는 1983년 밴쿠버에서 930명이 참가했다. 한국에서 25명이 참가했다. 주제는 예수 그리스도는 세상의 생명이었다. 분열된 세계 안에서의 증언, 하나 됨을 향한 진일보, 참여, 공동체를 통한 삶의 치유와 공유, 평화와 생존이 직면한 위협, 정의와 인간의 존엄성을 위한 투쟁, 공동체를 통한 학습, 그리고 신앙의 커뮤니케이션이었다.

WCC는 회원교회, 총회, 중앙위, 실행위, 총무로 구성되며 총무는 재정 및 중앙봉사회,

---

4) 사회적 구조악에 대한 관심은 당시 부활절 날 유신을 거부하며 남산에 '삐라'를 뿌렸던 박형규 사건과도 연관된다.
5) 타 종교와의 대화를 위한 것이었다. 이로 인해 대화신학이 등장했다.
6) 한국의 김지하·서인석·안병무·서남동·김용복 등의 민중신학(people theology)은 한국 상황과 연결되어 있다.

커뮤니케이션, 에큐메니컬 연구원, 프로그램 1(신앙과 직제, 세계선교와 전도, 교회와 사회, 산 신앙과 이데올로기와의 대화, 신학교육), 프로그램 2(교회의 개발참여, 국제문제, 인종차별 투쟁사업, 교회 간의 원조, 난민보호, 세계봉사, 의료위원회), 그리고 프로그램 3(교육, 갱신과 회중생활, 평신도국, 부인회, 청년회)을 관장한다. NCC는 직속산하기관은 아니지만 지점과 유사한 성격을 가지고 있다. 회원은 교파별로 참석한다.

WCC의 신학은 보편주의와 사회신학이다. 보편주의는 만인구원론에 입각한 것으로, WCC는 종교다원주의, 대화신학, 혼합주의를 낳았다. 이것은 성경에 계시된 유일신론과 예수 그리스도의 속죄에 기초한 초자연적이고 유일한 구원관성을 부인하는 종교적 인본주의다. 뉴델리 대회의 성격을 반영한 나일스(D. T. Niles)의 종교신학은, 타 종교에 나타나는 계시를 긍정하고, 타 종교를 통해서도 그리스도가 신자에게 말씀하시며, 그리스도께서 신자를 통해 그들에게 말씀한다는 것이다. 한마디로 교회 밖에도 구원이 있다는 것이다.[7] 대화신학은 각 종교가 모여 일치점을 찾자는 신학으로, 앤더슨(G. Anderson)에 따르면 대화신학은 기독교의 절대성을 부인하고, 기독교를 상대화한 것이다.[8] 기독교는 다른 종교와 마찬가지로 종교 가운데 있고, 성경 속에는 하나님의 말씀이 있다고 말한다. 아닌 것도 있다는 말이다. 혼합주의는 기독교와 타 종교의 대화의 산물이다. 기독교의 특성을 퇴색시키고, 이신득의를 변질시키며, 사회구원을 향한다.

WCC는 개인구원에서 출발했으나 그 관심이 사회로 옮겨가고, 사회구원론, 그리고 사회해방론으로 이어졌다. 해방신학은 사회신학의 대표적인 신학이다. 이것은 가톨릭 신부들이 주동이 될 것으로 라틴아메리카 정부의 독재와 폭력을 배경으로 하고 있다. 억압받는 자를 해방하는 것이 구원으로, 해방을 위해 마르크스의 계급투쟁론을 받아들였다. 출애굽기를 성경적 근거로 "여호와가 너를 보냈다 하라"에서 여호와는 해방자라는 것이다. 투쟁방법은 해방이다. 구원, 은혜를 해방이라는 말로 바꾼 것이다. 남미의 해방신학, 한국의 민중신학, 흑인신학, 여성신학, 노동신학 등이 이에 속한다.

10차 총회가 2013년 부산에서 열린다. 그러나 WCC를 바라보는 복음주의자들의 시선이 매우 따가운 상황이다. 범세계적인 최초의 선교회의로 알려진 1910년 에든버러 대회에서 던져진 중요한 물음은 '어떻게 선교할 것인가'였다. 하지만 에든버러 대회 이후 연합운동이 강조되면서 선교의 문제에 국한되지 않고 기독교 생활 전반에 확대되어 왔다. 암스테

---

7) D. T. Niles, Upon the Earth(NY: McGraw Hill, 1962).
8) G. H. Anderson, The Theology of Christian Mission(NY: McGraw Hill, 1961).

르담 총회 이후 WCC의 선교론은 복음주의 선교관에서 지나쳐 이른바 '하나님의 선교 (Missio Dei)'의 신학을 형성하게 되었다. 이때부터 개인 구원을 최고로 삼는 전도나 신조를 피하고, 개 교회 중심과 개 교파 중심의 선교사상과 운동을 지양하게 되었다. 사회문제에 관심을 가지고 사회구원을 위해 노력한 점도 있다. 그러나 WCC는 한국 교회 안에 용공주의적 의혹, 교단 분열, 종교다원주의로 인한 손실도 컸다. 앞으로 WCC의 본질을 분명히 하고, 성경적 에큐메니컬적 정신을 회복하며, 다른 종교의 거센 도전 앞에 기독교가 어떻게 일치하여 대응할 것인가를 선교적 차원에서 깊게 논의해야 한다는 요구가 강해지고 있다.

### 템플턴: 투자에도 영혼이 있다

1992년 한경직 목사가 템플턴상(Templeton Prize)을 받았다. 이 상은 템플턴 재단(the John Templeton Foundation)이 수여하는 것으로 종교분야의 노벨상이라 할 정도의 명성이 높다. 이 재단은 존 템플턴(John M. Templeton)이 1987년에 세운 것이다. 그는 왜 이 특이한 재단을 세웠을까?

우선 그의 삶의 배경이 중요하다. 그는 영국계 미국인으로 1912년 11월 테네시주 윈체스터에서 태어났다. 예일대를 졸업한 뒤 영국 옥스퍼드대에서 공부했다. 전공은 경제학이었다.

25세에 월스트리트에 진출한 그는 저평가된 주식들만 골라내는 뛰어난 재주로 '위대한 투자가'라 불렸다. 이른바 역발상투자(Contrarian) 법이다. 투자 회사 템플턴 그로스사(Templeton Growth)를 설립한 그는 투자범위를 세계로 확대해 월스트리트의 살아있는 전설로 통했다.

그는 프린스턴 신학교의 이사와 학장을 역임했고, 1972년 노벨상에 종교부문이 없는 것을 아쉬워하며 템플턴상을 제정해 매년 종교 분야에서 인류를 위해 크게 이바지한 인물을 선정해 수여했다. 상금은 약 150만 달러로 노벨상보다 약간 더 많다.

그는 1987년 필라델피아 근교에 템플턴 재단을 설립했다. 현저 2조 원을 넘는 기금을 운용하며 매년 약 900억 원 이상을 전 세계 수백 개 과학자그룹과 대학 등에 지원해오고 있다. 템플턴 종교 공헌상으로 시작된 템플턴상도 과학적 탐구 노력까지 범위를 넓혔다. 그리고 해마다 종교와 과학영역에서 진일보한 성과를 내놓은 학자와 종교지도자들에게 시상하고 있다.

템플턴재단은 재단 헌장에 '삶의 거대한 질문에 대한 발견을 지원 한다'라고 명시하고 있다. 이 목적에 따라 순수과학과 사회과학, 철학, 종교학 등 학문분야를 가리지 않고 거대담론 연구에 집중 지원하고 있다. 일반재단들이 지원하기 어려운 창의적인 과학적 주제들을 지원하고 있고, 학제연구를 통해 새로운 지식을 발견하고자 한다.

재단이 지원하는 내용을 보면 아주 독특하다. '물리학과 우주론의 근본적 질문을 위한 재단(FQXi)'은 시간의 방향이나 다중우주(multiple universe)의 가능성, 양자역학 등 이론 물리학의 최첨단 분야 연구다. 용서연구캠페인은 개인이나 가족, 국가 간 용서에 대한 이해를 넓히기 위한 것이고, '무한사랑연구소'는 사랑의 효과를 분석한다. 당장의 수익보다

100년을 내다보는 투자를 하고 있는 것이다.

영국 여왕 엘리자베스 2세는 템플턴의 공로를 인정하여 기사 작위를 수여했고, 그는 '템플턴 경'이 되었다. 템플턴 수상자의 연설을 듣는 공식 행사는 매년 장소를 바꾸어 가며 거행되지만 수상패와 수상금 수여식만은 언제나 영국 왕실인 버킹엄궁전에서 이루어진다.

그동안 종교 관련 수상자도 여러 종교를 걸쳐 다양하다. 제1회 수상자는 테레사 수녀이고, 빌리 그레이엄도 1982에 수상했다. 파키스탄의 회교지도자로 세계 무슬림 의회 사무총장이던 이나물라 칸, 티베트 불교의 지도자 달라이 라마, 종교와 평화에 관한 세계회의를 창설한 일본의 불교 지도자 니코 니와노도 수상했다. 한경직 목사는 사회복지와 복음전파, 남북 화해 등에 기여한 공로를 인정받았다. 솔제니친은 소설가였지만 구소련에 종교를 부활토록 했다는 점을 인정받았다. 이처럼 기독교와 불교, 이슬람교 등 종교의 장벽을 넘나들며 인류정신사에 기여한 인물을 선정한다.

템플턴은 2008년 7월 95세의 나이로 소천했다. 그는 "삶이란 주는 것이다"라 했다. 그는 힌두교의 명언을 인용해 다음과 같은 말을 남겼다. "주는 사람은 모든 것을 가진 사람이다. 주지 못하고 집착하는 사람은 아무 것도 갖지 못한 사람이다." 그는 '영혼의 투자자'라 불린다. 투자에도 영혼이 있다. 그는 가고 없지만 템플턴재단은 오늘도 인류의 지적 진보를 꿈꾸며 세계 최고 수준의 재단으로 성장하고 있다.


# 4. ICCC


ICCC는 국제기독교연합회(International Council of Christian Churches)로, WCC에 반발하여 생긴 단체다. 근본주의에 입각한 극우적 보수주의 운동이다. WCC를 극좌파로 인식한 이들은 WCC가 배도했다며 이의 확산을 막고자 했으며, 아울러 공산주의 및 현대주의 신 신학을 배격하였다.

미국기독교협의회(ACCC)의 멕킨타이어(Carl McIntyre)[9]에 주도된 이 운동은 1948년 암스테르담에서 1차 총회를 가졌다. 29개국에서 150명이 참석했다. 성경의 절대권위, 삼위일체 하나님, 그리스도의 완전성(신성과 인성), 동정녀탄생, 구속, 부활과 재림, 믿음을 통한 구원, 영생영벌, 보혈을 신조로 했다. 창설의 취지는 현대주의, 곧 WCC 신 복음 등 근본주의(fundamentalism)가 아닌 모든 것을 배격함[10], 현대주의 지도자를 배격하며, 하나님

---

9) 근본주의 지도자는 원래 웨스트민스터 신학교의 매첸(J. G. Machen)이다. 매첸의 후계자들은 세대주의를 공격했는데, 맥킨타이어는 세대주의자다. 그는 훼이 스(Faith) 신학교를 설립했다. 웨스트민스터 신학교는 정통장로교회(OPC), 훼이스 신학교는 성경장로교회(BPC), 개혁신학교는 PCA, 그리그 콜롬비아, 버지니아 유니온 신학교는 PCUS(UP)와 연관되어 있다.

10) 근본주의는 아시 아에선 보수주의, 영국에서는 복음주의로 통한다. 역사적 기독교의 다른 이름이다. 근본주의는 자유주의와 과학주의에 대항하기 위한 반작용으로 공동전선을 폈다. 이성주의와 자유주의를 반대하는 것은 이들이 고등비평으로 역사적 전통을 공격하기 때문이다. 예를 들어 '믿도 의심'한다. 믿는 것은 성경의 권위를 인정하는 것을 말한다. 그러나 의심은 저자가 그 사람이 아니라며 부정하는 것을 말한다. 과학적 공격은 진화론이 대표적이다. 진화론은 비초자연적으로 성경을 해석하고 기독교의 전통적 견해를 불신한다.

의 백성으로 성별하며, 이 목적을 위해 세계적 기구가 필요하다며 자기 나름대로 독자적 기구를 만들었다. 각 지역에 지역단위기구도 설립해 현대주의를 막는 역할을 한다는 것이다. 신학적으로는 복음적이나, 그의 성별주의는 배타주의적이고, 분리주의적이며 편협하다는 비판을 받았다. 그리고 반WCC·반공산주의·반자유주의 등 부정주의, 폐쇄적 고립주의에 빠졌다는 평가를 받았다.

ICCC 선교사 마두원(D. R. Malsbary)이 고려신학교와 손잡았다. 1954년 3차 대회 때 한상 돈·박윤선·이약산·박손혁이 옵서버로 참석했다. 합동과 통합 분열 시 합동에 10만 달러를 헌금하자 용산에 총회신학교를 구입했다. 김치선과 최순직이 성경장로회를 조직하고 이탈했다. 고려신학과 총신이 합동해 ICCC 우호단절을 결의했으나 1984년 결의를 해제했다.

## 5. RES

RES는 개혁주의 에큐메니컬 대회(Reformed Ecumenical Synod)의 약자로, WCC와 ICCC의 중간에 해당한다. 1946년에 네덜란드 개혁교회, 남아프리카 가혁교회, 그리고 미국 기독교 개혁교회들이 미국 그랜드래피즈에서 준비 회합을 가졌고, 1949년 암스테르담에서 정식으로 조직했다. 제2 스위스 신앙고백서, 하이델베르크 요리문답, 웨스트민스터 신앙고백서 등 개혁주의 신앙고백서들이 해석한 것으로 신구약 성경에 기초한 개혁주의 신앙을 기초로 하고 있다. 현대생활, 인류, 세상개조 등 3대 목적을 가지고 있다. 좌경인 WCC와 극단적 분열주의인 ICCC의 중간노선으로 신앙의 순결을 유지하면서 다소 올바른 신앙에서 이탈된 선한교회에 영향을 주어 돌아오게 하는 역할을 하고자 했다.

RES는 인터내셔널 리폼드 뷸리틴을 간행하는 시로텐보어(P. Schrotenboer)의 지도 아래 네덜란드 개혁교회가 주도적인 역할을 했다. 네덜란드 개혁교회가 주도하기 때문에 카이퍼(A. Kuyper), 도이빌드(H. Dooyeweerd), 벌카우어(G. C. Berkouwer), 리덜보스(H. Ridderbos) 등 그 나라 신학자들의 견해가 많이 반영되고 있다. 각 신학자들이 몇 가지 점에서 문제되기는 하지만 몇 사람의 문제로 RES 전체를 매도할 수는 없다 [11] 칼뱅주의 안에도 칼뱅주의와 칼뱅 주의에 도전하는 사람이 있기 때문이다.

---

11) 벌카우어는 창세기 1~3장의 신화설로 자유주의 시비가 있었다. 그 밖에 쿠이테르트(Kuitert)나 홀(Kool) 등이 성경유오설 등 성경의 권위에 도전하는 논문을 쓰기도 했다.

RES는 1963년 가입교단이 아니라 할지라도 그 신앙이 정통적일 때는 가능한 한 접촉하고 교류하였다. 동일한 신앙을 가진 교단들은 국가별로 여러 분야에서 이해와 협력을 통해 유대를 강화했다. WCC와는 기본적으로는 반대지만 WCC연구위원을 선정하여 관계 단절보다 융통성 있는 반대를 했다. 1969년 RES 모체인 네덜란드 개혁교회가 WCC에 가입하자 ICCC는 이를 비판했다. ICCC사상에는 찬동하지만 분리주의 방법에는 반대했다. ICCC는 RES를 좌경화된 타협주의로 낙인했다. 이 비판이 신복음주의로 연결되었다. 1953년엔 WCC 가입을 반대하던 RES는 네덜란드 개혁교회의 WCC 가입을 계기로 WCC 가입은 개교회에 맡겼다.

RES는 WCC와 ICCC 이중 가입문제가 발생하게 되었고, 남아프리카 개혁교회의 인종 문제에 대한 정책이 도마에 올랐다. 남아공은 한때 네덜란드가 지배했던 곳이다.

김의환(칼뱅 신학교 출신)은 RES를 한국에 소개했으며, 47회 총회에서 가입기로 결의했다. 1968년 정식 회원국이 되었다. 그러나 대회 참석 시 대표들의 주초행위를 본 한국대표들의 실망이 컸고, ICCC계의 이상찬(훼이스 신학교 출신)·라보도(그레이스 신학교 출신)가 RES를 신복음주의·사회복음·타협주의·문어주의라며 비판을 가했다. 1972년 RES에 대한 연구 없이 탈퇴를 했다가 1984년 우호관계 단절을 해제했다.


## 6. 복음주의 운동

복음주의 운동(Evangelicals)은 역사적 기독교 신앙의 다른 표현이다. 1910년 에든버러 대회에서 복음전도에 관심을 표했다. 주류가 WCC 쪽으로 흘러갔다. 그러나 각종 선교대회의 문제들이 드러나기 시작했다.

에든버러 대회 이전 신학적 경향은 과거와 달랐다. 자유주의 신학 대두와 영향력 증대, 사회복음 대두, 성경문서비평 등장, 높아진 신학적 불확실성으로 전통신앙이 도전을 받았다. 성경문서비평은 "성경 속에 하나님의 말씀이 있다"고 말함으로써 아닌 것도 있다는 사상을 펴 성경의 권위를 약화시켰다. 자유주의자들은 예수 그리스도가 사람에게 주신 최후의 하나님의 말씀이라는 것을 확신하지 못했다. 그리스도의 로고스로서의 완결성을 확신하지 못한 것이다. 이것은 신학적 불확실성이 높음을 보여주었다.

국제선교협의회(IMC)의 시도도 작용했다. IMC는 성경의 축자영감보다 비평적 관점으로 돌아갔다. 복음주의가 아니라 해도 회원으로 들어오도록 했다. 협의회는 교회보다 사회를 강조했다. 에든버러 대회도 정책적으로나 신학적으로 문제가 있었다. 그 대회에 참가하는 교회나 사람들은 견해를 달리하는 교회나 교회 정책의 문제 등이 있어도 어떤 결정이든 허용하는 개방적 정책을 폈다. 이 대회가 복음주의적이긴 했지만 넓고 포용성 있는 대회가 되도록 한 것도 작용했다. 무엇보다 포괄적 신학을 수립했다. 결국 진보적 신학과 종교혼합주의를 개방한 결과가 되었고, 자유주의와 타 종고 혼합주의도 아무런 제재 없이 들어오게 되었다. IMC는 행위가 선포보다 선행되어야 한다며 영혼구원보다 사회구원, 사회복음을 강조하는 조직이 되었고, WCC도 다른 종교와의 혼합주의는 물론 다른 종교에도 구원이 있다는 보편구원설, 해방신학을 채택함으로써 복음주의자들의 우려를 자아냈다.

1966년 베를린 대회가 열렸다. 자유주의의 대두와 확산에 대해 복음주의자들의 결속이 필요했기 때문이다. 세계전도에 대한 빌리 그레이엄의 관심고- 그가 펴낸 '크리스처니티 투데이'지의 영향력도 컸다. 이 잡지의 편집인 칼 헨리(Carl Henry)가 주도했다. 전 세계 복음주의자들의 대회로, 영적 감동과 은혜를 강조하기 위한 것이다. 3년 동안 준비했다. 베를린을 택한 것은 분단국에 대한 상징적 의미도 있었다. 이 대회의 주제는 한 인류, 한 복음, 한 임무였다. 100여 개국에서 1,200명이 참가했다. 한국에서도 한경직, 김활란, 김준곤, 오병세 등이 참가했다.

대회의 목적은 명확했다. "우리 시대의 성경적 복음전도를 명시한다. 현대 세계와의 관련성을 의심 없이 확립한다. 현재의 상황에서 전도의 긴박성을 강조한다. 현재 전 세계적으로 사용되고 있는 새로운 형태의 증거를 탐구하고 현대인을 찾아 만나는 새로운 방법을 모색한다(현대적 전도방법 개발). 복음에 저항하는 문제들을 솔직하게 취급한다. 역사적 신앙을 집중적으로 선포해 교회가 그 자체의 생활을 혁신하도록 도전한다(역사적 신앙 강조). 참신하고 극적인 방법으로 세상에 하나님을 진실로 만유의 주시며 하나님은 그의 아들을 통하여 구원하신다는 것을 보여준다(종교적 혼합주의 배제)."

베를린 대회는 그리스도 중심의 신학으로, 성경의 권위를 강조하고, 전도와 구원을 위한 교회의 사명을 재천명하며(보편구원설 배제), 이방세계에서도 동일한 한 복음임을 강조하며(다른 복음 배제), 영혼구원으로 세상을 구원하는 신학을 가지고 있었다.

베를린 대회는 보다 강력한 교회론을 지향하고, 서구의 선교에서 세계의 선교로 전환했다. 복음주의적 전도가 인종을 넘어, 교파를 넘어 국제적으로 일치한다는 것을 보여주었다. 복음주의 입장에서 특정지역에 대한 연구가 진행되었다. 복음주의자들에게는 대규모 회의 가능성, 적극적으로 전도사역을 할 수 있는 가능성, 그리고 연합세력 형성 가능성을 보여주었다. 비복음주의자들에게는 복음주의자들에게도 힘이 있다는 것을 느끼게 해주었다.

후속사업으로 지역별 전도대회, 국가별 대회를 개최했다. 한국의 경우 1965년 '삼천만을 그리스도 앞으로'를 캐치프레이즈로 내건 복음화 대회, 74년 엑스플로, 80년 성회가 이에 속한다. 그러나 이 대회는 복음전도와 타문화 관계의 정립이 미흡했고, 인종 문제에 대한 관심이 미흡했다는 지적을 받았다.

베를린 대회에 이어 1974년 7월 로잔대회가 150개국 2,700명이 참가하는 가운데 열렸다. 주제는 '온 땅이여 그의 음성을 들으라'였다. 베를린 대회 연장으로 세계 복음화 전도전략을 개발하기 위한 것이었다. 스토트(J. Stott)의 사회적 책임과 협력하는 복음전도의 발제가 있었고, 교회성장에 대한 논의도 있었다. 그리고 2,200명이 스토트가 기초한 로잔언약에 서명했다. 이 언약은 우리는 그리스도의 지체들이요 교회는 하나님 백성의 공동체라는 자기 확인과, 복음전도와 선교를 통제하는 것은 성경의 권위라는 확인, 그리고 보편구원설을 배제하고 말씀을 통한 계시만 강조하는 내용을 담고 있다.

### 존 스토트, "기독교인이어 균형을 잡으라"

우리 시대 최고의 크리스천 지성 가운데 한 분으로 손꼽히는 인물로 영국 성공회 목사였던 존 스토트(John Stott)가 있다. 그는 20세기에 가장 의미 있는 크리스천 선언 가운데 하나인 로잔선언을 기초한 인물이다. 로잔선언은 세계선교개념을 제3세계까지 확대시킨 것으로 이 선언을 통해 복음주의에 바탕을 둔 선교정책이 적극적으로 펼쳐지게 되었다. 로잔정신은 지금도 복음주의 권을 관통하는 중심축이 되고 있다.

그러나 그의 특징은 복음의 적극적인 수호와 사회에 대한 폭넓은 관심으로 요약된다. 보수와 진보가 첨예하게 대립했던 상황에서 그는 신학적으로는 철저한 보수주의 입장을 취하고, 사회참여문제에서는 급진적인 면도 수용하면서 균형을 유지하고자 했다. 복음적 입장에서 사회문제에 대한 인식을 드높인 책이 바로 『현대사회문제와 기독교적 답변』이다.

아직도 잊히지 않는 그의 말이 있다. "마귀가 가장 좋아하는 장난은 그리스도인들로 하여금 균형을 잃도록 만드는 것입니다." 균형의 삶을 살라는 말이다. 성경 전체를 연구할 때나 성경적으로 생각하는 법을 배우게 될 때, 그리고 그 말씀을 실행에 옮길 때 균형을 잃지 않도록 한다. 오죽하면 『기독교는 균형을 잡아야 한다』는 책을 썼을까.

그는 불신앙이 만연한 이 시대에서도 복음에 대한 희망을 잃지 않았다. 오히려 하나님께서 불신앙의 시계추를 다시 믿음의 방향으로 움직이도록 하실 것을 믿었다. 그래서 불신앙의 때일수록 변치 않는 복음의 메시지를 담대히 선포해야 한다고 했다. 참된 설교는 성경에 기초한 설교라며 강해설교를 했다. 그리고 성경의 가르침을 오늘날 일어나고 있는 사회현상에 밀착시켜 말씀을 선포했다. 목회자로서 삶의 바른 좌표를 제시하고자 한 것이다.

　　그는 전도에 대해서도 언급했다. "전도는 테크닉이 아니다. 교회에 속한 자들의 수를 늘려가는 것은 교회의 주인이신 주님께 속한 권한이다. 우리가 하나님 앞에 겸손히 무릎 꿇고, 믿음 안에서 기다린다면 날마다 구원받는 사람을 더해 갈 것이다." 씨는 뿌리지만 자라게 하시는 이는 주님이심을 느끼게 한다(고전 3:6).

　　존 스토트, 그는 '신앙은 보수적으로, 행동은 진보적으로' 라는 정신을 온몸으로 실천한 인물이다. 진보와 보수가 격렬하게 대립하고 있는 한국 상황에 대해 그는 이렇게 말할 것 같다. "하나님의 말씀을 굳게 잡으라, 그리고 이웃을 사랑하라." 어디서 들었던 말씀 아닌가. "네 마음을 다하고 목숨을 다하고 뜻을 다하여 주 너의 하나님을 사랑하라 그리고 네 이웃을 네 몸과 같이 사랑하라." 그렇다. 주님의 말씀이다. 주님은 이미 균형의 삶을 사셨고, 그 삶을 우리에게 가르치셨다. 그동안 우리는 왜 그것을 몰랐을까.

　　로잔대회는 복음전도의 우선권과 우위성, 성경무오설, 역사적 복음주의신학(구원론)에 근거하였다. 전통과 성경의 관계에 대한 언급이 없지만 무시한 것은 아니다. 이 대회는 성경의 축자영감과 그 권위, 사회적 책임을 강조했다. 복음전도는 신자들을 가시적 기관인 교회의 일원이 되도록 하는 것임을 확실히 했다. 그리고 역사적 예수를 구주와 주님으로 믿는 신앙의 개인적 성격은 선포와 설득의 전도 열매임을 확인시켜 주었다.

　　그러나 로잔대회는 성경의 상징성과 주관적 권위를 강조한 것은 강점이면서도 약점으로 작용할 수 있으며, 복음전도전략에 치중함으로써 전도에 관한 신학을 약화시켰으며, 교회성장을 강조함으로써 교회 밖 운동에 대한 언급이 약했고, 강력한 체계화된 교회를 강조한 것도 약점으로 지적되고 있다. 후속사업으로 로잔위원회는 1983년 암스테르담 세계 순회전도대회를 가졌다.

　　복음주의 운동은 사회에 대한 관심을 잊지 않았다. 사회에 대한 관심은 텍스트(성경)와 콘텍스트(상황)와의 관계로 에큐메니컬 신학의 중심 관심이다. 당시 콘텍스트에서는 토착화, 도시선교, 가난한 자의 빈곤문제가 중시되었다. 1960년 사회문제에 대한 관심이 높아졌다. 칼 헨리는 영혼구원만 강조하는 근본주의자에 반격을 가하고 사회문제에 대해 연구했다. 그는 사회적 행동(social action), 사회정의를 강조했다. 1966년 휘튼대회에서는, "선교와 사회적 관심은 양자택일의 논법이 아니라 공존이다"라고 선언했다. 로잔대회에서는 기독교의 사회적 책임을 강조했다. 이때 개혁주의자들의 사회문제 윌리(방안)는 다음과 같았다.

- 중생은 모든 신자의 사회적 의무의 전제이다.
- 교회 혹은 신자 개인이나 신자단체는 사회에서 기독교 행동의 대리자이다.
- 악과 불의를 탄핵하는 소급적 사명은 교회의 예언자적 사명에 속한다. 그러나 이 사명 외에도 교회는 적극적이고 창조적인 사회윤리를 제시해야 한다.
- 소유문제는 청지기적 개념으로 받아들여야 한다.
- 기독교 사회윤리는 법과 제도의 구조에 있어서 더 좋은 것을 위한 변화를 고려한다.
- 어떤 형태의 인종차별도 대항하고 결혼과 가정을 강화시켜야 한다(기독교 가정의 순수성).

1973년 복음주의 신학자들의 선언인 시카고 선언이 있었다. 이것은 정치와 사회참여에 실패를 목도하면서, 복음은 전 인간에 선포되어야 한다고 주장했다.

보수적 복음주의에는 전도에 관해 두 가지 견해가 있다.

첫째, 전도와 봉사는 함께해야 하는 보충적 관계이다. 스토트에 따르면 사회활동은 전도의 한 수단이요, 전도의 표현이며, 전도의 동반자이다. 전도와 사회활동은 동반자로, 서로에 소속되어 있으면서도 서로 독립적이다. 양자는 각기 올바른 위치에 독립적으로 서 있으면서도 협력적이다. 다른 한편의 수단이 아니라 동반자이다.

둘째, 전도 자체가 사회 행동이다. 이것을 가리켜 신학적 낭만주의라 하기도 한다. 리처드슨(W. Richardson)에 따르면 세 가지 이유가 있다.

- 전도는 사회적 상황에서 일어난다. 그러므로 전도는 콘텍스트와의 상호작용이다. 전도는 한 백성의 문화 및 풍속과 만나는 곳이다(전도는 만남).
- 예수 그리스도가 주라는 말 자체가 세상에 대한 권위의 주장이므로 전도는 사회적 행동이다.
- 전도의 결과로 형성되는 신자들의 모임인 교회는 말씀, 성례, 신자 파송으로 세상을 대하는 점에서 그리스도 주권의 현재적 영역이므로 사회적이다(교회 역할이 세상에서의 역할).

### 강원희와 스윗의 선교관

강원희 네팔 선교사는 의료 봉사 30년으로 '히말라야의 슈바이처'라 불린다. 그는 "인생 가운데 토막을 하나님께 드리자" 결심하고 아내를 설득해 1982년에 네팔로 떠났다. 큰 결심에, 큰 실행이었다.

그의 선교개념은 아주 독특하다. 추울 때 담요 한 장 덮어주는 것이 선교라는 것이다. 이 말이 가슴에 와 닿는다. 그는 굳이 개종을 권하지도 않는다. "내가 사는 모습이 감동을 준다면 굳이 말로 개종을 권할 필요 있을까요?" 적극적 선교만 생각했던 우리에게 다소 의외일 수 있다.

레너드 스윗도 일방적 선교방법에 대해 의문 부호를 달았다. "선교나 전도를 할 때 사람들은 자신이 예수를 모시고 간다고 여긴다. 그건 굉장히 교만한 생각이다. 우리가 가기 전에 이미 하나님과 예수님이 일하고 계신다." 선교는 내가 하는 것이 아니라 이미 주님이 선교의 현장에 오셔서 일하고 계신다는 것이다.

그래서 그는 우리에게 오히려 귀를 기울이라 말한다. "불교 신자나 무신론자를 만날 때도 이미 하나님이 그 사람들 속에서 무언가를 하고 계시다는 걸 발견하라. 내가 할 일은 가서 그들에게 뭘 이야기하는 게 아니라, 침묵하면서 그들의 이야기를 듣는 것이다. 그들의 삶 속에서 하나님께서 이미 하시는 일에 우리가 함께 참여하는 것이다. 그런데 현실의 기독교인은 그걸 존중하지 않는다. 우리는 달려가서 '예수를 주겠다'고 말한다." '내가 만든 예수'를 들이미는 것이다. '이미 있는 예수'를 알지 못한다.

스윗은 기독교인이 되기 위해서 불교문화나 이슬람 문화를 포기할 필요는 없다고 주장한다. 아프리카 문화도 마찬가지다. '가서 모든 족속으로 제자를 삼으라(마 28:19)'는 말씀은 그 문화 속의 제자를 말하는 것으로 본다. 우리의 문화를 심으란 얘기가 아니다. 그들 문화에 동화되라는 것도 아니다. 하나님의 때가 되면 그 문화 속에서 예수 그리스도의 몸이 드러날 것이다. 그때까지 기다려야 한다. 좀 더 긴 안목이 필요하다는 말이다. 즉시 열매를 보기 원하는 사람들에겐 당혹스런 말일 수 있다.

선교하면 우리는 주로 '밖을 향한(outward) 선교'를 생각한다. 다른 민족, 다른 나라를 향한 선교다. 물론 밖을 향한 선교도 있다. 하지만 스윗은 이보다 내 안에서 예수님을 발견하고 함께하는 것이 진정한 선교라 한다. 이른바 '안을 향한(inward) 선교'다.

아시시의 프란시스는 우리가 선교현장에 있는 것 자체가 선교라 했다. 그곳 사람도 우리가 어떻게 하는가를 보고 배울 점이 있으면 따를 것이다. 선교는 왜 하는가? 선교는 하나님의 뜻이요, 주님이 우리에게 주신 대사명이다. 선교는 고통받는 이웃을 향한 하나님 아버지의 안타까운 심정에 동참하는 것이다. 우리는 그분의 도구일 뿐이다. 추울 때 담요한 장 덮어 주든, 입을 열어 복음을 열심히 전하든 아버지의 마음을 갖는 것이 중요하다. 앞서 일하시는 아버지의 마음을 알게 되면 더욱 감격할 것이다. 이것이 선교다.


찰스 핫지(C. Hodge), 워필드(B. Warfield) 등 프린스턴 구파들은 사회적 문제에 관심을 가지지 않았다. 노예문제도 뒷전이었고 오직 교회, 복음화에 관심을 가졌다. 이런 영향이 한국을 비롯한 여러 신학자들에게도 영향을 주었다. 사회 행동에 둔감한 것도 이 때문이다. 지금은 상당히 나아졌지만 사회 행동에 대한 신학적 해석이 전제될 필요가 있다. 특히 사회화를 세속화 정도로 생각하는 관념에서 벗어나야 한다. 교회를 사회와 연결시키는 채널이 필요한 것이다. 이를 위해 신학적 해석은 절대적이다. 교회만 거룩한 곳으로 보아서는 안 된다. 샬롬과 아가페의 복음이 어디서든 드러나야 하며, 그곳이 바로 거룩한 곳이다. 이를 위해 평신도 자원을 충분히 활용할 필요가 있다. 평신도는 사회적 요소로 작용하기 때문이다. 교인들로 하여금 선한 사마리아인이 되도록 하는 연계작업이 중요하다. 또한 여러 매체를 이용해 사회를 위해 어떤 일을 하고, 또 어떻게 해야 좋은가를 소개하고 논의할 필요가 있다. 어디서든 하나님 중심 전도가 되어야 하고, 하나님 중심 사회 행동이 되어야 한다.

# 기독교 교육의 이해

# 제7부 기독교 교육의 이해

## 1. 기독교 교육의 전제들

인간은 교육을 통해 살아간다. 삶의 원형, 삶 자체가 교육이다. 딜타이(W. Dilthey)는 발전한 사회일수록 교육이 필요하다 했고, 스마트(J. Smart)는 교회가 선교를 해야 하는 것처럼 교육을 해야 한다고 했다.

교육은 학교에서만 이뤄지는 것이 아니다. 유대인에게 있어서 교육은 가정에서 출발한다. 가정은 하나님이 세우신 최초의 학교였고, 부모는 자녀에 대한 목회자였다. 신명기 6장 4절의 "이스라엘아 들으라"로 시작되는 쉐마 교육은 자녀에게 하나님에 대한 신앙을 어떻게 전해야 하는가를 잘 보여주고 있다.

교육학의 아버지 허바트(Herbart)는 교육을 가리켜 성장세대에 가하는 사회적 영향이라 했다. 커뮤니티의 일원으로 그 사회에 적응하고 동화하는 데 필요한 것을 전승하는 것이다. 이것만 강조하면 기성세대의 일방적 교육으로 그칠 수 있다. 현대는 피교육자가 무엇을 요구하는가에 관심을 두고 있다. 교육은 이 모든 면을 고려한 양육(nurturing, pedagogy)이다. 역사와 윤리의 흐름도 파악하며 피교육자가 조화롭게 성장하도록 교육하고 배려한다.

대학 이전 연령까지는 이끌어준다. 교육(education)은 바로 이끌어 줌(educare)을 대변한다. 부족한 것을 채우고, 훈련시킨다. 그러나 대학 연령 이후부터는 성인교육에 해당한다. 인격적인 도야가 이뤄지도록 한다(character building). 신앙적으로도 믿는 것과 아는 것에 하나가 되어 자라가게 한다(엡 4:13). 게리그마(kerygma)는 복음을 일방적으로 선포하는 것이다. 그러나 디다케(didache)는 쌍방의 교류를 통해 교훈이 이뤄진다. 교육은 때로 게리그마 형태를 띠기도 하지만 디다케가 있어야 인격적인 변화를 이끌 수 있다.

교육은 변화를 목표로 한다. 교육은 인간행동을 계획적으로 변화시켜 나갈 수 있다. "교회는 늘 개혁되어야 한다(semper ekklesia reformanda)"는 말 속에는 하나님의 말씀을 바탕으로 한 교육이 필요하다는 것을 가르쳐 준다. "인간은 항상 고쳐야 한다(semper humana reformanda)." 이를 위해 질적 교육을 통한 개혁이 필요하다.

기독교 교육은 성경을 바탕으로 한 인간 이해로부터 시작한다. 성경이 가르쳐준 인간 이해와 인간상에서부터 출발한다. 기독교교육 철학에 있어서 인간은 창조된 인간, 타락한 인간, 그리고 구속받아야 할 인간이다. 인간은 진실, 정직, 선 등 하나님의 속성과 인격을 닮아 하나님의 형상(imago Dei)으로 창조되었다. 그러나 인간은 죄로 인해 타락했고, 구속이 필요한 존재가 되었다. 하나님을 아는 지식이 요구되는 것은 이 때문이다.

타락에 대해 가톨릭과 개신교 사이에 차이가 있다. 가톨릭은 하나님의 형상인 이마고(Imago)와 도덕적 성향인 시밀리투데(Similitude)를 구분하고, 타락으로 인해 잃어버린 것은 이마고가 아니라 시밀리투데라 주장했다. 회복을 위해 필요한 것은 이마고가 아니라 시밀리투데라는 것이다. 이것은 스콜라 학파의 주장이기도 하다. 그러나 루터나 칼뱅은 전적 타락을 말한다. 이마고나 시밀리투데 할 것 없이 모두 상실했다는 것이다. 이것을 회복하기 위해서는 인간의 노력이 아니라 하나님의 은혜가 필요하다. 터니슨(Turneysen)은 목회는 복음 전달로 그치는 것이 아니라 개인에 접근해 이해시키고 그가 그리스도의 형상에 이르기까지 수고하는 것이라 본다. 우리가 그리스도의 형상에까지 자라려면 주님의 절대적인 도움이 필요하다. 하나님과 인간의 관계에서도 가톨릭과 개신교는 차이가 있다. 개신교는 신앙의 관계로 유추(Analogia fides relationis)하지만 가톨릭은 존재의 관계로 유추한다(Analogia entis relationis). 개신교는 존재의 문제보다 믿음의 문제로 접근한다.

기독교교육은 복음과 깊은 관계가 있다. 무엇보다 하나님 중심이다. 모든 만물이 하나님에게서 나오고 하나님께로 돌아가듯 기독교교육은 하나님에서 시작해서 하나님으로 돌아간다. 타락한 인간은 그리스도 안에 있으면 새로운 피조물로 재창조된다. 성화와 양육은 교육의 핵심이며 끝까지 하나님을 영화롭게 한다. 이를 위하선 교육뿐 아니라 목회 자체도 교육이다.

## 2. 구약시대의 교육

쉐릴(L. Sherill)에 따르면, 기독교교육을 깊이 이해하기 위해선 역사적으로나 현실적으로 기독교 교육 자체를 연구해야 하며, 역사 연구는 필수다. 기독교 교육이 교회사와 깊이 연관되어 있다는 말이다.

구약시대의 교육은 바벨론 포로를 기점으로 전기와 후기로 나눈다. 아브라함에서 바벨론 포로까지는 히브리인 교육, 바벨론 포로에서 예수 그리스도의 오심까지의 교육을 유대인 교육이라 한다. 히브리인 교육은 아브라함의 부르심으로 시작된다. 그 부르심은 그동안 니므롯에서 볼 수 있는 것처럼 인간 중심으로 살아왔던 시대를 청산하고 하나님 중심으로 돌아가는 것이다. 하나님은 그를 부르시고 언약을 주시며 복의 근원이 될 것을 말씀하셨다(창 12:1-12). 하나님의 일방적 언약이지만 은혜로 베푸시는 언약이다. 교육의 형태가 출애굽 사건에서 구체적으로 나타났다. 구원의 역사가 교육의 내용임이 드러난 것이다. 이 교육은 예루살렘 함락 때까지 실제적으로 이루어졌다. 다양한 역사적 변천을 거쳤지만 하나님은 이 과정에서 언약을 주시고 얼마나 놀랍게 역사하셨는가를 교육하도록 하셨다. 이것이 쉐마(shema) 교육이다.

쉐마는 "이스라엘아 들으라"는 신명기 6장 4~9절의 말씀을 바탕으로 한다. 하나님이 역사를 통해 어떻게 우리를 사랑하셨는지, 앞으로 우리는 어떻게 하나님을 섬겨야 할지를 자녀에게 확실하게 가르치라는 것이다. 쉐마 교육은 민족공동체 교육, 신앙공동체 교육이다. 이집트의 박해, 광야 40년, 가나안 정착에서 보여준 하나님의 사랑과 구원을 찬양한다. 쉐마 교육은 민족교육이요, 민족 신앙이다. 교육은 삶의 복판에서, 신앙적 관계에서 전개된다. 여호수아는 이스라엘 민족 앞에 단호하게 말한다. "너희가 섬길 자를 오늘 택하라 오직 나와 내 집은 여호와를 섬기겠노라"(수 24:15).

### 여호와의 이름을 망령되이 일컫지 말라

"너는 네 하나님 여호와의 이름을 망령되이 일컫지 말라 나 여호와는 내 이름을 망령되이 일컫는 자를 죄 없는 줄로 인정하지 아니하리라." 신명기 5장 11절의 말씀이다. 이 말씀은 십계명 중 제3계명에 해당한다. '망령되이' 오늘 주목할 부분이다.

영어 성경을 보면 '망령되이'를 'in vain', 'profanely', 'misuse'라 했다. 허망하게, 불경스럽게, 잘못 사용하는 것을 지칭한다. 한자를 보면 더 구체적이다. 망령(妄靈)은 늙거나 정신이 흐려서 말과 행동이 정상을 벗어난 상태를 이르는 말이다. 여기서 망을 주목할 필요가 있다. 망령에서 한자 '망령 할 망(妄)'은 '없어지다', '잃다'는 뜻을 가진 망(亡)과 여(女)를 합한 것이다. 여자에게 마음을 빼앗겨 자신을 잃은 행동을 한다는 뜻이다. 망령되다는 것은 그런 망령에 휩싸여 함부로 망발을 하거나 망언을 하는 것을 말한다. 하나님에 대해 정신없는 소리, 불경한 소리, 망언을 해서는 안 된다는 것이다.

유대인들은 여호와(야웨)의 이름을 함부로 부를 수 없었다. 너무나 귀하고 높은 분이시기 때문이다. 그 대신 '아도나이'(나의 주)라 불렀다. 우리도 부천의 함자를 말할 때 그대로 말하지 않는다. "○자 ○자이십니다." 하지 않는가. 성경을 양피지에 옮겨 적을 때도 '여호와' 이름만 나오면 목욕재계하고 썼다고 한다. 이름을 부르고, 쓰는 것까지 이렇게 조심을 했으니 그분을 망령되이 말하는 것은 있을 수 없다.

그 높으신 분을 예수님은 아버지라 부르시고, 우리로 하여금 그의 자녀라 하셨다. 바리새인들이 놀라지 않을 수 없었을 것이다. 오늘도 우리는 하나님을 '아바 아버지'라 부른다. 자녀로서 얼마나 정겨운가. 그래도 지킬 것은 있다. "여호와의 이름을 망령되이 일컫지 말라." 딴 데 정신을 팔지 말고 여호와께 집중하라. 그분을 깊이 존중하고 사랑하고 경배하라.

히브리인의 교육은 가정교육이 중심이다. 가정이 최초의 하나님의 학교가 된 것이다. 가정은 학교이자 원초적 교회의 모습이다. 부모는 가정학교의 교사이자 제사장이다. 그는 선지자의 글과 예언을 가르치고, 제사를 통해 속죄와 하나님을 만나는 방법을 가르치며, 시가서를 통해 찬양하는 법을 가르친다. 히브리인의 교육목적은 하나님을 사랑하고, 그의 뜻을 살피는 것이다. 이를 위해 토라(Torah)를 가르친다. 토라를 배울 때 부모는 책 위에 꿀을 떨어뜨린다. 그리고 그 맛을 보게 한다. 하나님의 말씀은 꿀 송이보다 달다는 것을 느끼게 하기 위함이다. 토라를 율법으로 이해하고 있지만 토라는 정죄하는 율법보다 훈계와 가르침이다. 주의 말씀이 내 발의 등이요, 길이 되는 것이다. 나아가 유월절, 장막절 등 절기를 통해서도 교육한다.

유대인 교육은 회당(synagogue) 교육이 중심이다. 회당은 바벨론 포로 70년을 통해 발전되었다. 회당에서는 하나님의 말씀을 읽고 배울 뿐 아니라 삶의 각종 지혜도 배운다. 그리고 회당은 삶의 중심이 된다. 랍비 양성을 위해서는 아카데미가 있다. 아카데미는 희랍전통에서 온 것이다. 바울이 가말리엘 문하에서 배운 것도 랍비 양성교육을 받은 것이다. 바울은 그 문하에서 바리새인으로의 세계관을 배웠다.

### 바르 미츠바, '율법의 아들'

유대인 남자의 성년식은 13번째 생일 또는 생일 이후의 안식일에 치러진다. 이를 '바르 미츠바(Bar Mitzvah)', 또는 미츠와(Mitzwa)라 한다. '율법의 아들'이라는 뜻을 가지고 있다.

여자의 경우는 12살에 하며 '바트 미츠바'라 한다. 남녀 모두 통틀어 '브나이 미츠바'라 하는데 '율법의 아이들'이란 뜻이다. 성년으로서 자신의 행동과 생각에 책임을 지게 됨을 공식적으로 인정하는 유대인의 종교의례이자 가정축하의식이다.

이스라엘 부모들은 유대교 전통과 율법에 따라 자녀를 율법에 따라 충실히 가르칠 책임이 주어진다. 성년식은 그동안 그 책임을 다했음을 보여주는 것이며, 의식이 끝나면 부모는 전통적 책임에서 벗어난다.

성인의식을 할 때 소년은 기도문을 읽고 토라를 낭독한다. 짧게 연설을 한 뒤 토라를 안고 회당을 행진한다. 이 모습에 부모는 눈물을 글썽인다. 이제 다 컸구나. 예배 자체는 가족 중심으로 이뤄진다. 의식을 치른 소년은 모든 계명을 이행할 책임이 주어진다. 특히 토라의 613개 율법을 충실히 따라야 한다. 하지만 기도자의 구성원이 될 수 있고, 종교적 모임이나 행사의식을 주도할 자격이 당당히 주어진다.

식이 끝난 다음 키두시, 곧 포도주를 마시면서 기도를 하며 연회를 베푼다. 이때 하객들은 주로 성경, 손목시계, 축의금을 선물한다. 성경을 주는 것은 신앙적으로 더욱 신실한 사람이 되라는 것이고, 시계는 시간의 소중함을 가슴에 새기라는 것이다. 그리고 축의금은, 의식을 마친 소년에게 자산을 가질 수 있도록 허용되었기 때문이다. 하지만 축의금 대부분은 은행에 넣었다가 학업을 마치고 독립할 때 사용한다. 일종의 자활 시드 머니이다.

그런데 이 의식에서 특이한 것은 무엇보다 질문을 하고 답하는 시간이다. 질문은 미리 주어지지만 답은 하객들 앞에서 발표한다. 문제는 대체로 애매하다. 하지만 답만큼은 독창적이어야 한다. 이것은 유대인들이 얼마나 창의력을 중시하는가를 보여준다.

우리의 13살은 어떤가? 부모는 자녀에게 성경을 잘 가르치고 신앙적으로 교육했는가? 우리는 신앙적으로 인정을 받을 만큼 성숙했는가? 유대인의 성인식이 우리의 모습을 깊이 돌아보게 만든다.


## 3. 신약시대의 교육

교육학적 입장에서 볼 때 예수님은 하나님 나라를 가르치신 교사요 설교자셨다. 하나님 나라와 메시아의 관계가 주제였다. 메시아이자 하나님 자신으로 이 땅에 오신 주님은 하나님 나라에 대한 약속을 교육의 내용으로 삼았다. 주님은 제자들의 삶의 한복판에 찾아가 대화하고 가르쳤다. 그분은 교육의 장소로서 산이든 강이든 회당이든 가리지 않으셨다. 주님은 재림으로 미래적 하나님 나라도 도래하지만 현재에서도 믿음으로 하나님 나라의 삶을 살 수 있음을 가르치셨다. 하나님 나라가 우리 가운데서 현재적으로 임하는 것이다.

오순절 사건 후 믿는 자들의 모임, 곧 신앙공동체가 등장했다. 이곳에서 사도들의 가르침을 받고, 교제하고 떡을 떼며, 기도했다. 교육 공동체가 된 것이다. 봉사를 위해 일곱 집사가 세워지고, 사도들은 가르치고 말씀 전하고 기도하는 일에 전무하도록 했다. 사도들과 교사는 복음을 전파(kerygma)하고, 가르치는 일(didache)을 했다. 가르치는 것은, 헬라어로 '카테체인(katechein)'과 '디다스체인(didaschein)'이 있다. 카테체인은 하나님의 복음이 인간을 향해서 위에서 아래로(kata) 산울림(echeo)처럼 들리는 것을 말한다. 신적인 능력에 힘입어 깊은 깨달음이 있게 되는 것이다. 카테키즘(catechism)은 여기에서 나온 단어이다. 세례자를 대상으로 세례가 구원과 어떻게 연결되는가를 가르쳤을 것이다. 디다스체인은 디다케이다. 그 가르침은 그리스도 중심의 교육이다. 십자가구원·재림·성만찬, 그리고 주는 그리스도임을 고백하는 신앙이다.


## 4. 중세 기독교 교육


중세는 전기와 후기로 나뉜다. 전기는 기독교가 국교로 인정을 받은 313년에서 동·서교회로 분리된 1096년, 후기는 교회 분리시기로부터 종교개혁까지이다.

전기에 기독교는 박해시대를 거쳐 국교화되었다. 교회가 조직화되자 교리화 작업이 필요해졌다. 이 작업은 신앙교육의 핵심이며 이단견제를 위해서도 중요하다. 영지주의, 신플라톤주의 등 종교철학도 도전했다. 이를 위해서도 교리화 작업이 불가피해졌고, 삼위일체, 계시, 신에 대한 이해, 신과 인간 등 변증학이 발전하게 되었다. 감독권한도 커져 막강한 교회가 되었고, 전 유럽을 석권하게 되었다.

2세기에서 4세기에는 초신자 교육이 강화되었다. 특히 4세기에는 예전 중심의 교육이 실시되었다. 예전엔 미사(missa)가 있었다. 예전은 세례청원자를 위해 세례와 성만찬이 무엇인지를 가르치는 기본교육(missa catechumenorum)과 세례를 받고 신자가 된 사람을 위해 도덕적 생활, 기독교의 전통과 교리의 보존 및 전달, 그리고 신자들의 믿음과 헌신을 도와주는 교육(missa fidelium)이 있었다. 이 두 미사는 기본적으로 세례와 관련된 교육이다. 5세기에는 세례 시 신앙고백의 중요성을 가르쳤다. 세례자를 위해 교리를 가르치는 학교가 세워졌다. 중세는 스콜라철학의 등장으로 신앙과 이성의 조화 속에서 기독교신앙을 변증했다. 알렉산드리아 학파의 학교들은 플라톤의 연역적 방법을 사용했고, 안디옥 학파의 학교들은 아리스토텔레스의 귀납적 방법을 사용했다.

중세 후기에는 교회가 동방과 서방으로 분리되었다. 로마를 중심으로 교황권이 강화되고, 교회권한이 커져갔다. 동방교회는 교황중심주의를 배격했다. 신성로마제국에서 성직자의 권위는 왕권보다 높아졌다. 교황 인노센트 3세는 우남 상탐(Unam Sanctam) 칙서를 발표하고 세상나라와 하나님 나라는 하나의 통치 아래 있어야 한다며 교황우월권을 주장했다. 가르침도 교황의 절대권을 교리로 만들고 가르치는 것이었다. 교회구조는 성직자 중심으로, 신학과 교육은 교회중심으로 이뤄졌다.

교육은 스콜라주의 신학이었다. 이 신학은 프란시스파와 도미니칸파로 나뉜다. 프란시스파는 순결한 상태를 강조한 아우구스티누스에서 출발해 신의 직접적·신비적 체험을 강조한 성 프란시스를 거친다.[1] 은혜, 계시, 자연신학, 신비가 키워드다. 도미니칸파는 토마스 아퀴나스, 안셀름, 둔스 스코투스, 오캄 등의 학자가 있으며 존재론적 방법을 취해 신앙과 이성을 한데 묶으려 했다. 지식중심, 주지주의, 사변적이었다. 아퀴나스는 최고선에 대한 추구, 곧 지적 추구를 했다. 안셀름의 경우 "신앙은 이해를 촉구한다", "나는 알기 위해서 신학을 한다(믿는다)" 하였다.

신비적 체험은 성만찬을 통해 하나님과 만난다. 그리스도의 살과 피를 받음으로 숨어 계신 하나님을 실제 체험하는 것이다. 떡과 포도주가 예수님의 몸과 피이다(est). 이것이 가톨릭의 화체설이다. 가톨릭은 성만찬을 통해 하나님을 만나는 주관주의에만 빠지지 않고 고해성사나 방언, 그리고 죄를 적어 태우는 것 등 외적 증거를 통해 객관화하고자 했다. 주관과 객관의 문제는 아직도 신학의 과제이다.[2]

세례의 경우 지방사제들은 물세례를 강조했고, 감독들은 성령세례를 강조했다. 가톨릭은 세례, 성찬, 고해성사, 견진성례, 결혼, 장례, 서품성례 등 7성례를 내세운다. 그러나 개혁자들은 예수님이 세례와 성찬 외에는 지적하지 않으셨다고 주장한다.

가톨릭은 교육을 교권확장의 수단으로 삼았다. 특히 성만찬과 예전의 교육을 강화했다. 교육은 성례교육 정도였다. 특수층만 라틴어 교육을 받아 대중의 문맹률이 높아, 대중을 상대로 신학교육을 보편화할 수 없었다. 일반인들에게는 조각이나 그림을 동원해 교육했다. 상징교육이 이뤄진 것이다. 이로 인해 그림을 신격화는 부정적 측면이 나타났다. 루터가 성경을 번역한 것은 문맹률을 낮추고 독일어 언어 통일에 기여한 바 크다. 예전 교육은 세례자 교육이다.

학교 교육으로는 수도원 교육, 회당교육, 인문주의 교육, 그리고 대학 등이 있었다. 수

---

1) 루터도 벼락 맞음을 통해 하나님을 직접 체험했음을 말한다.
2) 오늘날 개신교는 말씀으로 하나님과 만남을 강조해 성만찬을 약화시켰다. 그러나 성만찬을 외면해서는 안 된다. 가톨릭이 화체설을 강조하게 된 것은 종교개혁자들의 성찬론에 도전을 받았기 때문이기도 하다.

도원 학교는 외지에 건립해 그 속에서 정결, 금욕, 노동 등으로 엄격한 생활을 했다. 회당 교육은 신부교육을 위해 도시 교회 안에서 실시한 본당교육(cathedral school)과 특수계층을 위해 인문 기초교육을 실시한 김나지움(gymnasium)이 있었다. 김나지움은 문법, 수사학, 변증학, 수학, 음악, 지리, 천문학 등을 배웠다. 대학으로는 볼로냐 대학(법학), 파리 대학 (신학), 쾰른 대학, 하이델베르크 대학, 튀빙겐 대학 등이 있었다. 주로 신학, 의학, 법학을 가르쳤다.

중세의 교육은 주로 교세확장을 위한 도구 역할을 했고, 성직자와 귀족의 자녀들만 교육을 받을 수 있었다. 대중교육이 무시되어 문맹률이 높았다. 부모가 무식하기 때문에 가정교육도 외면당했다.

유대교에서는 토라와 함께 탈무드(Talmud, דומלת) 중심의 교육을 발전시켰다. 탈무드는 유대교에 있어서 토라 다음으로 중요하게 여기는 책이다. 탈무드는 히브리어로 '교훈', '학습'이라는 뜻을 가지고 있다. 탈무드는 6,200페이지가 넘을 만큼 방대한 분량으로 구성되어 있다. 한 권으로 된 탈무드는 없다. 그 안에는 수천의 랍비들이 법, 윤리, 철학, 관습, 역사, 신학, 구전 등 많은 주제를 놓고 여러 가지로 제시된 의견들을 그대로 담고 있다. 랍비들은 한 주제를 놓고서도 다양한 의견을 제시하기도 했다. 후대가 이를 읽고 교훈으로 삼는다.

탈무드는 크게 미쉬나(Mishnah)와 게마라(Gemara)로 구성되어 있다. 미쉬나는 유대교의 구전된 규율을 200년경에 글로 모은 것으로, '되풀이하다', '가르치다'는 뜻을 가지고 있다. 교육에 목적이 있음을 알 수 있다. 미쉬나는 할라카(Halakhah)와 하가다(Haggadah)로 구성되어 있다. 할라카는 '걷는다'는 뜻을 가지고 있다. 율법대로 걷겠다는 말이다. 유대인들의 입으로 구전되어 온 율법(oral law)을 주석하고 체계화시켜 유대인들이 삶에서 율법에 따른 의사결정을 하는 데 지침이 되고 있다. 하가다는 율법 이외의 것을 권면 형식으로 다루고 있다. 미쉬나를 보면 바리새인들이 율법을 어떻게 이해하고 따르고자 했는가를 잘 알 수 있다. 탈무드에는 미쉬나가 빠지지 않고 들어 있다.

게마라는 히브리어로 '완성', 아람어로 '연구'라는 뜻을 가지고 있다. 미쉬나와 타나크(Tanakh) 등에 대한 해설과 논의들을 500년경에 정리한 것이다. 타나크는 토라(Torah, 율법서), 네비임(Neviim, 예언서, 선지서), 케투빔(ketubim, 성문서)의 첫 자를 딴 것으로, 유대 경전(성경)을 말한다. 게마라는 율법과 토라 그리고 다른 여러 주제에 관한 랍비들의 담론을 담고 있어 랍비 율법의 기반이 될 뿐 아니라 다른 랍비 문서에도 자주 인용되고 있다. 게마라가 빠진 탈무드도 있다.

한동안 탈무드와 게마라를 구분하지 않고 이 두 단어가 혼용되기도 했지만 지금은 미쉬나와 게마라를 합친 전체를 탈무드라 하고, 옛 방식대로 구분하여 사용하기도 한다. 또한 탈무드를 샤스(Shas, ש"ס)라 하기도 하는데 이것은 농사·절기·여자·상해·법령·정결 등 미쉬나가 주로 다루고 있는 여섯 주제를 가리킨다.

미쉬나는 3세기 초 유다 하 나시(Judah haNasi)가 완성했고, 유대교의 두 학파인 팔레스타인 학파와 바빌로니아 학파가 각각 팔레스타인 탈무드(예루살렘 탈무드)와 바빌로니아 탈무드를 만들었다. 두 탈무드 모두 미쉬나의 모든 부분을 다루고 있지는 않다.

탈무드는 '우대인의 심장의 피'라 불릴 정도로 유대교의 이념을 담고 있다. 하지만 중세 기독교인들이 유대인을 탄압하면서 이를 불태우는 등 수난을 겪기도 했다. 탈무드를 귀하게 여기고 있지만 율법과 그 실천을 특히 강조하고 있어 '바리세주의', 곧 율법주의라는 비판을 받고 있기도 하다. 그래도 유대인은 오늘도 율법을 해석하며 산다.


## 5. 종교개혁시대의 교육

종교개혁시대는 사회적으로는 봉건주의 사회, 농업중심의 사회였고, 종교적으로는 로마교회가 군림해 왕과 교황과의 갈등이 심화되었던 시대였다. 인문주의 사상이 만연하면서 르네상스가 일어났다. 르네상스는 복고주의였다. 오리지널을 찾아 희랍문화로 돌아가자는 것으로, 플라톤이나 아리스토텔레스 등 희랍 고전에 관심이 높아졌다. 종교에 대항해 인간화를 바라며 개혁을 촉구했다. 종교개혁의 분위기가 이미 조성되어 있었다. 로마 가톨릭을 비판하며 성경으로 돌아가자는 움직임이 일어났다.

루터는 개혁에 불을 붙인 인물이다. 그는 면죄부 판매행위를 공격했다. 그의 궁극적 질문은 "내가 어떻게 하면 은혜로운 하나님을 만날 수 있겠는가?" 하는 것이었다. 구원에 대한 문제였다. 그는 믿음으로 구원을 얻는다는 확신을 가졌다. 그는 세 가지 글을 썼다. 첫째는 독일의 기독교 귀족들에게 보내는 호소문이었다. 둘째는 '교회의 바벨론 포로', 곧 교황 통치하의 교회였다. 셋째는, '그리스도인의 자유'로 믿음으로 자유를 얻는다는 것이었다.

그는 보름스 국회에 소환되었다. 그는 그곳에서 기독교를 변증했다. 후에 독일어 성경을 번역해 일반인들로 하여금 성경을 접하게 했을 뿐 아니라 독일인들의 언어 통일에도 기여했다. 그의 신앙적 명제는 '오직 믿음(sola fide)', '오직 성경(sola scriptura)', 그리고 '오직 은혜(sola gratia)'였다. 이외에 만인제사장론을 제시했다. 비텐베르크 설교목사로 있으면서 십계명, 사도신경, 주기도문 설교를 했다. 그는 하나님 나라의 일과 세상일을 이원화했다. 칼뱅은 일원화시키려 한 쪽이었다.

그는 여러 교회를 순방한 후 소요리문답을 써 발표했다. 이것은 신앙적 학습서로, 가정에서 부모가 자녀를 신앙적으로 지도하는 데 도움이 되도록 했다. 문맹률이 높았기 때문에 이것이 평신도 성경 역할을 했다. 사람들은 이것을 읽고 배움으로써 문맹에서 벗어나기 시작했고, 이 또한 성경요약 식으로 되어 있어 성경을 이해하고 해석하는 데 길잡이 역할을 했다. 그는 그 뒤 '대신앙학습서'를 펴냈다.

루터는 '기독교 학교 설립과 유지에 관한 독일 각 도시의 시장 및 시평의회에 보내는 글'과 '아이들을 학교에 입학시켜야 할 의무에 관한 설교' 두 편의 글을 썼다. 그는 이 글에서 시 행정부에 교육책임을 돌렸다. 로마교회 지배를 두려워했기 때문이다. 이로써 국공립학교를 발전하게 하는 기반을 만들었다. 하지만 사립학교 발전을 저해했다는 비판을 받았다.

루터는 가정교육에 있어서 부모의 책임을 강조했다. 자녀교육을 신의 명령으로 간주하고, 쉐마 교육을 하도록 했다. 부시넬(H. Bushnell)의 가정교육론은 루터의 영향을 받은 것이다. 교회에서의 교육을 신앙교육, 세례자 중심교육, 그리고 유아세례 교육으로 구분했다.

칼뱅은 신부가 되기 위해 파리에 유학했다. 이그나티우스 로욜라는 르 몽타그(Le Montague)의 동급생이었다.[3] 아버지가 회무관계로 파문당하자 법학공부를 권해 오를레앙에서 공부했다. 그러나 아버지가 죽자 인문학을 공부했다. 파리 대학 총장의 개혁적인 연설문 작성에 연루되어 체포명령이 떨어지자 숨어다니다 개신교로 전향했다. 그는 『기독교강요』를 써, 위그노를 변호하고 개신교 신앙을 변증했다. 이 책은 루터의 소요리문답에 기반을 둔 것이었다. 제네바에서 파렐을 만나 사역하다 신앙고백서 서명을 받게 하는 것이 문제가 되었다. 당시 제네바는 베른 시의 지배를 벗어나지 못했다. 성만찬 때 떡을 사용하도록 베

---

3) 예수종회를 만든 로욜라는 스페인 출신으로 가톨릭을 정화시킨 지도자다. 그는 칼뱅과 같은 반 동기였다.

르 시가 압력을 가하자 부활절 성만찬 시 금족령을 내렸다. 이 일로 추방되었다.

칼뱅은 부서(Bucer) 주선으로 스트라스부르에서 목회를 했다. 그는 부서로부터 안수를 받고 실천신학을 배운 것으로 인식되고 있다. 그는 직분을 목사, 장로, 집사, 교사로 나눴다. 요한 낙스는 칼뱅으로부터 이것을 배워 스코틀랜드에서 처음 실시했다. 칼뱅은 루터의 제자 멜랑히톤과 교제했다. 칼뱅은 루터를 신앙의 아버지로 예우했다.

1530년 아우크스부르크 독일 국회가 소집되었다. 가톨릭과 프로테스탄트를 통합할 목적이었다. 그러나 통합은 이뤄지지 않았다. 제네바에 개신교회가 설립되었다. 그러나 그는 다른 가르침과 투쟁하지 않으면 안 되었다.[4] 그는 전통적이고 순수한 것을 유지하고자 했다. 당시 그를 비난해온 세르베투스가 삼위일체를 거부한 자는 죽인다는 로마법에 따라 죽게 되었다. 칼뱅은 그를 살릴 수 있었지만 외면했다. 또한 제네바 시 정치세력과도 싸워야 했다. 그는 제네바 시민권을 죽기 1년 전에 받았다.

그는 연속강해설교(Lectio continua)를 했다. 제네바로 다시 돌아올 때도 지난번 한 데 이어 설교를 했다. 이것은 주로 성경주해였다. 그는 시가 고용한 목사로 부임했고, 시가 속기사를 고용해 그의 설교를 기록하게 했다. 그는 포도주도 잘 마셨다.

칼뱅의 교육적 특징은 카테키즘 중심의 교육이었다. 카테키즘은 신앙학습서로, 신앙교육과 신앙의 가르침이다. 이 교육은 세례자 중심이었다. 유아 및 청소년을 교육해 신앙고백을 하고 성만찬에 참여하도록 하는 것이다. 그는 하나님의 언약에 근거해 유아세례를 주었다. 이것은 부모의 신앙을 전제한 것으로 가정교육이 기독교교육의 출발임을 보여주었다. 성인교육은 연속강해설교, 카테키즘 교육과 해설로 이어졌다. 카테키즘은 성경의 중심을 요약하고 체계화한 것이므로 성경공부와 병행한 것이다. 오후 집회 때 이에 대한 공부를 했다.

교육의 목적은 오직 하나님의 영광을 위한 것(soli Deo gloria)이었다. 이것이 바로 그리스도 됨이요, 그 삶이다. 목표의 실현 방법은 '하나님 앞에서(Coram Deo)'의 관계를 현실화하는 것이다. 그는 사회교육을 위해서도 1559년에 제네바 대학을 세웠다. 기초교육(schola privata, 예과), 일반교육(schola publica, 본과)을 통해 성인교육의 기초를 놓았다.

---

4) 재세례파는 가톨릭에서 받은 세례를 부인하고 다시 받아야 한다고 주장했다. 그리고 유아세례를 거부했다.

# 6. 근세 기독교 교육

중세는 봉건사회제도로 지배자와 피지배자, 귀족과 평민이라는 이원적 구조가 뚜렷했다. 근세에 오면서 자연과학의 발전으로 산업혁명이 일어나면서 변화가 일고 중산층이 발생하기 시작했다. 종교는 두 개의 기독교, 곧 가톨릭과 개신교로 주종을 이뤘다. 코페르니쿠스는 지동설을 폈다. 이것은 지금까지 아리스토텔레스의 지구중심 우주관을 배경으로 천동설을 주장했던 것과는 너무나 달랐다. 콜럼버스가 아메리카를 발견했고, 갈릴레오가 지동설을 근거해 망원경을 만들었다. 이성에 적합한 것만이 사회와 제도를 지배했다. 이성중심사회가 된 것이다.

자연히 계몽주의로 발전했다. 합리주의가 주류를 이루고, 신비주의는 도전을 받았다. 인간자유사상이 높아지면서 가톨릭 교리에 반대하고, 교회의 간섭을 배제하려는 움직임이 강해졌다. 정교분리 사상이 확대되면서 교회는 위축되고, 세상으로부터 분리되었다. 교육의 주도로 계몽주의자, 인문주의자에 자리를 빼앗겼다. 교회보다는 개인에 관심이 쏠렸다. 다윈의 진화론도 큰 몫을 차지했다.

당시 사상적 주류는 계몽주의지만 이성보다는 감성에 호소하는 경건주의, 그리고 성경을 중심으로 하는 정통주의가 상당 부분을 차지했다. 경건주의는 그리스도인의 내면생활을 강조하며 세속세력에 적극적으로 항거했다. 은혜체험과 회심이 강조되었다. 스페너, 프랑케, 진젠도르프 등이 이에 해당한다. 정통주의(orthodox)는 세속에 물들지 않기 위해 교회를 높이 세우고자 했다. 루터파의 경우 성경제일주의로 축자영감, 만인제사장주의를 강조했다. 자체 방어에 힘쓰다 보니 외부와 교류가 적어 폐쇄적이었다. 후예들이 "자기가 바르다"며 각자 신조를 만들어 정통보수라 주장했다. 주로 교리싸움을 했다.

당시 종교교육학자이자 기독교교육 신학자인 코메니우스(J. A. Comenius)가 있다. 그는 형제회 감독으로 기독교교육의 필요성을 강조했다. 그에 따르면 교육은 태아에서부터 시작되고(모태교육, pampaedia) 죽음을 준비하는 데까지(죽음교육) 이른다. 요람에서 무덤까지 필요한 것이 교육이다.

## 루소와 페스탈로치의 교육관

지금 한국은 교육문제로 어려움을 겪고 있다. 학교 내에 폭력이 난무하고 있다. 이것은 바람직한 교육현장 모습이 아니다. 우리 모두 교육의 기본 철학으로 돌아가 깊이 반성하고 새로운 틀을 만들어야 한다.

교육학에서 주요한 두 인물이 있다. 한 사람은 루소(J. J. Rousseau)이고, 다른 한 사람은 페스탈로치(J. H. Pestalozzi)이다. 루소는 교육을 할 때 부유층 자녀들의 교육에 역점을 두었다. 하지만 페스탈로치는 하류층 자녀의 교육에 관심을 두었다. 교학의 관심대상은 달랐지만 그들이 있어 모두에게 교육의 중요성이 전달되었으니 다행이다.

두 사람 모두가 강조하는 공통된 교육관이 있다. 이것은 우리가 어떤 부분에 관심을 가져야 하는가를 보여준다.

첫째는 인간은 원래 선하다는 전제를 함께 가지고 있다는 점이다. 루소는 『에밀(Emile)』에서 '만물을 창조한 하나님의 손에서 나왔을 때는 모두 선하지만 인간의 손을 건너게 되면 모두가 타락한다' 하였다. 페스탈로치도 인간은 선한 존재이지만 악의 근원은 환경에 있다고 보았다. 인간을 선하게 본다는 것은 교육에 있어서 매우 중요하다. 그만큼 학생들을 귀한 존재로 본다는 뜻이기 때문이다.

둘째, 환경의 문제를 벗어나기 위해선 교육의 역할이 중요하다는 점이다. 아무리 선하게 태어났다 해도 환경의 영향을 받아 인간은 악하게 된다. 교육은 악한 환경을 벗어나 선한 존재로서의 삶을 이어가도록 이끌어주는 역할을 한다. 교육(education)은 바로 '이끌어줌'의 뜻을 가지고 있다. 교육자는 학생들이 이 환경으로부터 벗어나 새로운 세계를 창조해 나갈 수 있는 방법이 무엇인가를 가르치는 사람들이다.

셋째, 루소나 페스탈로치 모두 이 모든 일을 수행함에 있어서 학생들의 잠재능력이 발휘될 수 있도록 했다. 루소는 자발적이고 유쾌한 가운데 그 능력이 발휘되기를 바랐고, 페스탈로치는 그들의 능력이 사회 안에서 다양하게 활용되기를 바랐다. 인간의 잠재능력이 마음껏 펼쳐지도록 하는 것은 사회를 안정시키고, 평화롭게 하는 데 큰 역할을 한다.

끝으로, 교육현장에서 중요한 것은 학생에 대한 교육자의 무관심과 포기가 아니라 인내와 사랑이다. 페스탈로치는 이 모든 일을 잘 수행하기 위해 교사에게 주문한 말이 있다. "인내심을 가지십시오. 그리고 아이들에게 관심을 가지시고 애정을 쏟으십시오." 학생들에 대한 관심만 달라져도 우리의 교육환경은 변할 것이다. 교육은 작은 변화에서부터 시작한다.

교육은 일방적인 것이 아니라 주고받는 것이다. 바울은 "나는 심었고 아볼로는 물을 주었으되 오직 하나님은 자라나게 하셨나니"(고전 3:6)라 했다. 교육자는 씨를 심고 물을 주는 자다. 그러나 자라게 하시는 이는 하나님이시다. 교육의 주인은 하나님이시라는 말씀이다.

교육은 주님의 뜻에 맞춰 있다. 하나님의 뜻을 행하는 자라야 형제요, 자매라 하지 않았는가. 주의 교양과 훈계로 양육하는 것은 바로 기독교교육의 방법과 내용이 무엇이어야 하는가를 보여준다. 즉, 하나님 나라의 원리다. 복음에서 깨달은 원리를 함께 나누고 실천하는 것이다. 그러나 잊어서는 안 될 것은, 교육의 주체는 우리가 아니라 하나님이라는 사실이다. 기독교교육은 복음의 교육이지만 그 교육을 통해 자라게 하는 이는 하나님이시다. 교육의 결과 내가 변하고, 하나님의 교회가 건강하게 세워진다.

## 김교신 선생과 손기정 선수

김교신은 일본유학을 마치고 양정보통학교 지리교사로 부임했다. 그는 학생들의 이름을 수첩에 적어 한 사람씩 그 이름을 불러가며 기도했다. 그만큼 학생들의 영혼을 사랑했다. 늘 민족혼을 불러일으켰던 그는 새 시대를 열어가야 할 학생들이 교실에서 주먹다짐하며 싸우는 것을 보거나 커닝을 하는 제자를 보면 눈물을 흘렸다. 훗날 그는 '한국의 예레미야'라는 별명을 얻었다.

제자 가운데 손기정이 있었다. 자갈길을 2km나 뛰어 학교에 오는 그에게 마라톤에 비범함을 발견하고 그 길을 가도록 설득했다. 손기정은 동경-하코네 간 역전마라톤에 참가했고, 동경 메이지신궁 코스에선 2시간 26분 41초로 세계최고기록을 달성했다.

김교신 전집에 따르면, 이 대회 때 손기정은 "선생님의 얼굴이 보이도록 자동차를 일정한 거리로 앞서 몰아주세요." 부탁했다. 사람들은 설마 선생 얼굴 보는 일이 뛰는 다리에 힘이 될까 생각했지만 손기정은 선생과 하나가 되었다.

육향교 절반지점에서부터 종점까지 차창에 얼굴을 내밀고 응원하는 선생의 양쪽 뺨에는 지칠 줄 모르는 뜨거운 눈물이 눈앞을 가렸다. 손기정이 힘들어할 때마다 "조국을 생각하라!" 했고, "주님, 이 순간 기정에게 힘을 주옵소서!" 기도했다. 손기정은 선생이 흘리는 눈물을 바라보며 뛰었다. 결과는 세계신기록이었다. 이 기록은 베를린에서도 이어져 올림픽 금메달이라는 영예를 안았다.

우승소감을 묻는 기자에 손기정은 "오늘의 승리는 작전에 있지 않고 정신에 있습니다." 했다. 그는 이전 올림픽 마라톤 우승자인 아르헨티나 자바라(Zabala) 선수가 안하무인의 행동을 하다가 무참히 무너지는 것을 보았기 때문이다. 김교신은, 이것은 "교만은 패망의 선봉이요 거만한 마음은 넘어짐의 앞잡이니라"(잠 16:18)라는 성경의 교훈이요, 하나님이 개인과 민족과 국가의 주권자이시라는 것을 보여준다 하였다.

김교신에게 있어서 이 사건은 하나님의 존재를 새롭게 인식하는 계기가 되었다. 마라톤은 절대 체력을 요구한다. 그러면 조선인보다 체력이 뛰어난 민족이 없었던가? 선진국은 차치하고라도 조선 안에 어느 고보의 운동장이 양정보다 넓지 못한가? 그럼에도 불구하고 이겼다는 것은 분명 하나님의 뜻이 있었다는 말이다. "그의 팔로 힘을 보이사 마음의 생각이 교만한 자들을 흩으셨고 권세 있는 자를 그 위에서 내리치셨으며 비천한 자를 높이셨고 주리는 자를 좋은 것으로 배 불리셨으며 부자는 빈손으로 보내셨도다(눅 1:51-53)." 교만한 자를 흩으시고, 약한 자를 들어 강한 자를 부끄럽게 하시는 하나님. 김교신은, 손기정의 우승은 바로 심술궂은 여호와 하나님의 현존을 보여주는 것이라 했다. 하나님의 사람다운 시각이다.

제자의 영혼을 사랑한 교사, 마라톤을 통해 이 민족을 향한 하나님의 뜻을 내다본 교사, 김교신. 그가 있어 세상은 어둡지 않았다. 희망이 보이지 않는 때에 모두 용기를 내어 뛸 수 있었다. 우리 시대에도 이런 스승이 필요하다.

## 7. 교회와 정치

교회의 정치 체제는 크게 감독정체와 교황정체, 장로회정치, 회중파 제도, 국가교회제도, 무교회주의 등 다양하다.

감독정체는 감리교와 영국 앵글리칸 교회, 즉 감독교회에서 취하고 있다. 감리교의 감독정치는 왕정 형식이다. 교황정체는 감독정체와 같은 성격을 가지고 있다. 로마 가톨릭, 희랍정교에서 취하고 있다. 교황정체는 "천국 열쇠를 주노니"(마 16:17)의 열쇠에 근거하고 있다. 역사적으로 권위의 횡령이 컸다. 로마, 콘스탄티노플, 아비뇽에서 이뤄졌다.

장로회 정치는 장로교의 장로회주의를 말한다. 스코틀랜드, 영국, 미국에서 행해졌으며, 공화정치 체제이다. 회중파 제도는 침례교가 취하고 있다. 자유정치, 조합정치를 한다. 자유정치의 경우 자유교회나 회중교회에서 개교회의 자유를 말한다. 국가교회 제도는 에레스티안 정체와 국가교회 제도에서 찾아볼 수 있다. 에라스투스(T. Erastus)는 교회를 국가의 한 국면으로 보았다. 국가교회 제도의 경우 개별교회는 국가교회의 소부분으로 간주한다. 성공회, 루터교에서 이 제도를 취하고 있다. 스웨덴, 덴마크, 노르웨이, 독일 등에서 찾아볼 수 있다. 무교회주의는 정치조직을 배격하는 것으로 플리머스 형제단과 퀘이커에서 찾아볼 수 있다.

장로교회 정체의 근본원리는 개혁파(장로파) 제도의 근본원리, 네덜란드 개혁파의 원리, 그리고 영국과 미국 장로파의 정치 원리 등이 대표적이다.

개혁파 제도의 근본원리는 한마디로 하나님의 주권사상이다. 그리스도는 권위를 가지고 교회를 통치하시는 왕이라는 의미에서도 교회의 머리가 되신다(하나님의 주권). 그리스도는 말씀을 수단으로 하여 권위를 행사하신다(성경권위). 왕이신 그리스도는 교회에 권세를 주신다. 다스리는 권세는 기본적으로 지교회(당회)에 있다(교회권위).

네덜란드 개혁파의 원리도 마찬가지다. 그리스도는 교회의 머리와 권위의 원천이다. 말씀은 권위행사의 방편이다. 교회에 권세가 부여되어 있다. 대표적 기관들에 의해 권위가 행사된다. 지교회 치리회로부터 권세가 확장된다.

영국과 미국은 정치의 8 원리를 가지고 있다. 이것은 웨스트민스터 교회정치 근본원리 8조에 근거하고 있다. 이것을 이해하면 교회의 성질을 알 수 있다.

① 양심의 자유: 양심을 주관하시는 이는 하나님뿐이시다. 그가 양심의 자유[5]를 주어 신앙과 예배에 대해 성경에 위반되었거나 과분한 교훈과 명령을 받지 않게 했다.

② 교회의 자유: 어느 교회든 입회규칙, 직원의 자격, 교회정치든 일체의 조직을 그리스도가 정한 대로 설정할 자유가 있다. 교회는 국가의 세력을 의지하지 않고 다만 국가가 각 종교기관을 안전 보장하고 동일시할 것을 바랄 뿐이다.

③ 교회의 직원과 그 책임: 교회의 머리 되신 그리스도께서 그 지체된 교회에 덕을 세우기 위해 직원을 설치한다. 그 책임은 복음전파, 성례실시, 권징실시에 있다.

④ 진리와 행위의 자유: 진리는 선행의 기준이다. 진리가 진리 되는 증거는 사람을 성결하게 한다. 신앙과 행위는 진리와 함께 서로 결탁되어 나누지 못한다.

⑤ 직원의 자격: 교회의 도리를 완전히 신복하는 자로 직원을 선택한다. 성격과 주의가 선해도 진리와 교규에 대해 이견을 가질 수 있다. 이런 때는 일반 교우와 교회가 서로 용납해야 한다.

⑥ 직원 선거권: 직원의 성격, 자격, 권한, 규례는 성경에 기록되어 있다. 어느 회든 직원선정 권한은 그 회에 있다.

⑦ 치리권: 치리권은 치리회나 그 대표자로 하나님의 명령대로 준봉 전달하는 것이다. 어느 치리회나 회원양심을 속박할 규칙을 자의로 제정할 권리가 없고, 오직 하나님의 계시한 뜻에 바탕을 둔다. 성경은 신앙과 행위에 대한 유일한 법칙이다.

⑧ 권징: 권징은 도덕상, 신령상의 것으로 국법상의 시벌이 아니다. 그 효력은 교회의 머리 되신 구주의 권고와 은총에 있다.

### 릭 워렌, "가짜 신자는 가라"

새들백교회 목사 릭 워렌은 『목적이 있는 삶』으로 우리에게 너무 잘 알려져 있다. 이 책이 베스트셀러가 되어 인세가 많이 들어오자 그는 교회로부터 월급을 받지 않을 뿐 아니라 그동안 교회로부터 받은 월급을 다 정산해 갚았다. 그리고 세계선교를 위해 그 돈을 사용하고 있다. 그의 신학에 대해 여러 말이 있지만 나름대로 하나님 앞에서 바르게 살려고 노력하는 목자임에는 틀림없다. 더욱이 그 자신 간질이라는 장애를 가지고 있어 설교 때 항상 두 사람의 목사를 대기시킨다. 어떻게 될지 모르기 때문이다. 하나님은 오늘도 약한 자를 들어 일하신다.

교회창립 30주년을 축하하며 향후 10년 계획을 밝히는 자리에서 그는 "수동적인 신자로 남기를 원한다면 차라리 다른 교회를 찾아보라"며 폭탄적인 설교를 했다. 왜 그런 말을 했을까?

그는 새들백교회가 기하급수적으로 성장할 것으로 보았다. 하지만 그는 교인의 수가 많아지는 것이 한편 두려웠다. 양적 성장이 곧 질적인 성장과 직결되는 것은 아니기 때문

---

5) 양심의 자유는 종교에 관계되는 모든 사건에 대해 속박을 받지 않고 각기 양심대로 판단하는 것을 말한다.

이다.

그는 신약시대의 초대 교회 모습과 현대 교회의 모습을 비교하면서 예수님이라면 거부했을 수많은 일들을 현대 교회가 자행해 왔음을 고백했다. "이러고도 교회라 할 수 있을까?" 주님의 시각에서 볼 때 이것은 가짜 기독교, 유사 기독교다. 이런 현상이 늘어가는 것은 매우 두려운 일이다. 워렌은 가짜 신자들과의 고별을 선언했다. "앞으로 가짜 신자들은 교회에 발붙일 여지가 없다. 가짜 신자는 가라."

물론 그가 진짜 교인과 가짜 교인들을 가려 가짜를 추방하려는 의도는 결코 아니다. 21세기 교회와 신자들의 모습이 1세기 교회와 신자들의 모습과는 전혀 다른 모습임을 반성하고, 예수님의 진실한 추종자가 되어야 할 것을 강조한 말이다.

예수님도 이미 말씀하셨다. "나더러 주여 주여 하는 자마다 다 천국에 들어갈 것이 아니요 다만 하늘에 계신 내 아버지의 뜻대로 행하는 자라야 들어가리라(마 7:21)." 이 말씀 앞에 우리 모두 두려운 마음으로 서야 할 것이다. 예수님은 이 땅에 계실 때 하나님의 열심을 가지고 목회하셨다. "제자들이 성경 말씀에 주의 전을 사모하는 열심히 나를 삼키리라 한 것을 기억하더라(요 2:17)." 이 말씀은 그 열심이 어떠했는가를 보여준다. 그 뜨거움은 예수를 믿는 순간부터 지속되어야 한다. 수동적인 신자로 남아 비실비실 죽을 것인가? 열심을 다하다 장렬하게 죽을 것인가?

장로회 정치체제는 모세, 유대인 회당, 산헤드린, 예루살렘 공회에서 발생했고, 니케아 회의를 통해 더욱 발전되었다. 칼뱅은 『기독교강요』에서 장로회주의가 무엇인가를 밝혔다. 스코틀랜드는 종교개혁과 함께 장로회주의를 택했고, 네덜란드 교회와 미국 장로교회가 민주적 장로회를 이루었다. 장로회 정치의 중심 사상은 그 규범을 성경과 장로회주의에 두었다는 것이다. 장로교회는 사도신경, 니케아신조, 스코틀랜드 신앙고백서, 제2 스위스 신앙고백서, 웨스트민스터 신앙고백서를 수용한다. 장로교회 중심 신학사상은 하나님 주권사상이다. 개혁자들은 오직 하나님께만 영광(Soli Deo gloria), 오직 성경(Sola Scriptura), 오직 그리스도(Solo Christo), 오직 은혜(Sola Gratia), 오직 믿음(Sola Fide)을 슬로건으로 삼았다. 칼뱅은 전적 타락(Total depravity), 조건 없는 선택(Unconditional election), 제한된 대속(Limited atonement), 거절할 수 없는 은혜(Irresistible grace), 그리고 성도의 견인(Perseverance of the saints), 곧 TULIP 사상을 제시했다. 장로회주의는 장로들에 의한 치리, 성직의 평등, 균등원리를 원칙으로 한다. 치리는 당회, 노회, 총회 등 3심제로 하다. 치리권의 기본은 당회에 있다. 3심제가 있는 것은 균형을 유지하기 위한 것이다. 장로회주의의 균등원리는 개별주의(양심의 자유)와 공동주의(교회의 자유), 각 교인의 주권인정(직원 선거권)과 공동체 주권 인정(치리권, 권징) 등으로 균등과 균형을 이룬다. 장로회주의는 정치사상 면에서 민주 공화주의이고, 교리적으로는 칼뱅주의, 개혁주의이다.

# 설교와
## 교회사의
### 이해

# 제8부 설교와 교회사의 이해

## 1. 설교와 교회사

교회사에서 설교는 빼놓을 수 없다. 교회에서 설교의 비중이 크기 때문이다. 나아가 교회사는 한마디로 설교의 역사라 할 수 있다. 설교는 당시의 신학, 사건, 그리고 신앙을 그대로 보여주기 때문이다. 하나님의 말씀이 왕성할 때, 곧 참된 설교가 있었을 때 교회가 흥왕하고 제자의 수가 많았지만 바른 설교가 자취를 감추었을 때 교회의 역사는 어두워졌다.

성경이 하나님과 죄인을 만나게 해주는 책이라면 설교는 한마디로 하나님의 말씀을 통해 하나님과 그의 백성을 만나게 해준다. 설교(homilia) 자체가 '서로 말을 하다', '의논하다', '만나다'는 뜻을 가지고 있다. 크리소스토무스, 칼뱅 , 그리고 아브라함 카이퍼도 죄인인 인간과 하나님을 만나게 해주는 것이 설교라는 데 뜻을 같이했다.

설교는 하나님의 말씀 선포(proclamation)이다. 종교 강연이 아니라 생명의 말씀을 전달하는 것이다. 설교는 하나님께 부르심을 받은 설교자가 성령의 인도에 의해 성경의 말씀을 정확히 해석하고 고백함으로써 사람들에게 증거한다. 흔히 설교를 윤리적 강연이나 훈계, 도덕적 함양, 사회 정치적 발언으로 생각하는 경향이 있으나 이것은 아니다. 설교는 하나님의 말씀이 전부여야(Scriptura tota) 한다. 설교에서 중요한 것은 말씀의 바른 해석이다. 설교의 역사와 성경해석의 역사가 함께 가야 하는 이유도 여기에 있다.

## 2. 구약 및 신약시대의 설교

노아는 오직 의를 전하는 설교자(a preacher of righteousness)였다. 대중에 아부하지 않고 오직 하나님의 영광만을 위해 설교했다. 사람들에게 설교를 했지만 그들은 비웃었다. 결국 자기 식구 일곱만 구원을 받았다. 말씀 전파가 얼마나 어려운가를 보여준다.

선지자가 하나님의 말씀을 전했다. 제대로 전하지 못하거나 침묵했을 때 사회는 어두웠다. 중간기엔 회당에서 랍비들이 설교를 했다. 초기에는 호응을 받고 융성했지만 후기에는 퇴락했다. 그 원인은 정작 하나님의 말씀을 바로 증거하기보다 전설, 전통, 관습, 율법을 설파하는 데 치중했기 때문이었다. 회중은 참다운 말씀을 갈급했다.

구약에서 에스라의 역할은 뛰어나다. 에스라는 제사장 가문에서 태어난 서기관으로, 구전으로 내려오는 율법을 만들기 시작했다. 회당제도를 정착화시켰다. 유대교를 완전히 의식화한 인물로 제2의 모세로 평가받았다. 정경을 처음으로 편집하는 한편 미드라쉬(Midrash)를 시작했다. 미드라쉬는 '설명한다'는 것으로 성경에 대한 주석의 시작을 의미한다. 그의 설교와 해석은 많은 사람들을 매료시키고, 하나님의 말씀에 가까이하는 역할을 했다.

예수님은 회당에서 설교를 하셨다. '나는 곧 그리스도'라는 권세 있는 말씀에 청중의 반응이 컸다. 그의 설교는 서기관이나 바리새인의 그것과는 같지 않았다. 예수님의 설교는 복음 전파가 주된 내용이다. 하나님의 복음을 전파하기 위해 왔음(막 1:14, 38)을 확실히 하고, 이 복음을 믿으라 하셨으며, 훈련된 제자들에게도 이 복음을 만민하게 전파(설교)하라 하셨다. 예수님은 하나님 나라의 복음을 전하심과 함께 자신의 죽으심과 부활, 약속의 성취에 강조점을 두었다. 그리스도의 사건이 케리그마(kerygma)다.

예수의 제자들은 말씀 전하는 것에 전력을 다하고자 했고(행 6:14), 바울도 디모데에게 말씀 전파를 우선으로 삼도록 했다(딤후 4:1-2). 설교는 그만큼 중요한 위치를 차지했다.

베드로의 설교는 사도행전 2장에 잘 나타나 있다. 겁쟁이 베드로가 오순절 성령강림 이후 담대해졌다. 그는 요엘서를 근거로 예수 그리스도의 십자가와 부활은 약속의 성취임을 강조했다. 청중의 반응은 뜨거웠다. 모두들 어찌할까 하며 회개하고, 그리스도를 구주로 영접했다.

요한복음 1장 5절엔 빌립이 나다나엘에게 설교한 내용이 소개되어 있다. 선지자가 기록하였고, 모세가 기록한 그리스도를 만났다는 것이다. 빌립이 구스 내시에게 한 설교도 사도행전 8장에 소개되어 있다. 그는 이사야 53장을 근거로 예수를 가르치고 복음을 전했다.

사도행전 7장에 소개되는 스데반의 설교는 구약의 총론이라 할 수 있다. 구약은 오실 메시아를 준비한다. 그런데 메시아이신 예수님이 오시고 십자가에 달리셨으며 부활하셨다. 광야교회는 부름 받은 공동체로, 교회(ecclesia)가 되었다.

히브리서 기자는 11장 24절을 통해 출애굽 설교를 했다. 모세가 왕궁의 영화를 버린 것은 그리스도를 바라보았기 때문이라는 것이다. 신약시대의 설교는 예수가 그리스도이심을 증거하고 있다.

### 예수 믿으면 천당 간다, 그게 어째서?

홍정길 목사가 은퇴식 때 한 말들이 한때 회자되었다. "책을 읽지 말라"는 말씀에 마음에 상처 일은 분들도 있는 것 같다. 그분이 한 말에 어떤 뜻이 있으리라 믿는다. 서서평(E. J. Shepping) 선교사 일로 광주행 기차에 그분과 자리를 함께한 일이 있었다. 그분은 저에게 "책을 썼습니까?" 물으셨다. 그리곤 '책을 쓰셔야 한다'는 말을 잊지 않았다. 그러므로 그분이 은퇴식에서 책을 읽지 말라 했다는 것은 아예 책을 읽지 말라는 것이 아니라 성경의 가르침이 일반 책에 밀려서는 안 된다는 뜻일 것이다.

홍 목사는 천국 가는 문제도 거론했다. "목사들이 예수를 잘 믿어야 합니다. 어느 텔레비전 프로그램에서 요즘 신앙은 '예수 믿으면 천당을 간다'는 이런 단순하고 원시적인 믿음 때문에 문제라고 하더라고요. 근데 저는 그것밖에 못 믿는다고 그랬어요. 제가 볼 때 목사들이 천국을 갈 생각을 안 한다는 게 문제입니다. 어떻게 천국이 있는데 그렇게 살 수 있어요. 목사들이 예수도 안 믿고 천국도 안 믿는 시대입니다. 천국에 대한 믿음을 놓치면 안 됩니다. 그래야 실수를 해도 주님께서 다시 회복할 힘을 주십니다."

사실 전도할 때 천당 운운하면 정도가 낮다는 생각을 하는 사람이 있다. 하지만 예수님은 이 땅에 오셔서 하나님의 나라를 고대하게 하셨고, 이 땅에서도 그 나라의 삶을 살도록 하셨다. 천국은 그만큼 중요한 부분이다.

복음은 싸구려가 아니라며 '예수 믿으면 천국 간다'는 말에 거부감을 갖는 분이 있다. 주님이 우리에게 주시고 또 전하도록 하신 하나님의 나라는 이 세상의 무엇과 바꿀 수 없고, 비교할 수도 없을 만큼 귀중하다. 그 나라는 주 예수 그리스도를 통해 얻을 수 있으며 그 나라는 이 세상의 모든 것을 포기해서라도 쟁취해야 할 만큼 가치가 있다. 그 귀한 것을 그저 예수 믿으라는 한마디에 얻을 수 있겠느냐 하는 것이다. 이것은 주님의 피로 산 구원을 값싸게 얻으려는 것에 대한 불만일 수 있다. 십자가의 가치를 높이 인정한다는 점에선 고맙다.

하지만 예수를 구주로 고백하고, 매 순간 주님을 내 삶의 통치자로 인정하는 것 외에 무엇이 중요할까? 천국을 소망하며 이 땅에서 그 나라의 삶을 사는 것 외에 무엇이 중요할까? '예수 믿으면 천국 간다'는 기본가치를 애써 평가 절하할 필요는 없다. 고백하는 사람이 값싸게 얻으려 했다면 어떤 방식으로든 주님이 그를 다루실 것이고, 자신의 삶 모두를 드려서라도 주님을 따르고자 했다면 주님이 그를 기뻐 받으실 것이다.

## 3. 속사도시대의 설교

  속사도시대의 설교는 현재의 설교방법과는 차이가 있다. 은혜받은 대로 누구나 설교했다. 그러다 보니 무질서하게 되었다. 결국 공식으로 인정을 받은 사람만 설교하게 되었다. 하지만 개인의 복음전파는 허용되었다. 앉아서 설교를 했다. 유세비우스는 "축복받은 폴리갑이 항상 앉아서 말하던 그 장소를 기억하노라" 했다. 이것은 그가 앉아서 설교했음을 보여준다. 회당에서의 설교가 유대회당으로부터 분리되었다. 이로 인해 설교 폭이 넓어지고 활달해졌다.

  설교내용은 그리스도의 죽으심과 부활에 초점이 맞춰졌다. 당시 설교는 구약, 사도들의 전승, 그리고 설교자의 개인적 신앙체험을 중심으로 이뤄졌다. 사도들의 전승을 말하다 보니 문제가 생겨 보다 정확성을 기하기 위해 정경 필요성을 인식하게 되었다. 설교의 형식은 따로 없었고, 비교적 체계적이지 못했다.

  이 당시의 설교가로서 로마의 클레멘트(Clement of Rome)와 안디옥 감독 이그나티우스(Ignatius)가 있다.

  클레멘트의 설교에는 A.D. 60년 '로마에서 고린도로 보낸 편지'가 있다. 이것은 기록된 설교이다. 그는 이 편지에서 구약을 많이 인용했고, 사도들의 교훈을 지키는 설교를 했다. 사도 바울의 영향을 크게 받았음을 보여 주었다. 그의 설교는 교리적이라기보다 윤리적 내용이 많았다. 만년에 쓴 두 번째 설교에서 그는 그리스도의 신성을 주장했다. 그는 구약이 기독교 진리를 직접 증거 하는 것으로, 즉 기독론적으로 설명하고자 했다. 신약의 답을 구약에서 찾으려 한 것이다. 그는 기생 라합을 은사 받은 사람으로 간주했고, 그가 활용한 붉은 천을 예수를 통한 구원의 성취로 해석했다.

  이그나티우스는 트라니우스 황제 때 로마에서 순교했다. 그는 로마 호송 중 소아시아교회에 보내는 일곱 장의 편지를 썼다. 기록된 이 설교 문에서 그는 다음과 같이 주장했다.

- 예수는 마리아의 아들이자 하나님의 아들이다(육체를 가지신 하나님).
- 하나님의 아들이신 그리스도는 실제로 탄생했고 실제로 먹고 마셨으며 실제로 십자가에 달리셨고 실제로 죽고 실제로 부활하셨다(기독론 변증으로, 당시에도 기독론에 대한 도전이 있었음을 알 수 있다).
- 유대교회에 순종하는 자는 은혜를 받지 못하며 그리스도를 믿으면서 또 유대교를 순종하는 자는 무의미하다(유대교 관계문제).
- 예수의 제자 된 자는 유대교의 전통인 안식일을 지키지 말고 주의 날을 축하하라(안식일 문제).

## 4. 초기 기독교의 설교자

### 1) 알렉산드리아의 설교자

이집트의 알렉산드리아는 초기 기독교의 중심지로 유명한 설교자를 배출했다. 과거 이교철학에 깊이 있던 인물들이 설교자가 되어 변증적 설교가 많았다. 순교자 저스틴, 알렉산드리아의 클레멘트, 오리게네스가 대표적이다.

순교자 저스틴은 최초 기독교 변증가이다. 팔레스타인 출신으로 아리스토텔레스, 플라톤, 스토아, 피타고라스 철학을 공부했다. 한 노파의 전도로 선지서가 예수를 가리킨다는 것을 믿고 기독교로 전향했다. 순회 전도자가 되어 전도하고 변증했다. 그는 설교에서 그리스도의 고결한 순결성과 예수 그리스도의 구원을 강조했다. 그는 성경의 축자적 기술, 곧 성결이 불러주고 기록자가 하나하나 썼음을 강조했다. 그는 알레고리를 좋아해 구약의 모든 신현 현상을 그리스도가 나타났다 했고, 야곱과 노아를 그리스도의 모형으로 설명했으며, 창세기의 유황과 불을 그리스도의 신성을 설명하는 데 활용했다. 구약에 나오는 나무와 지팡이를 모두 십자가로 해석했다.

알렉산드리아의 클레멘트(Clement of Alexandria, 150~220)는 아덴 출신으로 철학과 고고학에 권위가 있었다. 그는 철학을 어떻게 기독교적으로 수용하느냐를 놓고 고민했다. 그는 스토아철학의 영향을 받은 판티우스(Pantius) 신학교에서 공부했다. 그의 설교는 혼합적이었다. 신앙과 지식을 조화시키고, 헬라철학과 기독교의 조화를 모색했다. 그리스도를 통해 문화를 개혁하려는 정통적 관점과는 차이가 있다.

오리게네스는 클레멘트 신학교에서 클레멘트로부터 배웠다. 그는 플라톤 철학과 유대인 철학에서 여러 가지 방법을 가져왔으나 문자적 해석방법들을 제거시켰다. 그의 3분설(육·영·혼)은 플라톤에서 온 것이다. 그는 연속 강화 설교로 유명하다. 그의 설교 750편이 남아 있다. 그중 39편은 누가복음을 가지고 설교했고, 나머지 700여 편은 구약 설교이다.

오리게네스는 무엇보다 은유적 의미(영해, 우의, 풍유)를 추구하는 알레고리(allegorical) 설교로 유명하다. 알레고리는 본문의 의미나 구속사적 이해보다 직관적·영적 의미를 추구한다. 기본적인 분명한 의미 속에 감추어진 의미가 있다고 본 것이다. 그는 다음과 같이 여러 근거를 제시하며 알레고리의 필요성을 강조했다.

- 성경에는 하나님이 사람처럼 정원 위를 걸어 다니셨다는 말씀처럼 신인동형의 표현이 많은데(anthromorphism) 이것을 문자적으로 해석할 수 없다.
- 성경 속에 불일치, 모순되는 부분은 알레고리로 해석해야 한다.
- 노아의 술 취함, 야곱과 그 첩들의 이야기, 롯의 근친상간, 유다와 다말의 이야기 등 구약에 많이 기록된 부도덕한 것들은 신비한 의미를 보여주므로 이것도 알레고리로 설교해야 한다고 했다.
- 성경의 계율 가운데 "할례를 받지 아니한 남자 곧 그 포피를 베지 아니한 자는 백성 중에서 끊어지리니"(창 17:14)라 한 부분이나 신명기 14장에 기록된 먹을 것과 먹지 말아야 할 것들의 가르침은 과학적으로 증명하기 어려우므로 알레고리로 해석해야 한다.
- 안식일에 관한 것 가운데 "일곱째 날에는 아무도 그의 처소에서 나오지 말지니라"(출 16:29)라는 말씀은 문자적으로 볼 수 없기 때문에 알레고리로 해석해야 한다.

그의 이런 주장들은 경건한 마음에서 나왔다가 보다 성경을 합리화하려는 사고방식에서 나온 것으로 평가되고 있다.

역사적으로 성경해석에서 주요 학파로 알렉산드리아 학파, 안디옥 학파, 수리아 학파가 있다.

알렉산드리아 학파는 알레고리 해석방법을 취했다. 필로(Philo)의 영향을 받았고, 오리게네스에 와서 꽃을 피웠으며, 제롬을 거쳐 아우구스투스에 영향을 주었다. 필로는 다음과 같은 경우 알레고리 방법을 택해야 한다고 주장했다.

- 문자적으로 하나님에 대해서 무가치하다고 생각되는 것을 언급했을 경우 제거되어야 한다.
- 모순이 있는 구절은 문자적으로 해석해서는 안 된다.
- 성경 자체가 영해를 했을 때 문자적으로 해석해서는 안 된다.
- "진실로 진실로"처럼 표현이 이중으로 나타날 때는 우의적으로 해석한다.
- 불필요한 사용, 이미 알고 있는 사실의 반복, 여러 가지 표현, 비슷한 말 사용, 흔히 볼 수 없는 것을 사용했을 때는 알레고리로 해석해야 한다.

알레고리 해석은 하나하나에 의미를 부여하는 것이 특징이다. 리브가가 우물로 와서 아브라함의 종을 만난 것에서 우물을 성경으로, 종을 그리스도로 해석했다. 또 나무(렘 11:19)의 나무를 십자가로, 요나의 3일길(욘 3:4)을 사흘 만의 부활로 해석했다.

안디옥 학파는 문자적 의미와 역사적 방법을 강조했다. 성경은 대부분 문자적 의미를 가진 데서 착안한 것이다. 이 학파의 창설자는 디오도루스(Diodorus)로 알레고리와 영적해석을 반대했다. 경건했던 그는 성경은 문자적 의미에서 봐야 한다며 문자적 성경해석을 주장했다. 그의 제자로 크리소스토무스와 모프수에스티아의 테오도레(Theodore of Mopsuestia)가 있다. 테오도레는 오리게누스 학설을 반대했고, 신약 해석을 할 때 문법에 주목했다. 크리소스토무스는 이 학파의 대표적인 인물이다. 여러 종교개혁자들도 이 방법을 따랐다. 수리아학파는 알렉산드리아 학파와 안디옥 학파의 중간노선을 따랐다.

알레고리는 성경 텍스트나 성경의 본질에 바탕을 둔 것이 아니어서 비성경적이다. 예를 들어 건장한 힘을 가진 황소를 세상 욕망을 상징한다고 본다. 이에 따라 바산의 암소는 타락한 여인으로 해석한다. 알레고리 설교방식은 교회에 지배적 영향을 주었다. 특히 토마스 아퀴나스는 이 영향을 크게 받았다. 이 설교방법은 16세기까지 영향을 주었고, 그 후 복음주의 교회에도 영향을 주었다.

현재 알레고리 해석방법은 잘못된 성경해석방법으로 평가를 받고 있다. 오히려 계시의 역사적 틀 속에서 사건, 사람, 사물 사이에 연관을 찾는 모형론(typology)이 바른 해석방법으로 인정을 받고 있다.

### 파라다이스법

성경을 해석할 때나 토라를 연구할 때 유대인들은 이른바 파라다이스(PaRaDiSe)법을 사용해 왔다. 파라다이스라 한 것은 페샤트(Peshat), 레메즈(Remez), 다루쉬(Darush), 그리고 소드(Sod)의 첫 자를 모을 때 파라다이스라는 글자로 집약되기 때문이다.

페샤트는 히브리어로 '단순한'이라는 뜻을 가지고 있으며 문자적 해석법을 말한다. 문자(문법)와 역사적 의미를 따지며 성경을 이해하는 것이다. 기독교에서는 안디옥 학파가 주로 이 방법을 택했고, 종교개혁자들도 이 방법을 따랐다. 안디옥 학파는 성경은 대부분 문자적 의미를 가지고 있다고 주장했다. 4가지 방법 중 가장 바람직한 것으로 평가를 받고 있다.

레메즈는 히브리어로 '힌트', '단서'를 뜻한다. 단서로 경전의 숨은 의미를 찾는 방법이다. 예를 들어 모세가 지팡이를 들어 홍해를 갈라지게 했다는 대목에서 지팡이를 '신의 힘'으로, 갈라짐을 '혼돈을 물리침'으로 해석한다.

다루쉬는 히브리어로 '연구하다', '공부하다'는 뜻을 가지고 있다. 알레고리(풍유, 상징, 우의화, 은유)로 여러 종류의 설명을 가한다. 하가다(Haggadah)에 영향을 주었다. 하가다는 탈무드 가운데 하나로 설교, 우화, 변증, 권면이 담겨 있다. 다루쉬는 성경의 여러 사건과 인물, 성경의 여러 부분과 연결시켜 보다 확장된 의미를 찾고자 한다.

기독교의 경우 알렉산드리아 학파가 주로 이 방법을 택했다. 예를 들어 "여호와여 내가 주께 대한 소문을 듣고 놀랐나이다 여호와여 주는 주의 일을 이 수년 내에 부흥하게 하옵소서 이 수년 내에 나타내시옵소서"(하박국 3:2)의 말씀에서 수년을, 오리게네스는 두 개의 동물이 여기서 나온다고 잘못 보고 이것을 성자와 성령을 뜻한다고 했고, 터튤리아누스는 이 둘을 모세와 엘리야로 보았으며, 아우구스티누스는 말구유에 황소와 당나귀가 있었다고 주장했다. "의인은 종려나무같이 번성하며"(시편 92:1)에서 종려나무를 불사조로 보고 이를 예수 부활 및 처녀탄생으로 인용하기도 했다.

소드는 히브리어로 '비밀'을 뜻하며 신비의 열쇠를 찾는 방법이다. 유대인들은 성경 속에는 인간이 알아야 할 암호가 숨겨져 있다고 보았고, 이 비밀을 푸는 것이 우주의 신비를 푸는 열쇠로 간주했다. 카발라(Qabbala)가 대표적이다. 카발라는 '전수된 것', '전통'이라는 의미를 갖고 있으며, 주로 숫자풀이를 한다. 예를 들어 "내가 내 종 싹을 나게 하리라"(스가랴 3:8)에서 싹은 '젬마크'로 138의 숫자를 가지고 있다. 역시 메시아를 뜻하는 '마나헴'이 138의 숫자여서 '싹'을 '약속된 메시아'를 뜻하는 것으로 해석하는 것이다.

파라다이스법은 중세에 와서 '4중 의미'로 발전했다. 성경을 문자적 의미, 알레고리, 도덕적 의미, 그리고 신비적 의미 등 4중 의미로 해석한 것이다. 예를 들어 예루살렘이라 할 때 유대의 수도(문자적 의미)로, 교회(알레고리)로, 인간영혼(도덕적 의미)으로, 그리고 하늘나라(신비적 의미)로 본다. 이것은 당시 얼마나 다중 의미를 찾고자 했는가를 보여준다.

현대에 와서 성경해석법은 문법적 해석법, 역사적 해석법, 신학적 해석법, 새 해석법, 사회학적 해석법 등 다양하다. 그러나 지금도 각광을 받고 있는 것은 문자적 해석법이다. 중세 때 알레고리가 주종을 이뤘지만 지금은 많은 비판을 받고 있다. 시대마다 해석법은 달라질 수 있다. 말씀의 적용이 중요하기 때문이다. 그러나 진리까지 바꿔서는 안 된다.

## 2) 라틴교회 설교자

라틴교회의 설교자로 터툴리아누스, 키프리아누스, 아타나시우스, 크리소스토무스, 아우구스티누스 등을 들 수 있다.

터툴리아누스는 아프리카 서부 카르타고에서 활동했다. 법학을 전공했고, 라틴어로 책을 썼다. 희랍적 수사학의 영향을 받지 못해 설교는 폐쇄적이다. 아테네와 예루살렘의 관계, 이단과 그리스도의 관계 등 시야가 좁다. 모순되기 때문에 믿을 것이며, 불가능하기 때문에 확실하다 했다. 태양, 광선, 빛을 삼위일체로 설명했다.

키프리아누스는 로마교회 우선의 설교를 주로 했다. 당시 로마교회는 조직이 구체화되었다. 박해가 끝나고 가톨릭 근본사상이 정립되기 시작했다. 로마의 상류 사회인들이 기독교에 귀의하기 시작했다. 그러나 이것이 문제를 발생시켰다. 교직자들이 메시지 형태를 바꿔 조직교호를 지키는 데 급급했다. 현실에 안주하며 제도적 교회로 경직되기 시작했다. 소박한 교회 모습이 상실되고 의식은 왕성했다. 키프리아누스는 로마교회 외에는 교회 없다는 식의 설교를 했다. 다음은 그의 설교에서 강조되는 부분이다.

"교회 밖에 교회 없고, 교회 밖에 구원 없다."

"교회를 어머니로 하지 않고는 하나님을 아버지라 부를 수 없다."

"노아의 방주에 들어가지 않고 홍수를 면한 사람이 있다면 교회 밖의 사람도 심판을 면할 수 있을 것이다."

아타나시우스는 16세 때 알렉산더 감독의 서기를 지냈다. 당시는 아리우스(Arius) 신학이 번성했으나 니케아 회의에서 아타나시우스는 그리스도가 하나님의 아들이심을 설교했다. 아리우스파는 이단으로 몰리고, 니케아신조에서 그리스도는 성부 되심을 고백게 했다. 아리우스는 하나님은 유일하며, 그리스도는 하나님이 아니고 유사하다고 주장했다. 유사본질론으로 예수의 신성을 부정한다. 니케아 회의는 콘스탄티누스 대제가 소집한 회의였다. 318명의 학자가 두 달 동안 그리스도는 하나님과 유사본질이냐, 본본질이냐를 놓고 논쟁했다. 처음에는 아리우스 쪽으로 기울었으나 마지막에 아타나시우스의 설교로 번복되었다.

니케아신조에는 이렇게 고백되어 있다. "우리는 주 예수 그리스도, 하나님의 아들, 아버지로 오직 홀로 탄생하신 분, 하나님께로부터 나신 하나님, 빛에서 나신 하나님, 참 하나님에게서 나신 참 하나님, 피조물 아닌 성부와 동질이신 하나님을 믿는다."

안디옥 학파의 대표주자인 크리소스토무스의 본명은 요한으로, 동방교회에서 최대 설교자이자 주석가이다. '황금입(Golden Mouth)'이라는 별명을 가지고 있을 만큼 웅변술이 강하다. 그는 열성과 사랑이 넘치는 인물로 제2의 요한이라 불렸다. 그는 야고보서와 유사한 실질적인 면을 강조했다.

그는 『제사장』에서 설교자는 능하게 성경을 사용할 줄 아는 사람, 언제나 성경을 옹호할 줄 아는 사람, 어느 정도의 웅변능력, 설교를 위해 언제나 잘 준비하는 사람, 그리고 사람의 영광보다 하나님의 영광을 구할 줄 아는 사람이어야 한다고 했다. 이것은 설교자의 자격이 어떠해야 하는가를 말해준다. 나아가 설교를 할 때는 문장의 전후관계(context)를 주의 깊게 봐야 하며, 성경 기자가 쓴 때의 글의 의미를 발견해야 하고, 설교를 듣는 사람에게 적용하도록 힘써야 하며, 십자가와 윤리가 손을 잡아야 한다고 주장했다. 그야말로 설교방법론이다.

아우구스티누스는 카르타고에서 수사학을 배우고, 다년간 마니교를 믿어 교사자격을 얻었다. 밀라노에서 기독교를 믿은 뒤 아프리카 히포 교회 감독으로 일생을 마쳤다. 그는 웅변술과 설교를 구별했다. 설교는 웅변을 필요로 하지만 설교자는 성경에서만 그 지혜와 방법을 찾아야 한다. 수사학이나 웅변은 수단에 불과하다. 시세로(Cicero)의 웅변은 교훈, 흥미, 설득을 원칙으로 했는데, 아우구스티누스는 시세로의 설득에 주력해 400개의 '다듬어진 설교', 곧 쉬운 말로 설교하려 애썼다. 아우구스티누스의 설교는 인간의 전적 타락과 전적 무능을 선포하고, 구원은 오직 하나님을 통한 속죄로 이루어지고, 모든 사람은 성령으로 새로워져야 한다는 데 초점을 두었다. 그는 종교개혁 전의 정통 신학자로 알려져 있다. 가톨릭뿐 아니라 개신교가 함께 그를 크게 수용하고 있다. 개신교는 사도 바울, 아우구스티누스, 칼뱅을 받아들이고 있다. 아우구스티누스의 설교 가운데 우화적 설교가 있기는 하지만 그것은 시대적 산물이었다.

4세기 이후 교회가 안정권에 들어서자 강단이 하향길로 들어섰다. 정치적으로 중요한 인물들이 교회에 들어오자 설교자는 그들의 비위에 맞춰 설교를 하기 시작했다. 의식주의가 들어오고 말씀이 약화되었다. 비록 교인의 수는 많아졌지만 하나님의 말씀이 의식의 그늘에 가리어졌다. 6세기 교회는 교부들의 설교문을 주로 낭독했다. 설교가 없어지기 시작한 것이다. 대신 의식이 강화되었다.

## 5. 중세의 설교

중세는 흔히 암흑기라 말한다. 그 원인은 하나님의 말씀이 바로 선포되지 않았기 때문이다. 암흑기는 1,200년간 계속되었다. 전통이 말씀보다 윗자리를 차지했다. 성경과 교부의 교훈은 전통을 지지하기 위한 것으로 이용되었다. 성경적 합법성 주장보다 그것으로부터의 추를 중시했다. 따라서 살아있는 말씀을 들을 수 없었다.

설교의 배경으로 볼 때 중세교회는 세 가지 점에서 특징이 있다.

첫째, 콘스탄티누스 대제 이후 무사안일주의가 발전했다. 설교가 대중인기에 편승하게 되었다.

둘째, 1,000년간 중세의 설교는 교회의식에 가려지고, 설교가 없어지며, 말씀이 올바로 선포되지 못한 암흑시대를 이뤘다.

셋째, 스콜라철학의 영향으로 복음이 제 모습을 잃었다. 스콜라철학은 성경에 이교철학을 접합한 것으로 복음을 혼합주의로 만들었다. 스콜라철학은 아리스토텔레스의 철학이 기독교신학과 결부되어 유럽에 퍼진 것으로 토마스 아퀴나스에 의해 전 교회에 파급되었다. 아리스토텔레스의 변증법과 논리학에 따라 신앙에서의 진리와 이성에서의 진리는 서로 조화된다고 주장했다.

중세교회는 사제계급과 제사의식으로 의식화, 형식화되었다. 설교는 일반이 알아듣지 못해야 권위가 있다 하여 라틴어로 설교했다. 설교는 의식 때문에 사실상 없어지고 교부들의 설교문을 읽거나 아리스토텔레스나 플라톤의 말을 인용했다. 성경을 인용하지 않아 저속하고 무른해졌다. 사제의 옷이 화려해지고, 예배순서도 복잡해졌다. 교인은 소극적이고 수동적으로 되어 갔다. 교회는 그저 '미사 드리러 간다'는 정도에 그쳤다. 성자숭배, 마리아숭배, 유물숭배가 일었다. 유물을 숭배한 나머지 교회마당이 공동묘지로 변했다. 키르케고르라는 이름도 키에르케(교회) 골(정원), 곧 공동묘지라는 뜻이다. 사제는 의식에는 도통했지만 성경에는 무식해 설교암흑시대를 자초했다. 켄케르트(Kenkert) 감독은 "나는 구약과 신약을 알지 못하는 것을 감사한다"고 할 정도였다.

암흑기라 할지라도 설교가들은 있었다. 11세기에 와서야 불이 붙기 시작했는데 교회보다는 수도원을 중심으로 말씀이 일어나기 시작했다. 이른바 수도원운동이다. 그러나 그것은 수도원 안에서의 메아리에 그쳤다. 그들은 교황에 의해 투옥되고 사형에 처하기도 했다. 수도원에서 순교자가 많이 나왔다. 다음은 대표적인 설교자들이다.

버나드(Bernard, 1091~1153)는 깊은 명상과 기도를 했다. 그는 '예수 그리스도를 아는 것은 숭고한 철학이다', '입 밖에 내면 사람이 이를 알고 마음에 간직하면 하나님이 이를 아신다' 했다. 버나드 사상을 이어받은 루터는 그를 가리켜 '그 어떤 사람보다 예수 그리스도를 사랑하던 사람'이라 했다.

도미니쿠스(Dominicus, 1170~1221)는 스페인 성직자로, 15세 때 감독을 보좌했다. 그는 맨발로 다니며 설교했고, 이교도 개종에 헌신했다. 그의 추종자들이 도미니코 교단을 조직해, 60여 개 수도원을 세웠다. 프란시스코와 함께 개혁을 주도했다.

왈도(Waldo, 1176~?)는 12세기 후반 프랑스 남부 신앙운동 지도자였다. 리용(Lyon)의 대부호였으나 성자들을 본받아 빈민을 구제했다. 성경을 프랑스어로 번역했다. 강해설교를 하고, 전도운동을 했다. 교황의 박해로 산중으로 도피했으며 왈도파를 형성했다.

아시시의 성 프란시스코(St. Francisco of Assisi)는 거상의 아들이었다. 20세 때 병을 앓고 회개한 뒤 예수를 그리스도로 영접했다. 사랑을 강조하여 '사랑의 사도'라 불린다. 그의 설교에는 간절함, 진실, 사랑이 넘쳤다. 성 프란시스의 기도문이 유명하다. "그리스도를 사랑하는 것이 모든 사람을 사랑하는 것이다." "모든 생물은 형제요, 산천초목은 자매다."

이것은 그가 사랑을 얼마나 강조했는가를 보여준다. 일설에 따르면 그의 설교는 사랑과 위로가 가득 찬 설교여서 새들이 모여와서 듣고 늑대도 머리를 늘어뜨리고 들었다고 한다. 자연도 그의 설교를 들을 만큼 진실하다는 표현이다. 주님의 고난을 사모한 나머지 손에 못 자국을 가지고 있었다.

토마스 아 켐피스(Thomas a Kempis, 1380~1471)의 원 이름은 '하메르켄 말레두스(Hamerken Malledus)'이다. 독일의 성직자이자 신비주의자로 일은 네덜란드에서 했다. 아우구스티누스 수도원 부원장을 지냈다. 성경을 복사하고, 연구에 전념하며 설교했다. 그의 설교집『그리스도를 본받아(De Imitatione Christi)』는 그리스도를 향한 적극적인 실천봉사를 담고 있다. 우리나라에선 이 책이 신약보다 먼저 나왔다.

위클리프(John Wycliffe, 1324~1384)는 영국 태생으로 옥스퍼드에서 연구하고 교수했다. 종교개혁 전의 개혁자이다. 의식주의 종교에 반기를 들고 교황의 권위와 교의에 반대했으며, '하나님의 말씀이 참된 표준'이라며 성경만이 유일한 표준임을 강조했다. 진정한 기독교운동은 성경을 통해서만 할 수 있다 확신하고 성경을 번역했다. 그는 평신도 전도인을 양성하고 전도했다. 이들을 '리라드파(Lillards)'라 하는데 '성경의 사람'이란 뜻을 가지고 있다.

그는 학자요, 대설교가였다. 당시는 라틴어로 설교했으나 후에 그는 영어로 평이하게 설교했다. 좋은 설교는 잘 이해된 설교이다. 그러나 그의 설교는 의와 심판을 외치는 준엄한 설교였다. 그는 생전에 재난을 면할 수 있었으나 그가 죽은 지 31년 후 그의 시신은 불태워지고 뼈는 갈아져 템스 강물에 버려졌다. 위클리프뿐 아니라 틴데일(Tyndale)이 성경을 번역해 설교한 죄로 순교를 당했다. 이들이야말로 종교개혁 전의 개혁자라 할 수 있다.

중세 교회에서는 알레고리 설교가 유명했다. 알레고리로 중심으로 성경을 해석해 설교를 했다. 알레고리를 수집해 교회 안에 보급하기도 했다. 이것은 한 단어가 얼마나 많은 의미를 가지고 있는가를 보여준다. 예를 들어 성경의 바다는 물이 모임, 성경, 현세대, 인간의 마음, 활동적 사항, 이방인, 세대 등 다양하다.

문자적 해석을 중시한 안디옥 학파와 알레고리 해석을 중시한 알렉산드리아 학파로 대립되던 것이 중세에 와서 교회는 성경에서 다중 의미를 찾으려 했다. 계시는 성경 속에 표현되어 있고 또 숨겨져 있다고 보았기 때문이다. 특히 4중 해석법을 강조했다. 4중 해석법은 문자적 의미, 알레고리(은유) 의미, 도덕적 의미, 신비한 의미를 말한다. 라틴어 시

가운데 이런 말이 있다. "문자는 하나님과 우리 조상이 무엇을 했는가를 보여주고, 알레고리는 우리 신앙의 숨겨진 것을 보여주며, 도덕적 의미는 날마다의 삶의 법칙을 가져다 주고, 신비한 의미는 우리 싸움이 끝나는 곳을 보여준다." 문자적 의미는 평범하지만 분명한 의미를, 알레고리 의미는 무엇을 믿어야 하는가를, 도덕적 의미는 행할 바를, 그리고 신비적 의미는 무엇을 소망해야 하는가를 가르쳐 준다. 예를 들어 예루살렘의 경우 문자적 의미는 유대 수도이다. 알레고리는 이를 교회로 해석했고, 도덕적 의미는 인간 영혼으로, 신비적 의미를 하늘나라로 해석했다. 예루살렘이 한 문장에서 동시에 4가지 의미를 갖고 있지는 않다. 여러 의미를 찾으려다 결국 의미의 명확성을 잃게 된다.

중세 때 토다스 아퀴나스(T. Aquinas)와 리라의 니컬러스(Nicholas of Lyra)는 알레고리로 유명하다.

아퀴나스는 라틴어 성경을 모두 암송할 정도로 성경에 능통한 인물이었다. 그의 신학적 사고는 문자적 의미에서만 전개되어야 한다는 입장을 취했다. 그러나 그는 자신의『신학대전』에서 "하나님은 모든 성경의 저자이다. 그는 단어의 의미를 부여했다. 그들이 의미한 것에도 의미를 주셨다. 단어는 기본적으로 역사적 의미를 가진다. 다른 것들, 영적인 것들을 의미할 때가 있다"고 주장했다. 그가 말하는 영적인 의미란 옛 율법은 새 율법 아래서 알레고리하게 해석해야 하며, 그리스도와 우리 관계에 대해서는 비유적으로 해석해야 하고, 영원한 영광과 관계되는 것은 신비적으로 해석해야 한다는 것을 의미한다. 그는 하나님이 마지막 저자이시므로 성경에서 우리는 풍성한 의미를 발견할 수 있다고 주장했다. 그는 비록 문자적 의미를 강조했지만 실제 많은 의미를 찾으려 함으로써 중세 교회가 알레고리에 입각한 성경해석과 설교의 문을 열어 주었다. 그에 따르면 노아의 방주에서 배의 앞부분은 정의(justice)를, 갑판은 사랑(love)을, 그리고 역청은 화해(reconciliation)를 뜻한다고 보았다.

니컬러스는 중세와 종교개혁의 교량 역할을 했다. 그는 랍비 연구에 영향을 받아 문자적 의미를 강즈했다. 어떤 부분에서는 라틴어 성경(Vulgate)이 히브리 성경 본문과 다르다는 이유로 비판을 가하기도 했다. 라틴어 성경은 성경 이해에 도움을 준다며 외경을 포함시켰는데, 그 후 외경을 그대로 받아들이게 되었다. 그는 때로 알레고리 해석을 하기도 했지만 일반적으로는 건전한 편이라는 평가를 받고 있다. 그는 에르푸르트 대학에 영향을 주었는데, 이 대학에서 루터가 공부했다.

중세가 지나면서 알레고리 설교는 점차 시들기 시작했고, 현대에 와서 많은 비판을 받았다. 종교개혁이 일어난 것은 사람이 성경에 대한 알레고리나 신비적 해석에 회의를 가졌던 때였다.

## 6. 종교개혁기의 설교

16세기 종교개혁은 한마디로 '성경으로 돌아가자'는 것이다. 가톨릭과 단절하고 바울, 베드로, 그리고 스데반의 교훈으로 되돌아가는 것이다. 가톨릭과 개신교의 본질적 차이는 의식을 통한 은혜체험(가톨릭)이냐, 말씀을 통한 은혜체험(개신교)이냐에 있다.

프로테스탄티즘은 교회의 권위가 아닌 양심의 자유를 따른다. 종교개혁은 르네상스에 크게 힘입었다. 르네상스는 고전으로 돌아가자는 것으로, 이로 인해 성경원문에 대한 관심이 높아졌다. 레우치린(Reuchlin)은 구약 히브리어 문법을, 에라스무스(Erasmus)는 헬라어 성경을 편집하고 본문비평에 크게 공헌했다.

종교개혁시대는 전통이 아니라 성경이 절대적 권위를 갖게 되었다. 이신득의, 만인제사장주의, 오직 성경으로(Sola Scriptura)라는 키워드다. 성경에 분명히 언급되지 않은 것은 무시되었다. 오직 성경은 성경해석 및 설교의 실제적 진전에 크게 기여했다.

종교개혁은 단순한 갱신이 아니다. 이로 인해 성경과 설교가 회복되었다. 말씀 선포운동이 인 것이다. 개신교는 성경대로 말씀을 다시 찾은 교회가 되었다. 설교도 쉽게 하고, 구원의 의미를 증거했다. 위클리프가 이미 영어로 번역을 했고, 루터는 이 기간에 독일어로 성경을 번역했다. 이로 인해 성경을 자기 나라 언어로 읽고 설교하게 되었다. 종교개혁기에 루터와 칼뱅은 '오직 성경으로'라 할 만큼 성경 중심의 설교로 설교를 회복했다.

루터는 법학을 공부하고 수도원생활을 했다. 비텐버그대 교수를 지냈으며 아우구스투스와 버나드를 연구했다. 로마서를 전공하면서 오직 믿음(Sola Fide, 롬 1:17)의 진리를 발견했다. 시편을 강의했고, 갈라디아서를 연구했다. 그는 시편의 "주의 공의로 나를 건지소서"(시 31:1)를 읽고 자신이 의로운 하나님 앞에 바로 설 수 있는가 고민하며 금욕생활을 했다. 그러나 그는 자기 의로는 하나님 앞에 설 수 없는 죄인임을 깨달았다. 그의 표현에 따르면 '거지발싸개 같은' 자기의 의가 아니라 하나님의 의로 구원받는다는 사실을 깨달았다. 그는 갈라디아서 3장 11절, 그리고 로마서 1장 17절을 통해 "의인은 오직 믿음으로 말미암아 살리라"는 확신을 가졌고, 이것이 종교개혁의 원동력이 되었다. 그는 이신득의를 신구약의 핵심교리로 삼았고, 행위를 강조한 야고보서를 지푸라기 서신으로 간주했다.

스콜라 철학을 버리고 아우구스투스 사상으로 되돌아왔다. 그의 종교개혁은 면벌부 판매와 그 악랄한 선전에 항의하는 데서 시작되었다. 그 선전은 죽은 부모 이름으로 사면 저들도 동전 소리와 함께 천국으로 들어간다는 것이었다. 그는 95개 조 연구 과제를 내걸었다. 두 주 안에 전 독일에 퍼졌다. 이것은 개혁의 무드가 고조되었음을 보여주는 것이다. 그는 설교를 통해서 개혁을 시도했다. 강단을 통해서도 새롭게 할 수 있다고 믿었기 때문이다. 그는 저술로도 로마가톨릭을 공격했다.

로마교회의 전통주의에 불만을 가진 루터는 '성경을 가지고 있는 성도는 성경을 갖고 있지 않는 교황보다 믿을 만하다'고 했다(성경 중심). 하나님을 예배하는 도중에 가장 위대한 부분은 하나님의 말씀을 선포하고 또 전하는 일이다(말씀 중심). 만일 예배 중에 하나님의 말씀이 선포되지 않으면 차라리 설교하지 않는 것이 좋고 노래하지 않는 것이 좋고 모이지 않는 것이 좋다.

루터는 4중 해석법을 포기하고 하나의 근본의미, 곧 문자적 의미만 강조했다. 루터에 따르면 성경은 그리스도에 대한 증언으로, 그리스도 중심으로 해석해야 한다. 성경의 글자대로의 뜻만이 신앙과 기독교신앙의 본질적인 부분이며 성경의미의 진정한 깊이는 성령의 조명으로 얻어진다. 알레고리의 깊이 없음을 발견하는 그는 해석자의 생각을 보여주는 원숭이의 잔재주로 간주했다. 성경에 대한 알레고리 해석은 더러운 때요, 쓸모없이 갈기갈기 찢어진 넝마라고 말함으로써 알레고리 해석을 부정했다. 그는 설교가 잘못될 때 교회가 잘못된다고 보았다.

### 루터의 설교 5원칙

루터는 설교에 있어서 다섯 가지 원칙을 제시했다.

첫째, 설교자는 성경의 문법적인 지식을 바로 가져야 한다. 이것은 직관적인 해석을 경계한다는 말이다.

둘째, 설교자는 해석한 성경책의 시대나 환경이나 그 밖에 고려할 일들을 잘 이해해야 한다.

셋째, 문맥을 주의 깊게 파악한다.

넷째, 설교에 있어서는 신앙의 조화가 보장되어야 한다. 즉 사랑, 긍휼, 심판이 동시에 강조되어야 한다. 한쪽으로 치우쳐서는 안 된다. 심판하시는 하나님만 강조하거나 사랑의 하나님만 강조해서는 안 된다.

다섯째, 예수 그리스도는 성경의 중심주제가 되어야 한다. 구약에서 예수는 오실 메시아다. 모세나 선지자는 '기록된' 그리스도를 만났다. 신약에서 예수는 오실 메시아다. 히브리서 기자는 모세를 통해 그리스도를 보았다. 스데반은 광야교회, 곧 부름 받은 공동체, 에클레시아를 보았다.

게르하드(Andrea Gerhard, ?~1564)는 개신교의 설교학 기초이론을 정립한 인물로 '히페리우스(Hyperius)'라 하기도 한다. 그의 『성경의 평이한 해석(Deformandis Concionibus Sacris)』은 기념비적 저서이다. 그는 설교와 연설을 구별하고, 설교는 그 내용이 성경에서 나와 구원의 필요성을 알게 해야 한다고 주장했다.

그는 11세에 헬라어와 히브리어를 독파했으며, 파리의 언어대학(Trilingual College)에서 공부하다 복음을 깨닫게 되었다. 개혁신학을 공부했다. 옥스퍼드와 케임브리지에서 연구했고, 독일의 부처(M. Butcher)의 영향을 받았다. 그의 추천으로 말부르크 대학에서 활동했다. 그는 개혁파 인물 가운데 설교학을 학문적으로 정리한 인물이다. 그 이전에 인문주의자 에라스무스가 『교회론(Ecclesiastes)』을 통해 설교론을 비추긴 했지만 사상적으로는 맞지 않다. 게르하드는 성경은 우리가 믿어야 할 것을 가르쳐 주는 필수적이고 충분한 안내자라 했고, 성경은 모든 사람의 행복을 발견하는 지침이라 했다.

칼뱅 주의자가 된 게르하드는 제자를 훌륭한 설교자로 만드는 것이 그의 사명이라 여겼다. 그는 제자에게 설교 훈련을 시키면서 본문 말씀을 주고 학우들 앞에서 설교하도록 했으며 내용이나 음성을 듣고 평가했다. 그는 설교를 칼뱅 주의 입장에서 최초 이론을 개발한 이론가로서 설교는 죄인을 회개시키는 성령의 도구로 보았다.

게르하드는 디모데후서 3장 16절(교훈, 책망, 바르게 함, 의로 교육함)과 로마서 15장 4절(말씀을 통한 안위)을 바탕으로 설교 5원칙을 제시했다. 첫째는 교훈요소, 둘째는 죄를 책망하는 요소, 셋째는 바르게 함, 넷째는 의로 교육함, 그리고 끝으로 위로를 줘야 함이다.

그는 설교를 함에 있어서 8가지 제안을 했다. 읽으라(lectio), 기도하라(invocatio), 계획을 세우라(exordium), 명제를 확실히 하라(propositio), 뜻을 나누라(divisio, 구분하고 분할한다), 확정한다(confirmatio, 합리적으로 확실하게 한다), 논격하고 변증한다(confutatio), 그리고 결론을 낸다(conclusio). 이와 함께 그는 논증의 방법(genus Demonstrativum), 토의의 방법(genus Deliberativum), 재판의 방법(genus Judiciale) 등 세 가지를 버리라고 했다. 한마디로 수사학을 버리는 것이다.

## 게르하드의 설교 순서 제안

게르하드는 그의 설교학 책 『성경의 평이한 해석』 1권과 2권에서 설교의 순서를 다음과 같이 제시했다.

1권에서는 그 순서를 성경을 읽어라, 하나님의 도움을 구하는 기도를 하라, 그리고 깨달음을 강조하는 순서를 가지라 등 세 가지를 제시했다. 성경을 읽도록 한 것은 당시 성경을 읽지 않고 설교하는 것이 유행이었기 때문이다.

2권에서는 1권의 제안을 설교학적으로 보다 구체화시킨 것이다.

- 설교와 변론을 구별하라. 설교는 시국 강연이나 도덕 강연과는 다르다.
- 설교이론을 성경에서부터 구체화시켜라.
- 설교는 성경에만 기초해야 한다.
- 설교자의 모델은 사도와 선지자이다. 이사야, 하박국, 세례 요한, 베드로, 스데반, 바울의 모범을 따르라.
- 설교의 목적은 하나님과 인간을 화목하게 하는 것이다. 설교는 그리스도를 믿음으로 구원 얻는 것을 가르치는 것이다.

칼뱅은 일생을 설교자로 보냈다. 그는 1538년에서 60년까지 20년 이상 설교한 목회자였다. 그는 제네바 대학을 세우고, 제자 베자에게 넘겨주었다. 그의 설교가 다 기록으로 남아있다. 속기사 라누난(Danis Raguenan)이 한평생 작은 봉급을 받으면서도 그의 설교를 완벽하게 써내려갔기 때문이다. 2,025편의 설교가 보관되어 있는데 그중 『종교개혁저작전집(Corpus Reformatorum)』에 구약 571편과 신약 297편 등 모두 868편이 소개되어 있다. 『칼뱅작품(Calvini Opera)』에도 전재되어 있다.

많은 사람들은 그를 『기독교강해』 저자로 이해해 교의신학자로 생각하기 쉽지만 그는 오히려 성경해석자가 우선이었고, 교의신학자는 그다음이었다. 성경해석과 설교는 그가 남긴 작품의 즈된 부분이 주석이라는 점에서 더욱 드러난다. 구약의 8권과 신약의 요한계시록 외에 모든 분야에 걸쳐 주석을 썼고, 그것이 현대에도 영향을 주고 있다. 칼뱅의 해석방법은 문볕적, 역사적, 신학적 해석이 주를 이루고 있다. 특히 시편을 해석할 때 역사적 배경 속에서 해석했다. 예를 들어 "너는 내 아들이라 오늘 내가 너를 낳았도다" 시편 2장 7절을 해석할 때 대체로는 '너'를 예수로 보지만 그는 다윗이라 결론을 내렸다. 왕으로 임명한 것을 말한다는 것이다.

칼뱅은 주일 2번 설교를 했다. 아침 6시에서 7시, 오후 3시다. 주로 신약설교를 했다. 평일의 경우 월요일, 수요일, 금요일 설교를 했는데 주로 구약 위주의 설교를 했다. 메모한 적이 없고 깊은 명상과 사전에 깊은 연구를 거쳐 설교를 했다. 웅변술은 없었지만 진실하게 설교를 했다. 암기력이 뛰어나 중세 모든 사상을 자유자재로 비판하며 말씀을 정확하게 인용했다. 칼뱅을 비난한 사람도 많았다. 그를 냉혈동물로 부각시킨 것은 그의 정적, 특히 가톨릭이 만들어낸 것이었다.

칼뱅은 강해와 본문설교를 주로 했다. 그는 교회를 교회 되게, 성도를 성도 되게, 그리고 교육자를 교육자 되게 하는 것은 말씀이라며 말씀을 선포했다. 그는 스스로 말씀의 종이라 했다. 그는 교인들의 기분에 맞추지 않고 언제나 사람을 하나님 앞에 세웠다. '나 대신 우리'라는 말을 사용했고, 자기 자신이 하나님 앞에 서 있는 것을 체험적으로 의식하도록 만약(if)이라는 가정법을 잘 사용하지 않았다. "여호와여 도우소서"를 기도 중에 반복했다. '하나님 앞에 회개할 것과 구속의 은총'을 늘 설교했다. 성경이 모든 것이다. 성령의 사역을 강조했다. 예화, 일상용어, 속담, 유머도 사용했다. 세대를 이해하고, 성도의 기호품까지 조사했다. 다음은 그의 설교 가운데 일부 내용이다.

"성직자는 성스런 이름이다. 그러나 교황을 섬기는 성직자가 되기보다 차라리 교수대에 가는 것이 더 낫다."

"나는 양 떼 중에 한 마리 양이다." 말씀 전해야 할 자기 자신이 말씀을 들어야 할 사람이라는 겸손한 태도이다.

"사도 바울은 성경을 확실히 진리라고 말하지만 모세를 위대한 지도라거나 이사야를 위대한 지도자라는 말은 알려주지 않았다." 성경 위주, 그리스도 위주로 설교하라는 말이다.

"사도 바울은 인간의 가치에 대해서 말하지 않고 성령의 도구였음을 말했다. 모세를 모세되게 하신 하나님을 보라."

"설교자의 임무는 회중의 기분을 맞추지 않고 주께서 말씀하신 것을 그대로 증거하는 것이다."


## 7. 근대 및 현대의 설교

칼뱅 이후 16세기 말에 이르면서 신조가 시작되었다. 트렌트 회의에서는 개신교에 대해 역공격이 일어났고, 가톨릭 안에서 개혁이 강조되었다. 17세기와 18세기에는 많은 견해가 쏟아졌다. 이성을 마지막 권위로 생각하면서 이성이나 체계 등이 신학의 자리에 들어섰다. 홉스, 데카르트, 스피노자, 라이프니츠, 칸트 등 여러 철학자들이 배출되었다. 홉스나 스피노자는 합리주의자들로 인간의 지각과 이성이 옳고 그른 것, 참되고 거짓된 것을 결정할 수 있다고 주장함으로써 이성을 절대 신뢰하는 입장에 섰다. 따라서 합리주의자들은 성경이 인간의 이성에 부합될 때만 참되다 주장했다. 나머지 성경을 무시한 것이다. 이것은 이신론(deism), 인본주의, 경험주의와 밀접한 관계를 갖고 있다.

17세기 계몽주의와 합리주의가 대세를 이루자 과학으로 성경을 설명하려 들었다. 이들을 가리켜 구자유주의(Old Liberalism)이라 하는데 대표적인 인물로 슐라이어마커를 들 수 있다. 이로 인해 말씀은 하락 추세에 있었다. 오직 정통교회에서 명목만 유지했다. 당시는 바른 것보다는 이 세상과 저 세상을 구분하는 이중주의(dualism)의 이중구조가 주종을 이뤘다. 이런 구조 속에서는 말씀을 사모하는 사람들은 세상과 담을 쌓을 수밖에 없었다. 자유주의 신학으로 성경의 권위가 차츰 상실되자 설교를 가볍게 여기는 풍조가 나타났다.

19세기는 진화론이 강세였다. 합리주의의 영향으로 이적을 폐쇄된 우주관 속에서 보았고, 자연의 인과법칙이 강조되면서 성경의 이적은 비자연적인 것으로 간주되었다. 성경을 다른 일반적인 책과 마찬가지로 봐야 한다는 주장도 나왔다. 예수님이 바다 위를 걸었다는 것은 안개 낀 해변을 걸은 것을 바다 위로 착각한 것으로, 예수의 부활을 시체도적질이나 기절했다 깨어난 기절설로, 오병이어 사건을 다른 사람들도 도시락을 가져온 것으로 봐야 한다고 주장했다. 하나님의 역사성도 부인했다. 하나님께서 말씀하셨다는 것을 하나님께서 직접 말씀하신 것이 아니라 그의 장엄함을 인상 깊게 하기 위해 심리적으로 고안한 것으로 보았다. 독일의 벨하우젠(J. Wellhausen)은 문서설 등 고등비평을 통해 모세 때 기록된 것은 없다고 주장했다. 자유주의 신학이 봇물을 이뤘다.

이런 반복은적 19세기 상황에서 복음운동이 강하게 전개되었다. 유럽의 경우 스위스에선 레바이(Revei) 복음운동이, 독일에서는 경건주의 운동이, 화란에서는 카이퍼를 중심으로 16세기 종고개혁으로 돌아가자는 운동이 벌어졌다. 미국의 경우 대각성운동으로 성경적 기독교가 재건되었다. 이때 조선에 선교사가 들어왔다. 당시 미국에서는 제목설교(topical sermon)가 유행했다. 이것이 조선에 그대로 소개되었다. 미국 선교사들은 제목 설교를, 우리나라 목사들은 본문설교를 선호했다.

20세기에는 영국 성공회에서 라이트풋(J. Lightfoot), 웨스트코트(B. F. Westcott), 호르트(F. J. H. Hort), 알포드(H. Alford)와 같은 좋은 학자들이 배출되었다. 로마서 주석으로 유명한 칼 바르트(Karl Barth)는 당시 이성주의 시대에 말씀의 신학을 제창했다. 그에 대한 신학적 평가는 다양해 한국은 그를 자유주의자로 보지만 미국은 온건한 보수주의자로, 그리고 독일은 케케묵은 보수주의자로 여기고 있다. 성공회 감독 로빈슨(J. Robinson)은 객관적·사실적 면에서 예수를 탐구해온 옛 역사 연구방법보다 케리그마에 나타나 있는 예수, 곧 사도들에 의해 선포된 말씀을 중심으로 예수를 봐야 한다고 주장했다. 복음서를 케리그마로 본 것이다. 그러나 그는 예수를 실존했던 역사적 예수(historical Jesus)와 복음서에 기록된 믿음의 예수(Christ of faith)를 구별하고, 역사적 예수의 문제점을 제기함으로써 세속화 신학의 불을 붙였다. 예수의 객관적 역사는 지금 찾기 어려우므로 이를 신앙에 불필요한 요소로 간주해 제거하려 한 것이다.

### 제임스 패커: 한 사람을 축복하면 많은 사람이 축복을 받는다

벤쿠버에 있는 리전트 칼리지에서 역사신학과 조직신학을 가르치는 명예교수이자 미국의 기독교 잡지 '크리스챠니티 투데이(Christianity Today)'지의 수석 편집자 제임스 패커(J. I. Packer). 그가 예수를 믿기 전 친구 어머니가 예언을 했다.

"넌 앞으로 예수를 믿고, 예수를 위해 큰일을 할 것이다."

그 예언이 적중한 것일까. 그는 마틴 로이드 존스, 존 스토트와 함께 20세기 가장 탁월한 복음주의 신학자 중 한 사람이 되었다. 한마디 칭찬이 사람을 바꾼다.

패커는 옥스퍼드 코퍼스크리스티 칼리지를 거쳐 오크힐 신학교, 성공회 신학교인 위클리프 홀에서 공부했고, 성공회 사제가 되었다. 그는 청교도 신앙을 바탕으로 반지성적 경향들에 맞서 영성과 지성을 겸비한 복음주의 운동을 가능케 한 현대 복음주의 선구자로서 성공회 사제들인 존 스토트, 앨리스터 맥그래스와 더불어 성공회가 낳은 복음주의 신학의 대표적 신학자로 평가되고 있다.

그는 옥스퍼드 재학 중에 C. S. 루이스를 만나 일생동안 그의 영향을 받았다. 그리고 옥스퍼드대학교 기독학생연합회 모임에서 회심한 뒤 기독교를 위해 평생을 헌신하기로 다짐했다. 대학에서의 신앙생활이 얼마나 중요한가를 보여준다. 자유주의 신학으로 인해 성경의 권위가 흔들리던 1978년 그는 성경 무오설을 지지하는 시카고 성명에 동참했다. 그만큼 복음주의 전선에 앞장섰다.

패커는 17세기 유명한 청교도 존 오웬의 미개봉 전집을 읽고 도전을 받았다. 이 전집은 훗날 패커 자신의 베스트셀러 「하나님을 아는 지식」을 쓰는 데 도움을 주었다. 이 외에도 그가 쓴 주옥같은 30여 권의 책은 지금도 세계 여러 나라 독자로부터 사랑을 받고 있다. 그는 가장 영향력 있는 크리스천 지도자 20인 중 하나로 선정될 만큼 컸다.

이 모든 과정에 하나님의 보이지 않는 섭리가 물론 있었을 것이다. 중요한 것은 우리가 아무리 작은 사람을 대할 때도 긍정적인 태도가 필요하다는 것이다. 패커 또한 회심한 뒤 줄곧 하나님을 위해 견고한 삶을 삶으로 많은 사람들에게 버팀목이 되어 주었다. 인생은 산울림이다. 한 사람을 축복하면 많은 사람이 축복을 받는다.

우리나라의 경우 1910년 곽안련이 헤리크 존슨이 쓴 설교학 책을『강도요령』으로 번역했다. 1925년에는 감리회에서 설교법에 관한 책『교중에 관한 직무』를 내놓았다. 1926년에는 곽안련이『강도학』을 내놓았다. 그는 1890년에서 1910년 사이의 설교에 집중해, 설교방법에 관해 썼다. 이 책은 한동안 설교학의 교과서가 되었다. 하지만 역사나 자료가 없다는 점이 아쉽다. 우리나라의 경우 1907년에 조선 사람이 처음으로 조선말로 설교하자 크게 부흥하게 되었다. 한국강단은 주기철, 손양원, 한경직, 옥한흠 등 여러 설교자들을 배출했다.

### 십자가 지고 가는 사람 어데 없소?

광주 오원기념관에서 열린 서서평 내한 100주년 기념식 때 임락경 목사가 단위에 올라 축사를 했다. 허허실실해 보이지만 말씀은 똑 부러졌다.

"어떤 사람은 십자가를 기대며 생활하는 사람이 있고, 어떤 사람은 십자가를 지고 가는 사람이 있습니다. 십자가를 기대고 생활하면 무척 편리합니다. 좋은 학교도 가고, 좋은 직장도 구하그, 병도 고치고, 돈도 벌고, 심지어 대통령도 될 수 있습니다. 그러나 십자가를 지고 가면 헐벗고, 굶주리고, 매 맞고, 고문당하고 죽기까지 합니다. 서서평 선교사님은 바로 십자가를 지고 가셨습니다."

동광원 이현필의 제자이자 최흥종 목사와 무등산에서 3년간 살았고, 지금은 강원도 화천 시골교희에서 장애자, 노약자들 30여 명과 공동체 생활을 하고 있다. 이 시대에 흔치 않게 십자가를 지고 가는 인물이다. 그날도 그는 양복을 입지 않았다. 허름하고 구식 잠바 차림이었지만 당당했다.

구레네 시몬은 유월절을 맞아 예루살렘에 순례 왔다가 로마 군인들의 강압에 못 이겨 억지로 십자가를 졌다. 그는 예수도 몰랐고, 십자가와는 전혀 상관이 없는 사람이었다. 그에게 잘못이 있다면 예수님이 십자가를 지고 가시는 그 길에 우연히 있었던 것뿐이다. 하지만 예수님을 알고서는 그에 대한 태도가 달라졌다. 그의 나머지 삶은 기쁨으로 십자가를 지는 삶으로 바뀌었다. 그는 바울, 디모데, 실라를 이어 에베소교회 제4대 감독이 되었다고 한다. 그의 두 아들 알렉산더와 루포도 초대 교회의 중요한 인물이 되었다. 많은 구레네 사람들도 그의 영향을 받아 안디옥 교회에 헌신했다.

바울은 로마 교인들에게 문안하면서 "루포와 그 어머니에게 문안하라 그 어머니는 곧 내 어머니라"고 말한다. 루포는 구레네 시몬의 아들이고 그의 어머니는 시몬의 아내이다. 루포는 바울로부터 문안받는 인물이 되었고 시몬의 아내는 바울이 영적 어머니로 언급할 만큼 초기 기독교 역사 속에서 존경받는 인물이 되었다. 이 모든 것은 구레네 시몬이 삶에서 얼마나 예수를 전하고 십자가를 지며 살았는가를 입증한다.

우리 주변에는 십자가를 멀리서 구경하는 사람, 그것에 기대어 이익을 보는 사람, 십자가를 억지로 지고 가는 사람, 그리고 십자가를 기꺼이 지고 가는 사람이 있다. 구경꾼은 아주 많다. 그것에 기대는 사람도 꽤 있다. 억지로 지고 가는 사람도 상당하다. 그러나 진정 십자가를 지고 가는 사람은 찾아보기 어렵다. 주님은 지금도 십자가를 기쁨으로 지고 가는 사람을 찾으신다. "십자가 지고 가는 사람 어데 없소?"

## 8. 설교사에 나타난 문제들

역사적으로 볼 때 좋은 설교도 많았지만 문제의 설교관도 있었다. 무엇보다 볼드윈이즘(Baldwinism)을 들 수 있다. 볼드윈이즘은 설교를 잘하면 정직하지 못한 것으로 간주해, 설교를 우습게 아는 풍조를 가리킨다. 이것은 젊어서 수상이 된 영국의 볼드윈(S. Baldwin)이 선거 당시 처칠이나 조지 등 당시 연설에 뛰어난 정치 대가에 승산이 없자 연설을 못한 그가 자신을 '단순히 평범한 영국인'으로 자처하고 연설 잘하는 것을 정직하지 못한 것으로 선전하여 수상에 당선된 데서 비롯되었다. 이 같은 조류가 교회에 들어왔다.

19세기 후반부터 교회 성장 과정에서 일종의 역기능 현상이 일어났다. 강단꾼(the great pulpiteer)이 등장한 것이다. 이들은 설교를 한다는 명목으로 자기 원하는 대로 울렸다 웃겼다 하면서 강단을 점령했다. 이들의 설교는 성경적 설교와는 별개였다. 이것은 강단의 타락 과정에서 일어난 것이다. 강단이 말씀의 힘을 잃었을 때 연예인 등 특수한 인물을 강단에 세워 그의 간증에 관심을 갖는 것도 이 유형에 속한다. 우리나라의 경우 1930년대 이용도는 몸으로 설교를 한다며 7시간을 설교했다. 이때 우리말을 우리말로 통역하는 기현상을 보였다.

1900년대를 전후해 스코틀랜드를 중심으로 수필가에 맡겨진 설교집, 이른바 수사설교집이 유행했다. 이것은 목사가 쓴 것이 아니라 수필가에 의해 쓰인 것이다. 수필가는 각종 수사학을 동원하고 예화나 비유로 책을 채웠다. 이것은 바른 설교집이라 볼 수 없다. 속삭이는 듯한 숨결로 배운다는 이른바 '조용한 토크(Quiet Talks)'도 설교에 문제를 일으켰다. 이로 인해 생명력 있는 설교가 약화되었다.

예배에 지나치게 의식적인 것을 도입하는 것도 문제다. 말씀은 뒷전으로 하고 의식을 강조하기 때문이다. 개신교는 설교의 종교라 한다. 말씀을 통한 은총을 강조하기 때문이다. 이에 비해 가톨릭은 성례를 통한 은총을 강조한다. 성공회도 가톨릭의 의전을 따른다. 따라서 상당수 개신교에서는 성공회화하는 것을 경계하기도 한다. 의식은 6~7세기 감독이 지역의 장로들을 안수할 때 로마계급사회의 옷을 입기 시작하면서 더 파급되었다. 지배계급의 목회자(ruling pastor)로 군림하게 된 것이다. 목사를 미니스터(minister)라 부른 것도 이 흐름과 연관이 있다.

현대에 이르러 카운슬링이 지나치게 강조되는 것도 문제다. 설교 때 설교 대신 심리치료에 관한 내용들이 자주 등장한다. 정통교회의 방법은 선포이지 심리치료가 아니다. 목회와 상담도 구별되어야 한다.

그 밖에 강단의 위치도 문제 되고 있다. 강단이 중앙에 있지 않고 좌나 우로 밀려나고 의식이 강조되고 있다. 설교 때 자기 식구나 친척 이야기를 안 하는 것이 좋다. 칼뱅은 설교에서 일인칭 '나'를 빼고 '우리'라는 공동체를 주로 사용했다.

## 9. 설교자의 요건 강화와 성경해석학의 필요성

게르하드는 설교자의 3요건을 세 가지로 보았다. 첫째, 신학지식이 있어야 한다. 둘째, 순결한 도덕성이 있어야 한다. 셋째, 가르치는 능력이 있어야 한다. 이러한 자격 요건에 이어 필요한 것이 성경에 대한 신중한 해석이다. 잘못 해석할 경우 성경의 가르침에서 벗어나기 쉽다. 말씀을 벗어난 설교는 설교가 아니다.

우리는 성경을 읽는다. 그것을 읽고 나름대로 해석한다. 이것은 하나님이 우리에게 자유의지를 주셨기 때문에 가능하다. 하나님도 우리가 자발적으로 성경을 읽고 연구하며 잘 이해하여 주님을 따르는 것을 기뻐하신다. 디모데후서 2장 15절은 일꾼, 곧 목사로 인정된 자에 대해 언급하고 있다. 인격을 갖추어야 할 뿐 아니라 진리의 말씀을 옳게 분별해야 하는 책임을 가지고 있다. 설교를 하기 때문이다. 옳게 분별한다는 것은 오차가 없어야 (cutting straight) 한다는 것을 의미한다. 베드로도 말한다. 성경의 모든 예언은 사사로이 풀 것이 아니다(벧후 1:20). 억지로 풀지 않아야 한다(벧후 3:16).

### 이해되지 않는 성경 구절을 만날 때

서서평 선교사가 성경을 읽으면서 좀처럼 이해가 되지 않는 부분이 있었다. 38년간 걷지 못한 사람을 베데스다 못가에서 고치신 예수님 얘기다. 예수께서 그에게 명령하신다. "일어나 네 자리를 들고 걸어가라!" 요한복음 5장 8절의 말씀이다. 킹 제임스 성경엔 이렇게 되어 있다. "Rise, take up thy bed, and walk!" 네 침대를 들고 걸어가라니. 어떻게 침대를 들고 걸어간단 말인가? 그 의문이 좀처럼 풀리지 않았다.

그런데 그 의문은 의외로 조선에 와서 풀렸다. 조선엔 침대가 없고 모두 이불과 요가 있었다. '그렇지, 이불이나 요를 들고 가라는 것이라면.' 그제야 이해할 수 있었다. 그리고 아주 간단한 방법으로 깨달음을 주신 주님께 감사했다.

성경을 읽을 때 우리는 가끔 이해되지 않는 부분을 만난다. 하지만 그땐 이해할 수 없다 해도 세월이 지나면서 이해되는 부분도 있다.

"오늘도 이해되지 않는 부분이 있다고요?"

"감사하세요. 언젠가 주님이 답을 주실 것입니다. 당신이 꼭 이해할 수 있는 방법으로."

성경은 하나님이 인간에게 주신 사랑의 편지이다. 성경을 통해 그분의 뜻을 계시하셨다. 계시(apocalipse)는 커버(calipse, cover)를 열어놓았다(apo, from)는 뜻이다. 우리는 이 말씀을 배우고 연구하며 말씀대로 살기 원한다. 이를 위해 우리는 성경에 대한 바른 이해가 중요하다.

성경을 잘 이해하기 위해서는 문화적 배경에 대한 이해는 필수적이다. 예를 들어 "갑절의 영감을 주옵소서"라고 할 때 갑절은 두 배란 뜻이 아니다. 우리는 이스라엘의 문화적 특성을 잘 몰라 우리 식으로 그냥 '두 배'로 이해한다. 이스라엘에서는 장남은 다른 아들보다 두 배의 상속을 받았다. 그러므로 이 말은 장남으로 상속자가 된다, 후계자가 된다는 뜻이다. 다시 말해 "선생님의 후계자가 되게 해 주십시오"라는 뜻이다.

이를 위해 필요한 것이 바로 성경해석학이다. 해석학은 간격을 좁혀주거나 없애주는 역할을 한다. 저자의 의도를 바르게 깨닫게 해주기 때문이다.

## 1) 성경해석법: 말씀대로 살지 않으면 아무 소용이 없다

이스라엘은 오래전부터 구전이 전통으로 내려왔다. 이 구전을 미쉬나와 게마라로 집대성한 것이 바로 탈무드다. 그다음은 이 구전을 어떻게 해석하느냐 하는 것이 문제가 되었다. 이 해석은 경전에 대한 해석에서도 마찬가지였다. 바리새파는 구약 성경 전체를 경전으로 보았지만 사두개파는 토라만 믿었다. 에센파나 열심당원도 나름대로 믿음체계가 확고했다.

역사적으로 해석법에서 가장 유명한 인물은 힐렐(Hillel)이다. 그는 "남이 싫어하는 것은 하지 말라." 이른바 은률이라 불리는 이 말을 한 사람이다. 그의 손자가 바울을 가르쳤던 가말리엘이다. 힐렐은 7가지 해석법을 내놓았다.

- 경중법이다. 덜 중요하고 작은 것에서 더 중요하고 큰 것으로 전개하는 방법이다.
- 똑같은 표현으로부터 시작해서 두 주제의 관계를 비교하고 탐구한다.
- 특수한 문제에서부터 점점 일반화시킨다.

- 제3의 구절로 두 구절을 설명한다.
- 일반적인 것에서부터 특수한 것으로 전개해 나간다.
- 유추법이다.
- 자명한 것에서부터 추리해 나간다.

예수님은 말씀을 하실 때 유추법과 경중법을 주로 사용하셨다. 경중법의 예는 마태복음 10장 29절에 있다. "참새 두 마리가 한 앗사리온에 팔리지 않느냐 그러나 너희 아버지께서 허락하지 아니하시면 그 하나도 땅에 떨어지지 아니하리라." 덜 중요한 것은 참새이고, 더 중요한 것은 '너희'이다.

힐렐의 제자 벤 자카이(Ben Zakkai)가 미쉬나를 편집하기 시작했다. 그는 실제적인 인물로, 로마저항운동자들인 열심당원을 반대했다. 그는 야브네 신학교를 유지하도록 했다. 이 신학교 출신인 아퀴바(Aquiba)가 구전을 체계화했다. 그래서 그는 '구전의 토마스 아퀴나스'라는 별명을 얻었다. 그는 12년간 율법을 공부하고 오경을 주석했다.

유다(Judah)는 힐렐의 분석방법을 따라 6항목을 구분하고 미쉬나를 완전 편집했다. 미쉬나는 '반복' '배운다'는 뜻을 가지고 있다. 유다는 로마교황 안토니우스와 교분이 있었고, A. D. 200년경에 죽었다. 탈무드는 바로 이 사람의 손에서 집대성되었다.

유대인들은 구전과 경전을 놓고 어떻게 해석해야 하는가를 중시했다. 해석방법에 따라 삶이 달라지기 때문이다. 그렇다면 우리는 성경을 어떤 원칙에 따라 해석해야 할까. 성경해석학에서는 다음이 '원리 중의 원리'라 한다.

- 신구약의 상호의존성이다. 신약과 구약은 분리된 것이 아니라 서로 의존되어 있다. 말씀의 배경을 비교해가며 이해해야 한다. 그러면 계시의 점진성을 발견할 수 있다.
- 전체(맥락)를 보고 부분(본문)을 봐야 한다.
- 성경은 성경으로 해석해야 한다.
- 내가 성경을 해석하는 것이 아니라 성경이 나를 해석하도록 해야 한다.

과거나 현자나 말씀은 우리 생활의 중심이다. 그 말씀을 어떻게 실천하느냐는 해석법에 따라 차이가 있을 수 있다. 그러나 그 중심은 언제나 말씀에 두어야 한다. 내가 해석하는 것이 아니라 말씀이 나를 가르쳐 그 가르침을 충실히 따르는 것이다. 아무리 성경을 많이 읽고 통달하더라도, 아무리 해석법이 뛰어나다 해도 말씀대로 살지 않으면 아무 소용이 없다. 생활이 말씀과 먼데 해석이 무슨 소용이 있겠는가. 예수님이 왜 바리새인을 그토록 모질게 책망하셨는가를 생각할 일이다.

## 2) 바나바: 성경에 대한 자의적 해석은 위험이 따른다

가끔 우리는 성경을 읽으며 이런저런 해석을 한다. 나름대로의 해석이다. 성경은 읽기는 쉬워도 이해하기 어려운 부분이 많다. 그래서 때론 해석이 필요하다. 성경을 봐도 해석자가 필요한 때가 있다. 에스라가 성경을 읽고 설교할 때 사람들에게 그 말씀을 풀어주는 사람들이 있었다.

해석학을 가리켜 'hermeneutics'라 한다. 복수의 s가 붙는 것은 하나의 해석이 아니라 여러 해석이 존재한다는 말이다. 그런데 그 단어의 어근에 헤르메스 신이 들어 있다. 이 신의 이름을 딴 것은 제우스신의 사자인 그가 제우스의 말을 중간에서 해석해주었기 때문이다.

교부들 가운데 성경해석을 열심히 한 바나바가 있었다. 로마의 클레멘트, 순교자 저스틴, 이레네우스 등과 함께 교회사에 이름이 난 교부이다. 바나바의 어조는 반유대적이었지만 해석 방법은 유대적이었다. 그는 유대교가 하나님의 뜻을 표현한 것으로 간주했다. 그러나 돌비석이 깨어지는 순간 그 중심은 유대인에서 기독교인으로 이양되었다고 주장했다. 그리고 구약 전체에서 기독교에 관한 것을 찾으려 했다. 다음은 그 예다.

- 아브라함이 그의 종 318명에게 할례를 받도록 했다. 여기서 그는 318을 가리키는 말 'Tis' 가운데 T는 십자가를 뜻하고, S는 예수의 약자라 했다.
- 시편 1편 3절에 나오는 '시냇가에 심은 나무'에서 시냇가를 세례로, 나무를 십자가로 보았다. '그 잎사귀가 마르지 아니함 같으니'도 믿음과 사랑을 가진 사람은 많은 사람들에게 소망과 회개를 가져온다 했다.
- 가나안을 가리켜 '젖과 꿀이 흐르는 땅'이라는 한 말씀에서 젖을 말씀으로, 꿀을 말씀으로 해석했다.
- '주께는 하루가 천 년 같고 천 년이 하루 같다는 이 한 가지를 잊지 말라(베드로후서 3:8)'는 이 말씀에 비추어 하나님의 6일 창조를 인류역사의 6천 년으로 간주했다.

이것을 보면 바나바가 성경에서 기독교적인 요소를 얼마나 찾고자 했는가를 알 수 있다. 그 열심이 갸륵하다. 하지만 성경에 대한 자의적인 해석은 말씀을 왜곡시킬 수 있는 위험이 따른다. 어떤 것은 충분히 이해하고 받아들일 수 있다 해도 어떤 것은 받아들일 수 없기 때문이다.

　말씀을 풀어 해석할 때 말씀의 정도에서 벗어나지 않는 것이 중요하다. 특히 구속사역에서 벗어나 해석을 한다면 차라리 해석을 하지 않음만 못하다. 누구나 성경을 읽고 해석할 수 있다. 그러나 자신이 해석이 어떤지 스스로 돌아보고 조심할 필요가 있다. 두려운 마음으로 성경을 대할 일이다. 성경은 내 마음대로, 내 취향에 맞게 해석하라고 있는 것이 아니다. 성경은 언제나 하나님의 눈으로 보기를 원한다.

## 3) 한글 성경과 권서인: 역사 없는 교회 성장은 없다

　오늘의 한국 기독교 발전에는 한글 성경 번역과 이 성경을 보급하고 가르친 권서인(勸書人, colporteur)의 역할을 빼놓을 수 없다.

　우리나라에서 완역된 성경 '성경젼셔'가 나온 것은 1911년 3월이다. 영국 선교사 존 로스가 중국 심양에서 조선인들에게서 조선어를 배우고 쪽복음 '예수셩교누가복음젼셔'를 내놓은 때는 1882년 3월이었다. 최초의 한글번역 성경은 누가복음이었다. 로스는 God이라는 단어를 하나님이라 번역했다.

　3년 뒤인 1885년 2월에 수신사 박영효의 수행원으로 동경에 있었던 이수정이 '신약마가젼복음셔언해'를 내놓았다. 마가복음이 두 번째로 나온 것이다. 이것은 최초의 조선인 성경 번역이라는 특색이 있다.

　언더우드와 아펜젤러는 이수정이 번역한 마가복음을 들고 1885년 4월 5일 제물포에 입국했다. 그 후 언더우드와 아펜젤러는 한글성경번역자회를 설립했고, 먼저 '신약젼셔'를 내놓은 데 이어 구약성경까지 번역해 1911년 마침내 신구약 모두 완역한 성경이 출간되었다. 한글 성경은 성경 자체를 통한 교회 성장뿐 아니라 많은 사람들에게 한글을 깨우치는 역할을 했다.

　초창기 조선 민중들에게 성경이 전해지는 데는 권서인의 역할이 컸다. 권서인은 '성경을 권하는 사람'으로, 원래 1804년 대영성서공회가 성경전파를 위해 각국에 권서인 제도를 둔 데서 출발했다. 우리나라 대표적인 권서인은 1882년 10월 대영성서공회로부터 임명받은 서상륜이 있다. 1940년대까지 2천여 명이 권서로 활동했다.

　조선의 권서인은 성서공회에 소속돼 성경을 팔고, 성경을 읽을 수 있도록 도와주었다.

그들은 성경을 오지에 전하고 말씀을 풀어 가르쳤다. 그들이 이렇게 헌신하게 된 것은 날(day) 연보도 한몫했다. 돈 대신 날을 하나님께 바쳐 성경보급에 헌신한 것이다. 그들은 넉넉지 못한 형편에서도 복음을 듣지 못하는 곳이 없도록 산골 오지도 마다하지 않고 찾아갔다. 복음에 대한 열정은 사경회운동으로 이어지고, 사경회는 1907년 전후 대부흥운동을 낳았다.

오늘의 한국교회는 그냥 발전한 것이 아니다. 말씀을 번역한 선교사들의 헌신과 말씀의 확산에 기여한 권서인의 피와 땀이 서려 있다. 이들이 놓은 견고한 초석이 오늘의 한국기독교를 낳았다. 역사 없는 교회 성장은 없다.

## 4) 새해석학과 사회학적 성경해석학: 각 학문마다 장점도 있지만 한계도 있다

역사적으로 성경을 해석하는 다양한 움직임이 있었지만 근래 타학문과의 교류를 통해 기존의 성경해석방법을 보완하고 개선하려는 대표적인 움직임으로 새해석학(New Hermeneutic)과 사회학적 성경해석학이 있다.

새해석학은 불트만학파 안에 실존주의 신학에 영향을 받은 성경해석학을 말한다. 에벨링(G. Ebeling)과 훅스(E. Fuchs)가 실존적 상황을 강조했다. 특히 언어학적 개념 속에서 하이데거 식으로 새해석학을 도입했다. 하이데거에 따르면 인간의 실존은 그의 언어성에 의해 정의된다. 언어는 존재의 집으로, 언어가 있는 곳에만 세계가 있다.

새해석학은 언어 자체를 해석학의 쟁점으로 부각시켰다는 평가를 받았다. 그러나 언어와 인간을 동일시함으로써 인간의 본질을 축소시켰다는 데 문제가 있다. 또한 해석학의 임무를 실존의 자기 이해에 국한시켜 신앙과 영생의 문제로 확대하는 데 한계를 보였다.

사회학적 성경해석학은 기존의 성경해석방법이 사회학적 관심을 무시했다는 비판에서 시작되었다. 엘리오트(J. A. Elliott)는 기존방법이 공시적(synchronic) 사회적 상호작용에 초점을 맞추지 않고 통시적(diachronic) 역사적 방법에 초점을 맞추므로 사회학적 의미를 발견하는 데 소홀했다고 주장했다. 공시적 방법이란 본문이 '그때 거기서' 말한 것이 무엇인가, 어떻게 그리고 왜 서술되었고, 저자가 독자의 삶과 행동에 어떤 영향을 주려했는가를 연구하는 것을 말한다.

구약 연구에서 멘덴홀(G. E. Mendenhall)은 전통적인 이스라엘 유목이론을 부정하고 하류계층 농민봉기이론을 제시했고, 고트발트(N. K. Gottwald)는 가족 위에 형성된 평등주의적 지파론을 제시했다. 신약 연구에서 벨로(F. Belo)는 마가복음을 유물론적으로 해석했고, 스미스(J. Smith)는 초대 기독교에 대한 사회적 서술을 했다.

사회학적 성경해석학은 삶의 정황을 사회적으로 보고 생활세계와 연결시킴으로써 현대인들에게 현실감을 주었다. 그러나 성경을 하나님의 말씀이라기보다 사회적 산물로 보는 단점을 가지고 있다. 이 해석에 따르면 성경은 신앙의 표준이 아니라 하나의 패러다임으로 끝나게 된다. 말씀보다 사회를 우위에 두는 우를 범하게 된다.

두 방법 모두 장단점이 있고, 공과가 있다. 성경을 해석하고 이해함에 있어서 다른 학문의 방법을 빌리는 것은 때론 신선하기도 하다. 그러나 그 방법이 말씀의 근본을 해치거나 말씀보다 위에 서려 한다면 잘못된 것이다. 학문간 교류는 필요하지만 각 학문 모두 자기 자신을 아는 것이 중요하다. 나름대로 장점도 있지만 한계도 있기 때문이다. 어느 학문이든 자신을 완전하다고 생각하는 것은 교만이다.

## 5) 자유의지: 인간의 의지가 하나님의 의지보다 앞 설 수 없다

장로교는 칼뱅주의(Calvinism)를, 감리교와 성결교는 알미니안주의(Arminianism)를 택하고 있다. 이에 따라 장로교는 예정론(absolute predestination theory)을, 감리교와 성결교는 예지예정론(foreknowledge- predestination theory)을 믿는다. 이 두 사상은 교리적으로 다르다.

알미니우스는 원래 칼뱅의 친구였다. 제네바대학을 졸업하고 목회를 하면서 칼뱅주의를 버리고 인간의 자유의지를 강조한 반펠라기우스주의에 동조하면서 칼뱅과 맞서게 되었다. 그는 죄인이 구원을 얻는 데 있어서 인간의 의지와 노력이 중요하며, 그리스도가 이룩한 속죄는 온 인류를 위해 충분하다고 주장했다.

알미니우스가 죽은 후 그의 추종자들은 5대 강령을 만들었다. 인간의 예지된 신앙이 예정의 근거다(예지예정론), 그리스도는 선택받는 사람뿐 아니라 모든 자들을 위해 죽으셨다(보편구원론), 인간은 부분적으로 부패했다(인간의 부분부패), 구원의 은혜는 거절될 수 있다, 받은 은혜는 상실될 수 있다. 이것이 바로 알미니안주의 5대 강령이다. 칼뱅주의의 5대 강령인 인간의 전적 부패, 무조건적 선택, 제한속죄, 불가항력적 은혜, 성도의 견인과 다르다.

상반된 주장의 바탕에는 인간의 자유의지에 대한 서로 다른 견해가 자리하고 있다. 이것은 5세기 때 있었던 펠라기우스와 아우구스투스 논쟁으로 올라간다. 펠라기우스는 아담의 원상태는 선과 악을 행할 수 있는 중성상태로 보았다. 이에 반해 아우구스투스는 인간은 타락 전에도 하나님을 절대적으로 의뢰해야 할 상태였으며 죄를 범한 후 선을 행할 수도, 스스로 구원받을 수도 없는 상태로 떨어졌다고 주장했다. 하지만 반펠라기우스주의자들은 '타락한 인간은 자유의지를 갖고 있고 구원은 이 자유의지에서 출발한다' 주장하였다.

칼뱅주의는 인간의 자유의지보다 하나님의 주권적 의지를 강조한다. 만세 전에 하나님께서 어떤 개인을 구원하시고자 선택하신 것은 전적으로 하나님의 주권적 의지이다. 하나님이 그들을 택한 것은 믿음이나 회개와 같은 예지된 반응 또는 순종에 기초한 것이 아니라 택하신 자들 각 개인에게 믿음과 회개를 주신 것이다. 그와 같은 행동은 하나님이 선택한 결과이지 원인이 아니라는 말이다. 그러므로 선택은 인간에게서 예지된 어떤 덕성이나 고결한 행동에 따라 결정되거나 제한받지 않는다. 하나님은 자신이 주권적으로 택하신 자들을 성령의 능력으로 불러 그리스도를 자원해서 받아들이도록 하신다. 하나님이 주권적으로 죄인을 택하신 것이지 죄인이 그리스도를 택한 것이 아니라는 말이다. 하나님의 이 무조건적 선택이 구원의 궁극적인 원인이자 예정론의 근간을 이룬다. 죄로 인해 타락하고 전적으로 부패하고 무능력한 인간을 무조건 택하시고 특별하게 구속하신 것은 전적으로 하나님의 주권적 의지이며 불가항력적 은혜이다.

이에 대해 알미니안주의자들은 다른 주장을 한다. 그들은 예정론을 숙명론 또는 결정론으로 오해할 수 있다며 운명론이나 결정론으로 기울이지 않기 위해 예지를 강조할 필요가 있다고 한다. 나아가 예지는 '프로기노스코(proginosko),' 곧 '미리 안다'는 것으로 하나님의 미리 아심을 미래의 모든 사건들과 그 진행에 대한 하나님의 선견과 통찰력으로 이해한다. 인간의 예지가 아니라 하나님의 예지라는 것이다. 이것은 알미니안에 대한 칼뱅주의자들의 이해와 다르다. 알미니안은 하나님의 예지와 예정이 동시에 중요하기 때문에 예지예정론이라 한다고 한다. 그들은 칼뱅신학을 하나님의 예지를 말하면서도 예지가 예정의 원인이 될 수 없다고 보고 예정 속에서 예지를 이해하는 예정예지론이라 평가한다.

중요한 것은 칼뱅주의자들은 알미니안주의자들을 향해 '너희가 말한 예지는 원래 인간의 예지다' 하고, 알미니안주의자들은 '그 예지는 바로 하나님의 예지다' 한다는 것이다.

원래 그런 것인가 아니면 말을 바꾼 것인가. 그 예지가 인간의 예지라면 서로 화합할 수 없을 것이고, 하나님의 예지라면 대화 가능성은 높다.

예지와 예정은 칭의와 중생의 은혜가 이루어지기 전 죄인의 구원에 대한 신학적 견해라는 점에서는 서로 의견이 같다. 예지가 '하나님의 예지'라면 하나님께서 죄인을 구하시려는 계획과 은총을 먼저 예정으로 볼 것인가 예지로 볼 것인가 하는 신학적 판단만 남아 있다. 그러나 알미니안주의 5대 강령과 칼뱅주의 5대 강령을 보면 화합의 가능성은 보이지 않는다. 아주 다르기 때문이다. 하지만 확실한 것 하나 있다. 인간의 의지가 하나님의 의지보다 앞 설 수 없다는 점이다.

## 6) 성경적 설교: 인간이 아니라 하나님의 뜻과 계획을 드러내라

성경에 등장하는 특정 인물을 제목으로 한 설교를 종종 들을 수 있다. 이런 설교를 전기 설교(biographical preaching)라 한다. 성경의 인물이라 문제가 있는 것은 아니지만 전기 설교를 할 땐 주의가 필요하다. 인물 중심의 설교를 하다 보면 구원사적 맥락에서 보지 않고 그 부분만 떼어 보기 때문에 인본주의적, 자의적 설교를 하게 돼 자칫 비성경적 설교가 될 수 있다. 이런 경우 코란이나 탈무드로 설교를 하는 것과 아무 차이가 나지 않게 된다. 성경의 인물은 아니지만 교회사에서 인물을 택할 때도 마찬가지다.

전기 설교는 주로 세 가지 차원에 집중한다. 첫째가 심리화(psychologizing)다. 본문에서 개인의 성품이나 동기 등을 헤아려 그의 심리적 과정을 꿰뚫어 본다. 이런 경우 인간 중심의 해석이 될 수밖에 없다. 성경이 심리 묘사를 하지 않는 데 부러 심리적 해석을 하면 부작용이 따르게 된다.

둘째는 영성화(spiritualizing)다. 영성을 높이기 위해 영적 교훈을 찾게 된다. 이것은 중요한 일이다. 그러나 해석을 할 때 영해를 하는 경우가 많다. 예를 들어 야곱의 씨름을 우리의 영적 투쟁으로 해석하는 것이다. 이렇게 되면 영적으로 더 깊은 의미를 찾는다는 구실로 하나님의 말씀을 변질시킬 가능성이 아주 높다.

셋째는 도덕화(moralizing)다. 개인사를 통해 도덕적 교훈을 얻는 것이다. 교훈을 얻는 것은 좋지만 복음을 도덕적 율법으로 만들 위험이 있다. 도덕적 설교는 은혜로 의롭게 된다는 이은득의를 거부하고, '우리가 무엇을 해야 한다'는 율법주의 설교로 전락하게 된다.

그리고 설교는 '이렇게 하라'는 명령문만 남게 된다.

이 세 가지는 각 차원에서 보다 높은 교훈을 얻는 것에 초점을 맞추고 있다. 물론 교훈을 얻을 수 있다. 그러나 각 차원 모두 위험을 안고 있음을 간과해서는 안 된다.

성경학자들은 그 대안으로 구원사적 해석방법을 제시한다. 본문과 사건을 구원사의 전체적 맥락 속에서 보고 해석하거나 설교하는 것이다. 이렇게 보면 각 인물이 구원사역에서 하나님의 뜻을 이루기 위해 어떤 역할을 했는가를 알 수 있다. 하나님의 구원사적 관계가 빠진 성경해석이나 설교는 구원사가 아니라 개인사이다.

구원사적 해석 방법이 현재의 모든 상황에 모든 답을 줄 수 있는 것은 물론 아니다. 그러나 하나님의 말씀을 그릇 해석하여 복음을 변질시키는 것보다는 훨씬 낫다. 인간의 계획이나 능력이 아니라 하나님의 뜻과 능력을 힘 있게 드러내는 것이 바로 성경적 해석이요 설교다.


## 7) 스탠리 존스: 말이 아니라 행동으로 그리스도를 보여주라

스탠리 존스(Eli Stanley Jones), 그는 1925년에 출간된「인도의 길을 걷고 있는 예수」(The Christ of the Indian Road)로 판매 부수 백만 권을 넘은 베스트셀러 작가이자 1938년 12월 12일 타임지가 선정한 '세계에서 가장 위대한 선교사'이다.

1884년 볼티모어에서 태어나 18살 되던 해 회심한 그는 따뜻한 마음과 세계교구를 강조한 애즈베리 대학을 졸업한 뒤 1907년부터 감리교 선교사로 인도에서 평생 사역하다 1973년 소천했다.

그는 무엇보다 철저한 복음주의자이면서도 열린 마음으로 인도인들에게 다가갔다. 그는 인도인들의 문화와 전통을 존중하면서도 복음을 효과적으로 전했다. 그렇게 된 데는 간디 및 네루 집안과 교류하면서 얻은 충고도 작용했다. 간디는 존스에서 네 가지를 당부했다.

- 선교사들을 포함한 모든 서양인들이 오늘부터 '예수 그리스도'처럼 살아가도록 하라.
- 당신들은 반드시 당신네 종교의 가르침대로 살아야 한다. 품위를 떨어뜨리는 행동을 하거나 타협해서는 안 된다.
- 당신들은 사랑을 강조해야 한다. 사랑은 기독교 정신의 중심이기 때문이다.
- 비기독교 종교와 문화를 좀 더 열린 마음을 가지고 공부해야 한다.

존스는 간디 및 타고르와 함께 무소유 공동체인 아슈람(Ashram) 운동에 참여했고, 기독교 아슈람운동을 전개해 뉴욕에 할렘 아슈람을 세우고 유럽에도 이 운동을 파급시킨 장본인이다. 그는 간디의 정신을 바탕으로 한 크리스타그라하(Kristagragh) 운동에도 동참했다. 1961년에 그는 간디 평화상을 받았으며, 인도독립운동과 제2차 세계대전 중에 펼친 평화활동으로 두 차례나 노벨 평화상 후보에 오르기도 했다.

그렇다고 그가 복음과 거리를 둔 적은 한 번도 없었다. 존스는 "진정한 종교는 몸을 구부려 겸손히 섬기고, 육체와 영혼의 상처를 치유하며, 약해진 영혼과 대화하고, 그 영혼을 다시 살려내어 하늘의 아버지를 보여 줄 수 있어야 한다"고 주장했다. 그는 늘 "나의 구세주를 당신에게 추천합니다"며 예수를 소개했다. 그래서 사람들은 그를 가리켜 '인도의 빌리 그래햄'이라 했다. 간디는 한 마디로 존스를 이렇게 표현했다. "나에게 그리스도의 정신을 가장 많이 가르쳐준 이가 바로 스탠리 존스다." 그리스도인은 말이 아니라 실천으로 예수를 보여주어야 한다. 그래야 세상이 감동한다.

양창삼

서울대학교 정치학과(학사, 석사)
서울대학교 대학원(경영학 석사)
웨스턴일리노이대학교(MBA)
펜실베이니아주립대학원
연세대학교 대학원(경영학 박사)
총신대학교 대학원(M.Div., Th.M.)

한국사회이론학회 회장 역임
한국인문사회과학회 회장 역임
연변과학기술대학교 상경대학 학장 역임
한양대학교 경상대학 학장 역임
한양대학교 산업경영대학원 원장 역임
현) 한양대학교 경상대학 경영학부 명예교수
　　연변과학기술대학교 상경학부 명예교수·목사

『크리스천 독트린과 신학사상』(2010)
『기독교 세계관과 삶의 리포지셔닝』(2007)
『단순한 믿음이 주는 기쁨』(2005)
『뒤틀리는 삶의 문제와 기독교적 답변』(2004)
『자본주의 문화와 기독교의 사회적 책임』(2004)
『조직행동』(2007)
『인간관계의 이해』(2005)
『21세기가 원하는 크리스천 리더』(2003)
『리더십과 기업경영』(2003)
『인간관계 필드북』(2002)
『인간관계론』(1999)
『인간관계와 갈등관리』(1998)
『인간관계 예수님 눈높이로』(1996)
『심리학사』(1983, 역서)
『평신도를 위한 신학 이야기』(2003)
『목회자, 당신은 일류인간』(2002)
『영성회복의 신앙』(2001)
『기독교교육행정』(2000)
『교회행정학』(1998)
『기독교와 현대사회』(1997)
『교회경영학』(1996)
『기독교사회학의 인식세계』(1988)
그 외 다수

# 기독교회사의
## 이해

**초판인쇄** | 2012년 11월 30일
**초판발행** | 2012년 11월 30일

**지 은 이** | 양창삼
**펴 낸 이** | 채종준
**펴 낸 곳** | 한국학술정보㈜
**주     소** | 경기도 파주시 문발동 파주출판문화정보산업단지 513-5
**전     화** | 031) 908-3181(대표)
**팩     스** | 031) 908-3189
**홈페이지** | http://ebook.kstudy.com
**E-mail** | 출판사업부 publish@kstudy.com
**등     록** | 제일산-115호(2000. 6. 19)

**ISBN**     978-89-268-3923-2 93230 (Paper Book)
             978-89-268-3924-9 95230 (e-Book)